职业教育创新融合系列教材
国家级教学资源库配套教材

民航危险品运输

MINHANG WEIXIANPIN YUNSHU

李芙蓉　杨立志 / 主编
王爱娥　钟　科 / 副主编

化学工业出版社

·北京·

内 容 简 介

本书按照危险品航空运输的职能流程，将危险品航空运输工作分为理解危险品基础知识、对危险品进行分类、准备危险品托运、办理接收货物、接收旅客和机组人员行李、管理和运输货物/行李、收集安全数据与应急处置7个项目。书中将危险品运输的规则、理论知识和工作实践有机结合，注重学生胜任能力和实际操作能力的培养。为方便教学，配套了课件、视频、动画、微课、图片等丰富的数字资源，并且提供了习题参考答案。

本书可以作为高职院校民航运输服务、空中乘务、民航安全技术管理、机场运行服务与管理等相关专业的教材，还可以作为与危险品运输有关的货主、航空公司、机场及代理人的民航危险品培训用书。

图书在版编目（CIP）数据

民航危险品运输 / 李芙蓉,杨立志主编. -- 北京：化学工业出版社，2025.1
ISBN 978-7-122-45600-7

Ⅰ.①民…　Ⅱ.①李…　②杨…　Ⅲ.①民用航空－危险货物运输　Ⅳ.①F560.84

中国国家版本馆CIP数据核字（2024）第091196号

责任编辑：韩庆利　　　　文字编辑：吴开亮
责任校对：李露洁　　　　装帧设计：刘丽华

出版发行：化学工业出版社
　　　　（北京市东城区青年湖南街13号　邮政编码100011）
印　　装：三河市航远印刷有限公司
787mm×1092mm　1/16　印张16　字数395千字
2025年2月北京第1版第1次印刷

购书咨询：010-64518888　　　　售后服务：010-64518899
网　　址：http://www.cip.com.cn
凡购买本书，如有缺损质量问题，本社销售中心负责调换。

定　　价：49.80元　　　　　　　　　版权所有　违者必究

前言

国际民航组织（ICAO）在《危险物品安全航空运输技术细则》（Doc 9284-AN/905）中提出：自 2023 年 1 月 1 日起，在全球范围内全面实施"基于胜任能力的危险品培训和评估"，由传统的以分类为本的危险品培训模式改为以能力为本的模式。

与传统危险品的学习和培训主要关注理论知识不同，基于胜任能力的危险品培训和评估注重培养员工执行任务中所需的知识、技能和态度，使员工由单一的知识向多重技能跨越，并将危险品安全与组织安全管理体系（SMS）、安全文化建设等融合在一起。同时，强调危险品航空运输流程中不同岗位职能的差异，注重培养员工与岗位职责相匹配的胜任能力。

为了弥补过去教材的不足，同时基于 ICAO 文件的要求和 CBTA 理念的需要，我们特别编写了这本《民航危险品运输》教材，力求在内容、形式、理念等方面带来鲜明的创新。编写团队在翻阅了大量的中英文文献资料后，进行了一番尝试和探索。对接 ICAO 提出的 CBTA 的框架，按照危险品航空运输的职能流程，将危险品航空运输工作分为 7 大项目。通过分析完成每一个项目所需的知识、技能和态度及不同岗位的危险品从业人员应具有的胜任能力和操作能力，将 7 个项目又细分为若干个任务，充分体现了任务驱动、实践为导向的课程设计思想，以工作任务为载体，注重培养学生的胜任能力和实际操作能力。

本书是基于校企双元深度合作开发的新型工作手册式教材，职业特点鲜明，实用性强。本书既可以作为高职院校航空运输类相关专业教材，又可以作为与危险品运输有关的货主、航空公司、机场及代理人的民航危险品培训用书，能为民航行业的危险品运输工作提供全面的教育和培训支持。我们相信，通过对本书的学习，学员将能够深入了解危险品运输的重要性、规范性和应用性，为民航安全做出自己的贡献。

本书具有以下鲜明的特色：

1. 内容创新

本书以危险品航空运输职能流程为主线，完全重构了教材的框架和内容，按照民航危险品运输工作流程和作业环节展开，从对危险品进行分类、准备危险品托运、办理接收货物和行李、装运前管理、装载运输货物/行李到收集安全数据及危险品应急处置，将危险运输的规则、理论知识和工作实践结合起来，体现了内容创新。

2. 形式创新

本书采用"项目-任务"编写模式，更加方便教师进行教学内容设计，体现了形式创新。

（1）知识目标、能力目标和素养目标　列出任务的重要知识点、操作技能点和思政元素，便于学生有针对性地学习。

（2）任务准备、发布工作任务单、工作流程　让学生了解相关任务情景、具体的工作内容和工作流程，做到逻辑清晰、心中有数。

（3）案例链接、知识充电站、学一学、做一做、练一练、动一动、识一识、想一想、扫一扫、论一论、拓一拓、用一用、辨一辨等　在形式上我们注重多样化和交互性，让学生在学中做、做中学，边学边练，在强调科学规范性的同时，增强了趣味性，不仅能有效地调动学生学习的主动性和积极性，激发学习兴趣，而且使学生的理论知识和专业技能均得到提升，强化了应用能力。

（4）学习成果评价单　针对相关任务提出评价标准，对学生进行评分考核，便于学生量化学习效果并找出不足。

（5）能力训练任务和情景模拟训练任务　设计了单选题、多选题、判断题、情景模拟操作题等形式的训练任务，帮助学生巩固所学知识，提升各项危险品操作技能。

3. 理念创新

本书内容与国际接轨，参照了ICAO关于CBTA的最新要求和内容，又遵照国际航空运输协会（IATA）最新版的《危险品规则》，紧贴行业发展新要求、新标准和新规范，确保了教材的前沿性和实用性，做到既与民航危险品运输实际工作要求紧密结合，又能反映民航危险品运输的新观念和新方向，体现了理念创新。

4. 融入思政元素

民航危险品运输不仅仅是一项技术工作，更是一项涉及国家安全、社会公共利益的重大责任。通过民航危险品运输事故、案例、文字、图表和视频等材料，本书在学习任务中广泛植入课程思政元素，如爱国情怀、民航工匠精神、敬畏意识、奉献精神、专业素养、安全意识、责任意识、良好的服务意识、团队协作精神等，较好实现了思政元素与教材内容的有机融合，是一本融入思政元素的新形态一体化教材。

5. 配套数字资源丰富

本书将纸质教材与数字资源有机融合，形成了新形态教材及完善的配套辅助产品。教材重要的知识点和技能点均配有图片、视频、动画、微课等数字资源，可以扫码直接观看。还配套了国家级教学资源库，学生可以登录"智慧职教"，搜索"民航危险品运输"课程进行学习。此外，本书在每一项目后设计了大量来自工作一线的能力训练任务和情景模拟训练任务，学生训练完成后可扫码核对答案，提供更加灵活、便捷的学习方式，同时提升教师的教学效率和学生的学习效率。

6. 双语特色明显

民航危险品运输具有明显的国际性特点，近年国际危险品运输量逐年攀升，以危险品国际货代为业务的企业如雨后春笋般发展壮大。在危险品的国际运输中，学生需要熟悉大量的英文专业术语，填写全英文的单证，要求学生具备一定的英语交流和应用能力。因此，我们在教材中融入了大量的中英双语对照内容，让学生能够更好地熟悉行业术语和国际标准，提升学生的综合素养和危险品英语应用技能。

本书为校企合作开发教材，由李芙蓉和杨立志担任主编，王爱娥和钟科担任副主编。杨立志先生提供了许多来自企业工作现场的案例和图片素材，邢静、龙海燕、张君、赵迎春、王婧妮参与了编写和视频录制工作，麻晓刚负责全书的校对。

在编写过程中，我们参阅了大量国内国际行业规范、标准和航空公司危险品操作手册，在此表示诚挚的感谢！由于作者理论和经验不足、水平有限，书中难免有不妥和不尽如人意之处，敬请广大业界、学界专家和读者批评指正！

编者

目录

项目一　理解危险品基础知识　　1
任务 1.1　认识危险品适用性　　2
任务 1.2　理解一般限制要求　　7
任务 1.3　识别角色和责任　　19
任务 1.4　识别类别、项别的一般信息　　22
任务 1.5　理解危险性信息传递　　57

项目二　对危险品进行分类　　64
任务 2.1　按照分类标准评价货物　　65
任务 2.2　查品名表确定危险品描述　　67

项目三　准备危险品托运　　80
任务 3.1　评估包装选项确定包装　　80
任务 3.2　使用标记和标签　　114
任务 3.3　集合包装件的使用评定　　137
任务 3.4　准备文件　　142

项目四　办理接收货物　　162
任务 4.1　识别禁止空运的危险货物　　165
任务 4.2　识别隐含危险品　　167
任务 4.3　审查文件和包装件　　170

项目五　接收旅客和机组人员行李　　182
任务 5.1　正确使用"表 2.3.A 旅客与机组人员携带危险品的规定"　　185
任务 5.2　识别行李中隐含危险品　　187
任务 5.3　几种特殊行李的收运　　191
任务 5.4　填写"特种行李机长通知单"　　195

项目六　管理和运输货物/行李　203
任务 6.1　计划装载　204
任务 6.2　签发"特种货物机长通知单"　210
任务 6.3　装载航空器　213

项目七　收集安全数据与应急处置　225
任务 7.1　报告危险品航空运输事件　226
任务 7.2　危险品事故应急响应　228
任务 7.3　危险品事故的应急处置　232

附录　240
附录1　危险品品名表（部分）　240
附录2　包装说明（部分）　245
附录3　危险品标签　246

参考文献　247

项目一

理解危险品基础知识

任务目标

知识目标	能力目标	素养目标
1. 了解危险品运输法规框架和培训要求。 2. 熟悉危险品的一般限制要求。 3. 熟悉危险品运输过程中涉及的角色及其相应的责任。 4. 掌握危险品分类、常运危险品的危险性及其危险性标签。 5. 掌握危险品基本标记和标签知识。	1. 能理解危险品定义，了解法规框架，明确应用范围。 2. 能识别一般限制要求，熟悉不同情况下对旅客、机组人员的规定。 3. 能定位不同的角色和职责。 4. 理解危险品分类的重要性，识别类别、项别的一般信息。 5. 会解读危险性信息传递，认识标记、标签及其含义。	1. 树立安全责任意识。 2. 树立诚实守信意识。 3. 培育敬畏生命、敬畏职责、敬畏规章的当代民航精神。

任务准备

北京××货运代理有限公司收到一票货物，运往日本东京，货物 A：Benzonitrile，4L；货物 B：Acetaldehyde oxime，10L。拟预订中国国际航空股份有限公司客机航班舱位。公司员工小李心里很忐忑，他对很多危险品基础知识有点淡忘了，对这两种货物的危险特性、类项别不太了解。要做到临"危"不乱，他还需要恶补危险品基础知识，为自己加油充电。他需要深入了解不同类别危险品的特性、危险性标签、危害及应对措施等，在提升自己的专业技能和知识的同时，还要具备高度的责任心和安全意识。

安全是民航业的生命线，任何时候、任何环节都不能大意！

任务1.1　认识危险品适用性

扫码看动画
小博士说安全——公共航空危险品运输你知道多少

一、理解危险品的定义

危险品（Dangerous Goods）是指危害健康、危及安全、造成财产损失或环境污染，且在国际航空运输协会（IATA）的《危险品规则》（Dangerous Goods Regulations，DGR）的危险品表中列明或根据此规则分类的物品或物质。

根据危险品所具有的爆炸性、易燃性、毒性、感染性、放射性、腐蚀性等不同危险性，《危险品规则》将危险品分成9个不同的类（class）来反映不同的危险类型，有些"类"包括的危险性范围较宽，可进一步细分为若干项（division）来说明其特定的危险性。许多危险品不只具有主要危险性，还具有一种或多种次要危险性。

第1类　爆炸品（explosives）
第2类　气体（gases）
第3类　易燃液体（flammable liquids）
第4类　易燃固体、易自燃物质和遇水释放易燃气体的物质（flammable solids；substances liable to spontaneous combustion；substances which, in contact with water, emit flammable gases）
第5类　氧化性物质和有机过氧化物（oxidizing substances and organic peroxides）
第6类　毒性物质和感染性物质（toxic and infectious substances）
第7类　放射性物质（radioactive substances）
第8类　腐蚀性物质（corrosives）
第9类　杂项危险品（miscellaneous dangerous goods）

其中第1、2、4、5、6类还有更细的分项，具体见项目二。类和项的编号顺序仅为了使用方便，并非相应的危险等级顺序。例如，第1类危险品并不比第2、3类危险品更危险。

想一想

危险品可能有哪些危险性呢？

二、了解法规框架

为了确保危险品航空运输的安全，要求各相关部门严格遵守一系列的与危险品运输有关的国际和国内法规。

（1）国际民用航空组织（ICAO，国际民航组织）发布的《危险品安全航空运输技术细则》（TI），封面见图1-1。

（2）国际航空运输协会（IATA）发布的《危险品规则》（DGR），封面见图1-2。
（3）交通运输部发布的《民用航空危险品运输管理规定》。
（4）《中华人民共和国民用航空法》。

图1-1　TI封面

图1-2　《危险品规则》封面

三、明确应用和范围

国际民航组织（ICAO）提出，自2023年1月1日起，在全球范围内全面实施关于危险品的"基于胜任能力的危险品培训和评估（Competency-Based Training and Assessment for Dangerous Goods，CBTA）"，由现行的以分类为本的模式改为以能力为本的模式。国际民航组织《基于能力的危险品培训和评估方法指南》（ICAO Doc 10147）为制定CBTA培训方案提供了通用工具。

与传统危险品培训主要关注理论知识不同，基于胜任能力的危险品培训和评估注重培养员工执行任务时所需的知识、技能和态度，使员工由单一的掌握知识向掌握多重技能跨越，并将危险品安全与组织安全管理体系（SMS）、安全文化建设等融合在一起。同时，CBTA培训强调危险品航空运输流程中不同工作职能的差异，注重培养员工与岗位职责相匹配的胜任能力，使危险品培训更具有岗位针对性，提高了培训的有效性，最终目的是要评估员工的实操能力，不让危险品从业人员资质培训停留在应付考试、应付检查上，而是让全体员工真正将危险品知识应用到自己的岗位工作中。

根据危险品航空运输的职能流程（见图1-3），将危险品航空运输工作分为7大工作任务，见表1-1。完成每一个任务所需的知识、技能和态度可能有差异。

表1-1　危险品航空运输工作任务表

序号	工作任务	序号	工作任务
1	对危险品进行分类	5	接收旅客和机组人员行李
2	准备危险品托运	6	运输货物/行李
3	办理、接收货物	7	收集安全数据
4	在货物装运前对其进行管理		

为了确保民航安全，圆满完成危险品的航空运输，需要不同公司、不同岗位的工作人员（如货物、旅客和行李航空运输的人员）协同合作，一起完成表1-1里的所有工作任务。通过分析不同岗位的危险品从业人员应具有的胜任能力，CBTA将人员角色分为10类，见表1-2。

安全是民航业的生命线，任何时候、任何环节都不能大意！

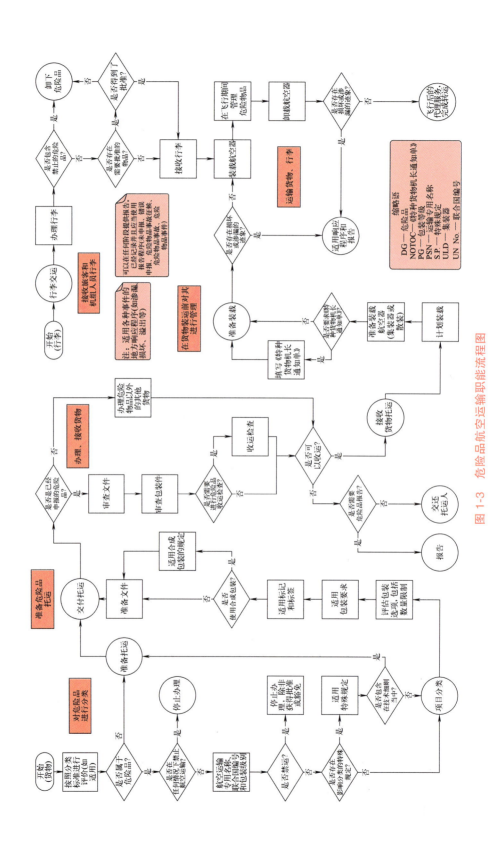

图 1-3 危险品航空运输职能流程图

不同岗位、不同角色的人员履行各自工作岗位职责需要的胜任能力和操作能力有差异，因此培训内容也应不同。

表 1-2　人员角色分类

序号	人员角色
1	负责准备托运危险品货物的人员
2	负责办理或接收普通货物运输的物品的人员
3	负责办理或接收危险品货物运输的物品的人员
4	负责处理仓库货物、装载和卸载集装器以及装载和卸载航空器货舱的人员
5	负责接收旅客和机组成员行李、管理航空器登机口和其他机场内旅客服务的人员
6	负责航空器装载计划的人员
7	飞行机组成员
8	飞行运行和飞行签派人员
9	客舱机组成员
10	负责旅客和机组成员及其行李、货物和邮件安检的人员

国际民航组织（ICAO）还列出了不同岗位危险品工作人员通常执行的任务的列表，提供了不同岗位从业人员完成本职工作需要的知识、技能和应掌握的工作任务内容，用人单位可根据经营范围和不同岗位的员工的工作需要选择合适的培训内容。

根据《民用航空危险品运输管理规定》（CCAR-276-R2）第 68 条、《公共航空运输危险品培训管理办法》（AC-276-TR）第 11 条、ICAO TI 和 ICAO Doc 10147 等的规定，中国民用航空局要求国内承运人、地面服务代理人、从事民航安检工作的企业等相关单位制定基于胜任能力的危险品培训和评估方案，确保其不同岗位的从业人员通过基于胜任能力的危险品培训和评估（CBTA）可以获得执行相关工作任务的胜任能力，达到符合胜任能力的标准。

培训可以采用课堂教学、实操训练、线上教学、视频学习，以及其他适用且利于使受训人员获得胜任能力的形式。培训时间（以小时为单位）和每期培训人数的上限，应由相关单位和培训机构根据培训方案和实际运行状况确定。

培训分为初训和复训。有效期为初训或上一次复训完成之月起延期 24 个月。如复训在前一次培训有效期内最后三个月完成的，则该次复训有效期自前一次培训失效月开始延期 24 个月。

案例链接

公司员工未按时复训被处罚

2022 年 4 月 22 日，民航乌鲁木齐监管局对国航新疆分公司进行了现场执法检查，发现国航乌鲁木齐营业部工作人员苏某某，其危险品 6 类资质已于 2021 年 8 月过期，截至检查之日仍未参加相关知识的更新培训并继续从事相关工作。国航乌鲁木齐营业部作为国航新疆分公司管辖区域内的垂直化属地管理单位，对其有安全监管职责。中国国际航空股份有限公司未能确保国航乌鲁木齐营业部从事危险品

安全是民航业的生命线，任何时候、任何环节都不能大意！

航空运输管理工作的人员按要求参加危险品复训并合格。

该公司上述行为违反了《民用航空危险品运输管理规定》（交通运输部令2016年第42号）第九十四条、第九十五条、第一百零六条之规定，依据第一百三十七条责令其按期完成相关工作人员危险品6类资质复训，并给予警告。

想一想

危险品具有易燃、易爆、腐蚀、氧化等特性，容易在运输过程中引起燃烧、爆炸、中毒等灾难事故。因此，与普通货物的运输相比，危险品运输造成的事故的后果要严重得多。较其他运输方式而言，民航运输的事故率虽然较低，然而事故一旦发生，将造成极大的损失。历史上，国内外因危险品运输导致的不安全事件屡见不鲜，甚至人机俱毁的重大航空事故也有多起，教训惨痛。

（1）既然危险品航空运输这么危险，为什么还要空运呢？

（2）危险品航空运输究竟危险在哪里？

（3）如何尽可能避免危险？

做一做

搜集一个危险品航空运输事故案例，并总结这个案例给我们带来的启示或教训。

练一练

（1）国际航空运输协会简称 IATA。（　　）

（2）ICAO 是官方机构。（　　）

（3）DGR 是 ICAO 的出版物。（　　）

（4）《危险品航空安全运输技术细则》简称为 DGR。（　　）

（5）DGR 不是法律文件，因此是否实施各航空公司可以视情况而定。（　　）

（6）危险品有可能通过航空公司承运的货物、经过安检的旅客托运行李和客舱服务人员等渠道进入航空器。（　　）

（7）坚持危险品航空运输从业人员培训是保证安全空运危险品的原则。（　　）

（8）基于胜任能力的危险品培训和评估简称 CBTA。（　　）

（9）ICAO 要求，自 2023 年 1 月 1 日起，在全球范围内全面实施 CBTA。（　　）

（10）各类危险品从业人员的危险品复训必须在前一次培训完成后的 24 个月内完成。（　　）

（11）不接收、不运输危险品的航空公司，其员工不需要接受危险品知识的培训。（　　）

（12）某人在 2023 年 8 月 15 日接受的危险品初训，有效期应到 2025 年 8 月 14 日，其应在此日期前完成复训。（　　）

（13）某人在 2021 年 6 月 15 日接受的危险品初训，复训在 2023 年 3 月 10 日完成，则他下一次复训应在 2025 年 3 月 9 日前完成。（　　）

任务 1.2　理解一般限制要求

一、建立禁运危险品的意识

在严格遵守危险品航空运输相关规定的前提下,大部分危险品可以通过航空器安全运输。但是,有一部分危险品因其危险性太高,在任何条件下都禁止航空运输。还有一部分危险品只能由货机运输而禁止用客机运输。此外,部分危险品虽然被禁运,但在相关国家的特殊批准下又可以进行航空运输。这些限制是依据 IATA《危险品规则》而设置的,相关的国家和承运人可以公布更严格的限制。

1. 在任何情况下都禁止航空器运输的危险品

如果危险品的危险性太大,任何情况下都是禁止航空运输的。如在正常运输条件下易爆炸,易发生危险性反应,易起火或易产生导致危险的热量,易散发导致危险的毒性、腐蚀性或易燃性气体、蒸气的物质,在任何情况下都禁止航空运输。所有人都要有这样的意识:要确保不能让这样的物品上飞机。

在《危险品规则》中列出了任何情况下都不能航空运输的危险品,例如大多数爆炸品。

2. 经豁免可以航空器运输的禁运危险品

有些禁止航空运输的危险品,在非常紧急的情况下,相关国家可以豁免有关禁运的规定而进行航空运输。这些经豁免、批准的危险货物附了完整的豁免、批准文件的,也可以运输。

经豁免可以由航空器运输的禁运危险品,例如:具有传染性的活动物,如带有鼠疫细菌的实验鼠;属于Ⅰ级包装,吸入其雾气可引起中毒的液体,如汞。

二、认识隐含危险品

不是所有的危险品都容易被识别。许多看似普通的货物可能含有某些危险品,这样的危险品通常称为隐含危险品(hidden dangerous goods)。在托运人使用笼统描述申报的货物中,可能隐含某些危险品。这样的物品也可能在邮件或旅客的行李中。为了防止未申报的危险品存在于普通货物和旅客行李中,给航行带来安全风险,有关人员必须经过培训,应有能力认识、辨别并检查出以普通货物形式申报的隐含危险品。在交运或接收货物、邮件及行李时,应仔细检查,确定其属性后,方可进行操作。如有任何怀疑,均不得轻易放过。保证飞行安全,人人有责!

通常在下列货物或行李中常会含有隐含危险品,见表 1-3。

表 1-3　隐含危险品及图例

物品名称	隐含危险品	典型图例
1. 紧急航材(AOG)/飞机零备件/飞机设备/经营人物资	可能含爆炸物品(照明弹或其他烟雾弹)、化学氧气发生器、不能使用的轮胎装置、压缩气体(氧气、二氧化碳或氮气)钢瓶、灭火器、油漆、胶黏剂、气溶胶、救生器材、急救箱、设备中的油料、湿电池或锂电池、火柴等	

安全是民航业的生命线，任何时候、任何环节都不能大意！

续表

物品名称	隐含危险品	典型图例
2. 汽车/汽车零部件、供应品	可能含有湿电池、发动机、灭火器、氮气减震支架、气囊充气机/气囊组件、盛装过燃料的化油器或油箱、含有压缩气体的轮胎充气装置等	
3. 呼吸器	可能含有压缩空气或氧气钢瓶、化学氧气发生器或冷冻液氧	
4. 野营用具	可能含有易燃气体（丁烷、丙烷等）、易燃液体（煤油、汽油等）、易燃固体（固态乙二胺、火柴等）或其他危险品	
5. 化学品	可能含符合任一危险品标准的物品，尤其是易燃液体、易燃固体、氧化剂、有机过氧化物、有毒或腐蚀性物质	
6. 集运货物	可能含任何类别的危险品	
7. 低温物品/液体	指冷冻液化气体，如氩、氖、氮、氦等	
8. 钢瓶	可能有压缩或液化气体	
9. 牙科器械	可能包含易燃树脂或溶剂、压缩或液化气体、汞或放射性物质	

续表

物品名称	隐含危险品	典型图例
10. 诊断标本	可能含有感染性物质	
11. 潜水设备	可能含有压缩气瓶（空气、氧气瓶等），如自携式潜水气缸、潜水装气瓶等；具有高照明度的潜水灯具，当在空气中工作时可能产生极高的热量，为载运安全，灯泡或电池必须断开连接	
12. 钻探及采掘设备	可能含有爆炸品和／或其他危险物品	
13. 含冷冻液态氮的绝热装置	可能含有游离液氮，只有在包装以任何朝向放置液氮都不会流出的情况下，才不受限制	
14. 电气设备	可能有带磁性的物质，或可能在开关传动装置和电子管中含汞，或可能含湿电池	
15. 电动器械	（轮椅、割草机、高尔夫拖车等）可能装有湿电池或锂电池，可能含有燃料的燃料电池或燃料罐	
16. 探险设备	可能含爆炸品（照明弹）、易燃液体（汽油）、易燃气体（丙烷、丁烷）或其他危险物品	

安全是民航业的生命线，任何时候、任何环节都不能大意！

续表

物品名称	隐含危险品	典型图例
17.影片摄制组或媒体的设备	可能含爆炸性烟雾装置、内燃机发电机、湿电池、燃料、热能发生器具等	
18.冷冻胚胎	可能含制冷液化气体或固态二氧化碳（干冰）	
19.冷冻水果、蔬菜等	可能包装在固态二氧化碳中	
20.燃料	可能含有易燃液体、易燃固体或易燃气体	
21.燃料控制器	可能含有易燃液体	
22.热气球	可能含有装易燃气体的钢瓶、灭火器、内燃机、电池等	
23.家居物品	可能含符合任一危险品标准的物品，包括易燃液体，诸如溶剂型油漆、黏合剂、上光剂、气溶胶（对于旅客，根据IATA《危险品规则》2.3节的规定禁止携带）、漂白剂、腐蚀性的烤箱或下水道清洗剂、弹药、火柴等	
24.仪器	可能含气压计、血压计、汞开关、整流管、温度计等含有汞的物品	

续表

物品名称	隐含危险品	典型图例
25. 实验/试验设备	可能含符合任一危险品标准的物品，特别是易燃液体、易燃固体、氧化剂、有机过氧化物、毒性或腐蚀性物质	
26. 机械备件	可能含黏合剂、油漆、密封胶、胶溶剂、湿电池和锂电池、汞，含压缩或液化气体的钢瓶等	
27. 磁铁或类似物	单独或累积效应可能符合磁性物质定义的物品	
28. 医疗用品	可能含符合任一危险品标准的物品，特别是易燃液体、易燃固体、氧化剂、有机过氧化物、毒性或腐蚀性物质	
29. 金属建筑材料、金属栅栏、金属管材	可能含影响航空器仪器工作而需符合特殊装载要求的铁磁性物质	
30. 旅客行李/私人物品	可能含符合任一危险品标准的物品，如烟花、易燃家用液体、腐蚀性的烤箱或下水道清洗剂、易燃气体或液态打火机燃料储罐或野营炉的气瓶、火柴、火器、弹药、漂白粉等。根据IATA《危险品规则》2.3节的规定不允许携带的气溶胶	

安全是民航业的生命线,任何时候、任何环节都不能大意!

续表

物品名称	隐含危险品	典型图例
31.药品	可能含符合任一危险品标准的物品,特别是放射性物品、易燃液体、易燃固体、氧化剂、有机过氧化物、毒性或腐蚀性物质	
32.摄影器材/设备	可能含符合任一危险品标准的物品,特别是热发生装置、易燃液体、易燃固体、氧化物、有机过氧化物、毒性或腐蚀性物质	
33.赛车或摩托车队设备	可能装有发动机、化油器或含油料/残油的油料箱、易燃气溶胶、压缩气体钢瓶、硝基甲烷、其他燃油添加剂或湿电池等	
34.电冰箱	可能含液化气体或氨溶液	
35.维修箱	可能含有机过氧化物和易燃黏合剂、溶剂型油漆、树脂等	
36.试验样品	可能含符合任一危险品标准的物品,特别是感染性物质、易燃液体、易燃固体、氧化物、有机过氧化物、毒性或腐蚀性物质	
37.精液	可能用固态二氧化碳或制冷液化气包装,参见"液氮干装"	

续表

物品名称	隐含危险品	典型图例
38. 船舶备件	可能含爆炸品（照明弹）、压缩气体钢瓶（救生筏）、油漆、锂电池（应急探测器等）	
39. 演出、电影放映、舞台与特殊效果设备	可能含易燃物质、爆炸品或其他危险品	
40. 游泳池化学品	可能含氧化性或腐蚀性物质	
41. 电子设备或仪器开关	可能含汞	
42. 工具箱	可能含爆炸品（射钉枪）、压缩气体或气溶液、易燃气体（丁烷气瓶或焊枪）、易燃黏合剂或油漆、腐蚀性液体、锂电池等	
43. 火炬及发光棒	微型火炬及发光棒可能含有易燃气体且装备有电打火器。大型火炬可能由火炬头（通常带有自燃开关）和含有易燃气体的容器或气瓶组成	

续表

物品名称	隐含危险品	典型图例
44.疫苗	可能用固态二氧化碳包装	

三、熟悉不同情况下对旅客、机组人员的规定

一般将旅客、机组人员乘机时携带的行李分为三种，见表1-4。

表1-4 旅客和机组人员携带的行李分类

交运行李（托运行李）	手提行李	随身携带行李

部分危险品有可能通过旅客、机组人员手提、随身携带行李或交运行李被带入航空器，这是危险品进入航空器的一个很常见的途径。在航空运输历史上发生过多起因旅客携带了违禁品进入飞机导致的事故。因此，在行李收运和人员安检阶段把好安全运输的关口，可以对杜绝事故的发生起到非常重要的作用。

旅客、机组人员在手提行李或交运行李中的危险品有些是禁止携带的，有些经过批准和审查后允许携带。尽管这些危险品的数量很少，但是为了保障安全，旅客、机组人员必须严格遵守关于行李中的危险品的运输规定。

1. 禁止携带

旅客、机组人员不应在交运行李、手提行李中存放或随身携带的危险品，包括但不限于：

（1）内装锂电池和烟火装置等危险品的保险型公文箱、外交公文箱、现金箱、现金袋。

（2）装有压缩液态毒气、胡椒喷雾剂等带刺激性或使人致残的器具。

（3）电击武器（如泰瑟枪），含有注入爆炸品、压缩气体、锂电池等的危险品。

（4）使用液态氧作为主要或次要氧气源的个人医用氧气装置。

2. 允许携带

符合规定条件的危险品可作为或放在交运行李、手提行李或随身携带行李中进行运输，除另有规定外，允许放入手提行李的危险品也允许带在身上。

对需要经营人批准的危险品，应确认经营人的意见后方可收运或拒运。这些危险品都包括在IATA《危险品规则》表2.3.A（表1-5）中。表2.3.A是2023年1月1日开始生效的第64版《危险品规则》里关于旅客、机组人员携带危险品的规定。

安全是民航业的生命线，任何时候、任何环节都不能大意！

表 1-5　表 2.3.A 旅客与机组人员携带危险品的规定

危险品不得由旅客或机组人员放入或作为交运行李或手提行李携带，下列情况除外。除另有规定外，允许放入手提行李中的危险品也允许带在身上。

危险品	允许在交运行李中或作为交运行李	允许在手提行李中或作为手提行李	须由经营人批准	必须通知机长装载位置
酒精饮料　在零售包装内体积浓度 24% 以上但不超过 70% 的酒精饮料，装于不超过 5L 的容器内，每个人携带的总净数量不超过 5L。 **注：体积浓度不超过 24% 的酒精饮料，不受限制**	否	是	是	否
包装牢固的 1.4S 项弹药（弹药筒）（仅限 UN0012 或 UN0014）　仅供自用条件下，每人可携带毛重不超过 5kg，且不包括爆炸性或燃烧性弹药。两名或两名以上的旅客所携带的弹药不得合并成一个或数个包装件	是	是	否	否
雪崩救援包　每人允许携带一个，内可装含有净重不超过 200mg 的 1.4S 项物质的焰火引发装置及净重不超过 200mg 的 2.2 项的压缩气体气瓶，这种背包的包装方式必须保障不会意外开启。背包中的气袋必须装有减压阀	是	是	否	否
装有锂电池的行李　电池不可拆卸，电池中的锂金属含量超过 0.3g 或锂离子电池额定能量超过 2.7W·h	禁止携带			
装有锂电池的行李 - 不可拆卸电池，电池中的锂金属含量不得超过 0.3g，或者锂离子电池额定能量不超过 2.7W·h。 - 可拆卸电池。如果要托运行李，必须取出电池。取出的电池必须放入客舱内运输	否	是	是	否
备用/零散电池　包括供便携式电子设备用的锂电池、密封型电池、镍金属氢化物电池和干电池（见 2.3.5.8），只能在手提行李中携带。 以电源为主要用途的物品，例如充电宝，被视为备用电池。这些电池必须单独保护，以防止短路。 锂金属电池：锂金属含量不得超过 2g（见 2.3.5.8.4）。 锂离子电池：额定能量不得超过 100W·h（见 2.3.5.8.4）。 每人最多只能携带 20 块备用电池。 *经营人可以对携带 20 块以上备用电池进行批准。 密封型电池：必须小于等于 12V，或小于等于 100W·h，每人最多只能携带 2 块密封型电池（见 2.3.5.8.5）	否*	否	是	否
装有易燃液体燃料的野营炉具和燃料罐　带有空的燃料罐或燃料容器（详见 2.3.2.5）	是	是	否	否
化学武器监控设备　由禁止化学武器组织（OPCW）的官方人员公务旅行携带（见 2.3.4.4）	是	是	是	否
使人丧失行为能力的装置　含有刺激性的和使人丧失能力的物质，如催泪瓦斯、胡椒喷雾剂等，禁止随身、放入交运行李和手提行李携带	禁止携带			
固体二氧化碳（干冰）　用于不受危规限制的鲜活易腐品保鲜的干冰，每位旅客携带不得超过 2.5kg，可以作为手提或交运行李，但包装要留有释放二氧化碳气体的通气孔。每件交运行李必须标注"干冰"或"固体二氧化碳"及其净重，或标明其数量小于或等于 2.5kg	是	是	是	否
电子烟（包括电子雪茄、电子烟袋、其他私人用气化器）　内含的电池必须单独保护以防意外启动（见 2.3.5.8.2）	否	否	是	否
电击武器（如泰瑟枪）　含有诸如爆炸品、压缩气体、锂电池等的危险品，禁止放入手提行李、交运行李或随身携带行李	禁止携带			
含有燃料的燃料电池　为轻便电子装置供电（如相机、手机、笔记本电脑和小型摄像机），详见 2.3.5.9	否	否	是	否
备用燃料电池罐　为轻便电子装置供电，详见 2.3.5.9	否	是	是	否
小型非易燃气罐　为自动充气救生衣配备的装有二氧化碳或其他 2.2 项气体的小型气罐，每人携带不超过 2 个小型气罐和不超过 2 个备用气罐。其他设备用的最多 4 个水容量不超过 50mL 的气罐	是	是	是	否

安全是民航业的生命线，任何时候、任何环节都不能大意！

续表

物品	托运行李	手提行李	随身携带	经营人批准
非易燃无毒气体气瓶 用于操纵机械假肢的气瓶，以及为保证在旅途中使用而携带的同样大小的备用气瓶	否	是	是	否
含烃类气体的卷发器 如果卷发器的加热器上装有严密的安全盖，则每名旅客或机组人员最多可带一个。这种卷发器在任何时候都禁止在航空器上使用，其充气罐不准在手提行李或交运行李中携带	否	是	是	否
含有冷冻液氮的隔热包装（液氮干装） 液氮被完全吸附于多孔物质中，内装物仅为非危险品	否	是	是	否
内燃机或燃料电池发动机 必须符合特殊规定 A70（详见 2.3.5.12）	否	是	否	是
锂电池 内含锂金属或锂离子电池芯或电池的便携式电子设备（PED），包括医疗设备，如旅客或机组人员携带的供个人使用的便携式集氧器（POC）和消费电子产品，如相机、手机、笔记本电脑和平板电脑（见 2.3.5.8）。对于锂金属电池，锂金属含量不得超过 2g，对于锂离子电池，额定能量不得超过 100W·h。托运行李中的设备必须完全关闭并加以保护以防止损坏（不能为睡眠或休眠模式）。每个人最多只能携带 15 台 PED。 * 经营人可对携带超过 15 台 PED 进行批准	否*	是	是	否
给电子设备供电的锂电池 供便携式电子设备（包括医用）使用的大于 100W·h 但不超过 160W·h 的锂离子电池。锂金属含量超过 2g 但不超过 8g 的仅供医疗电子设备专用锂金属电池。在交运行李中的设备必须完全关闭并加以保护，以防止损坏（不能为睡眠或休眠模式）	是	是	是	否
备用/零散锂电池 消费类电子设备和便携式医疗电子设备（PMED）使用的，额定能量超过 100W·h 但不超过 160W·h 的锂离子电池，或含量超过 2g 但不超过 8g 仅用于便携式医疗电子设备的锂金属电池。最多只能在手提行李中携带 2 块备用电池，这些电池必须单独保护以防止短路	否	是	是	否
安全火柴（一小盒）或一个小型香烟打火机 个人使用、带在身上的，不含未被吸附的液体燃料且是非液化气体的打火机。打火机燃料和打火机补充装罐不允许随身携带，也不允许放入交运行李或手提行李中。 注："即擦式"火柴、"蓝焰"或"雪茄"打火机，或由锂电池供电的打火机，在没有安全帽或防止意外激活装置的情况下禁止运输［见 2.3.5.8.4（e）］	否	否	随身携带	否
助行器 装有密封型湿电池、镍氢电池或干电池的电动轮椅或其他类似助行器（见 2.3.2.2）。	是	是	否	是
装有非密封型电池或锂电池的电动轮椅或其他类似助行器（详见 2.3.2.3 和 2.3.2.4）。	是	是	否	是
装有锂离子电池的电动轮椅或其他类似助行器，其设计不能为电池提供足够的保护（详见 2.3.2.4.3）	是	否	否	是
非放射性药品或化妆品（包括气溶胶） 如发胶、香水和含酒精的药物，以及运动或家庭使用的无次要危险的非易燃无毒（第 2.2 项）气溶胶（见 2.3.5.1）。 总净数量不得超过 2kg 或 2L，单个物品的净数量不得超过 0.5kg 或 0.5L。气溶胶的阀门必须由盖子或其他的方法保护，以防止意外打开阀门释放内容物	是	是	是	否
医用氧气或空气瓶 气瓶的毛重不得超过 5kg。 注：液氧装置禁止航空运输	是	是	是	是
渗透装置 必须符合 A41（详见 2.3.5.13）。	否	是	否	是
放射性同位素心脏起搏器 或其他装置，包括那些植入体或体外安装的锂电池动力装置。	否	带在身上		否
保安型设备 （详见 2.3.2.6）	是	否	否	是
保险型公文箱、现金箱、现金袋等 除 2.3.2.6 之外，装有锂电池或烟火材料等的危险品是完全禁运的，参见 DGR 4.2 危险品品名表的条目	禁止携带			
非感染性样本 与少量易燃液体包装在一起，必须符合特殊规定 A180（详见 2.3.5.14）	否	是	是	否
医疗或临床用温度计 含汞，供个人使用时允许每人携带一支，但要放在保护盒内	否	是	否	否
水银气压计或温度计 由政府气象部门或其他类似官方机构携带（详见 2.3.3.1）	是	否	是	是

注：第 2.3 节和表 2.3.A 的规定可能受到国家或经营人差异的限制。乘客应向航空公司查询现行规定。

练一练

作为行李收运人员,一定要学会查阅表2.3.A,牢记这个表里的一些常见行李的收运要求。查阅表2.3.A,并确认下列做法是否正确。

(1) 交运行李中可携带2瓶500mL的"二锅头"。（　　）
(2) 旅客携带野营用液体燃料炉,不需要向承运人申报。（　　）
(3) 每一名旅客可以携带不超过2.5kg的干冰做易腐货物的制冷剂。（　　）
(4) 气象局工作人员携带的一支含有水银的温度计,需要在机长通知单上注明。（　　）
(5) 根据DGR的规定,每位旅客可携带浓度大于24%且小于70%的酒精饮料总数量不超过10L。（　　）
(6) 根据DGR的规定,包装牢固的1.4S弹药（仅UN0012或UN0014）,在仅供自用条件下,每人携带毛重不超过3kg。（　　）
(7) 小李春节时从广州回哈尔滨过年,可以随身携带两瓶750mL红葡萄酒上飞机。（　　）
(8) 旅客可将一瓶0.7L的发胶作为交运行李运输。（　　）
(9) 旅客个人自用消费品设备的备用电池,只能作为手提行李,还要做好单个保护。（　　）
(10) 旅客个人医用水银温度计只能随身携带进客舱。（　　）

 拓一拓

登录中国国际航空股份有限公司官网,了解国航关于行李运输限制的规定。

四、认识国家和经营人差异

各国以及经营人（或承运人）关于危险品运输的规定是有差异的。国家和经营人可以提出比《危险品规则》（DGR）更严格的运输规定,这些规定提交之后就印刷在新版的《危险品规则》（DGR）中。在危险品运输工作中,对于有关国家以及经营人（或承运人）的危险品运输规定,托运人、收货人及代理人、承运人及其地面代理人和销售代理人必须予以遵守。

1. 国家差异（state variations）

国家差异由3个字母表示,前两个字母是国家的两字代码,最后一个字母是"G"（政府一词的缩写）,字母后是按严格顺序排列的两个数字,开始为"01"。例如,中国China：CNG,CNG-01。

> CNG-01：欲使用航空器载运危险品运进、运出中国或飞越中国的经营人,必须预先得到中国民用航空局的书面许可。更多信息可从下列部门获得：
> 中国民用航空局运输司
> 中国北京东四西大街155号,644信箱
> 电话：+86 010 6409 1929
> 　　　+86 010 6409 1918
> 传真：+86 010 6409 1968

安全是民航业的生命线，任何时候、任何环节都不能大意！

国家差异列在IATA《危险品规则》（DGR）2.8.2节中。如果不同国家或承运人对危险品运输有不同于《危险品规则》的更严格规定，可以向ICAD和IATA申报差异，并列在《危险品规则》的国家、运营人差异中。任何国家和运营人都有权在《危险品规则》中登记更严格的差异。在收运或运输危险品之前，应查阅国家及运营人差异。

2. 经营人差异（operator variations）

经营人差异是由航空公司名称的2个字母的两字代码和按严格顺序排列的2个数字组成，起始为"01"。例如，国航为CA，CA-01。经营人差异列在IATA《危险品规则》（DGR）2.8.4节中。

> CA-01：不收运集运的危险品，以下情况除外：
> - 集运货物中含有用作制冷剂的UN1845——固体二氧化碳（干冰）；
> - 集运货物只有一票分运单（请见1.3.3、8.1.2.4、9.1.8和10.8.1.5）。
>
> CA-04：含有包装等级为Ⅰ级、Ⅱ级和Ⅲ级的腐蚀性液体组合包装件，必须使用能够吸附所有内包装中物质的足够的吸附材料。
>
> CA-05：航空货运单上必须显示收货人的电话或传真号码（请见8.2和10.8.8）

拓一拓

访问国泰航空官网，了解国泰航空货运有哪些经营人差异。

能力训练任务

一、判断题

1. 所有人都应具有这样的意识：在任何情况下都禁止航空运输的危险品是千万不能装上飞机的。（　　）
2. 有些按普通品名申报的货物或行李可能有隐含的危险品，比如野营用具。（　　）
3. 旅客行李中可能会含有达到危险品标准的物品，例如下水道清洗剂、漂白粉等。（　　）
4. 根据IATA《危险品规则》的规定，旅客不允许随身携带酒精饮料上飞机。（　　）
5. 根据IATA《危险品规则》的规定，体积浓度小于24%的酒精饮料运输数量是不受限制的。（　　）
6. 根据IATA《危险品规则》的规定，旅客最多可携带化妆品（如香水）的总数量是500mL。（　　）
7. 每个国家可以根据自身的运行条件制定严于DGR标准的政策，这叫做国家差异。（　　）
8. 每家航空公司可以根据自身的运行条件制定严于DGR标准的政策，这叫做经营人差异。（　　）
9. 在危险品运输实际操作过程中，很多国家/承运人都有更严格的限制。在跟这些国家/承运人进行航空业务来往时要注意这些"差异"。（　　）

10. 国家差异由国家两字代码（字母）加G组成，后跟具体条款编码。（   ）

二、单选题

1. 请指出以下哪些物品在采用航空运输时，需要得到经营人的许可。（   ）

A. 安全火柴　　　　　　　　　　B. 啤酒

C. 芬必得（药）　　　　　　　　D. 运动子弹

2. 用于包装不受DGR限制的易腐物品的干冰，每人携带总量不超过（   ）kg。

A. 2　　　　　B. 2.5　　　　　C. 3　　　　　D. 5

3. 下列哪些物品经经营人批准仅允许作为手提行李。（   ）

A. 运动子弹　　　　　　　　　　B. 消费用锂电池

C. 含有冷冻液氮的隔热包装　　　D. 野营炉及装有易燃液体燃料的燃料容器

4. 运输电动轮椅，需（   ）。

A. 经营人批准　　　　　　　　　B. 通知机长装载位置

C. 两者都是　　　　　　　　　　D. 两者皆否

5. 根据IATA《危险品规则》的规定，旅客携带化妆品如发胶时，每人携带的每一单件物品净数量不超过（   ）。

A. 0.2kg 或 0.2L　　　　　　　　B. 0.5kg 或 0.5L

C. 1kg 或 1L　　　　　　　　　　D. 2kg 或 2L

任务1.2　能力训练任务参考答案

任务1.3　识别角色和责任

众所周知，危险品可通过很多途径被带上飞机，如航材危险品、货运通道、旅客托运的行李、旅客随身携带的行李、客舱服务人员及其所售物品等。危险品的航空运输过程会涉及托运人、托运人的代理人、经营人（承运人）、地面服务代理人、旅客等角色。IATA《危险品规则》（DGR）中规定了托运人和经营人应承担的相关责任，必须遵守。**航空安全，是所有人的责任。**

一、托运人的责任（shipper's responsibilities）

（1）托运人应当确保所有办理托运手续和签署危险品运输文件的人员已按相关法规要求接受过相关危险品知识的培训并合格。

（2）托运人将危险品的包装件或者集合包装件提交航空运输前，应按相关法规的规定，保证该危险品不是航空运输禁运的危险品，并正确地进行分类、包装、加标记、贴标签、提供真实准确的危险品运输相关文件。托运国家法律、法规限制运输的危险品，应当符合相关法律、法规的要求。

（3）禁止在普通货物中夹带危险品或者将危险品匿报、谎报为普通货物进行托运。

（4）遵守《危险品规则》，并且必须遵守始发国、中转国和目的地国家的适用规定。

（5）告知其职员在危险品运输中应承担的责任。

（6）托运人必须保留一份危险品运输相关文件至少3个月或遵守相关国家相关部门规定的保存期限，如我国民航局要求至少保存24个月。

（7）托运人委托的代理人的人员应当按照相关法规的要求接受相关危险品知识的培训并合格。

二、经营人的责任（operator's responsibilities）

（1）经营人应制定检查措施防止普通货物中隐含危险品。
（2）确认危险品航空运输文件由托运人签字，并且签字人已按规定的要求培训合格。
（3）使用收运检查单收运危险品。
（4）检查危险品包装件、集合包装件等，确认在装机前无泄漏和破损的迹象。
（5）危险品不得装载在驾驶舱或旅客乘坐的航空器客舱内。
（6）危险品的存储、装载、固定和隔离要求符合相关的规定。
（7）保留运输文件。
（8）提供信息。
（9）提供在出现涉及危险品的紧急情况时应采取的行动的指南。
（10）经营人应向局方和事故或事件发生地所在国家报告任何危险品事故或事件。
（11）无论经营人是否运输危险品，都应该接受危险品知识的培训。

三、理解旅客的责任（passenger's responsibilities）

历史上发生的危险品事故

历史上发生的危险品运输事故损失极为惨重，教训十分深刻，我们一定要以史为鉴，防止类似的事故再次发生。

旅客将危险品带上飞机，导致飞机刚落地就爆炸！

航空安全关系到国家和人民的生命财产安全，关系到社会稳定和国际影响，是航空公司的生命线。保证航空安全，不但是航空公司的责任，是空管、机场、安检等部门的责任，也是每一位乘机旅客的责任。

有些物品带上飞机可能会对飞机和其他乘客造成潜在的安全威胁，因此各国家的法律、民航局和各航空经营人的相关条款，规定了旅客在乘机时限制或禁止携带的物品以及禁止出现在托运行李中的物品等。

《中华人民共和国民用航空法》《中华人民共和国民用航空安全保卫条例》等均有相关规定，禁止旅客随身携带危险品乘坐民用航空器。禁止违反国务院民用航空主管部门的规定将危险品作为行李托运。携带违禁物品登机的，尚不构成犯罪的，可处以5000元以下罚款、没收或者扣留非法携带的物品；如构成犯罪的，依法追究刑事责任。

 **案例链接**

机场处罚违规携带违禁品乘机旅客

某日，机场航站楼安检人员在对一名男性旅客杨某随身携带的行李进行检查时，查获用电源线缠绕起来藏匿的电子点烟器，遂向机场警方报警。民警到场询问，杨某自称虽然知道不能带火种登机，但是由于烟瘾大，怀着侥幸心理，以为用电源线将点烟器缠绕包装就能躲过安检人员的检查，便铤而走险藏匿火种。

当月该机场航站楼又接连查获两起旅客携带禁运物品案件，一名旅客将打火机藏匿于腰带内侧，另一名旅客则将打火机藏在袜子里，都试图躲避安全检查将火种带上飞机，幸而均被安检人员查获。

在机场公安局，面对民警的批评教育，几名旅客都追悔莫及：本应正常搭乘航班，就因为心存侥幸，携带并藏匿火种，由旅客变成了违法者，危害到民航运输安全，不仅耽误了自己的行程，还被公安机关罚款、拘留。

机场警方提示：旅客乘坐民航航班，一定要严格遵守相关的民航法律和规定，自觉维护民航运输安全，千万不能怀着侥幸心理违反相关法律和规定，否则将受到公安机关的处罚，还有可能因此被列入民航"黑名单"，影响后续乘机。

航空经营人通常会在公司官网发布旅客携带危险品的相关要求和规定，旅客乘机前应了解这些规定。比如，中国南方航空集团有限公司官网关于旅客可随身携带的电池、液态物品、自热物品等都进行了详细的描述，对于不得作为托运行李运输的物品及限制运输的物品都有规定。乘坐南航班机的旅客必须提前了解并遵守这些相关规定。

旅客作为航空运输中的一员，对航空安全也有着自己应尽的义务。应了解民航局发布的危险品运输的相关规定并自觉遵守，并能主动配合航空公司和安检部门的工作，选择正确的方式运输危险品。不能对这些规定存在抵触心理和侥幸心理，采取不配合的态度。任何"不以为然"都可能造成无法挽回的灾难！共同维护航空安全，这是对自己负责，也是对他人负责！

注意：旅客切勿心存侥幸，非法携带、故意隐匿危险品乘机，后果很严重！航空安全，人人有责！

 扫码看案例

随身行李中携带两枚雷管被处罚

拓一拓

登录中国东方航空集团有限公司官网，了解中国东方航空集团有限公司关于行李限制及特殊物品的规定。

航空安全,我们共同守护!

能力训练任务

判断题

1. 危险品可由旅客行李带入飞机。(   )
2. 人员培训既是托运人的职责也是经营人的职责。(   )
3. 对危险品进行收运检查是危险品航空运输中经营人(航空公司)的职责。(   )
4. 经营人(航空公司)的职责是识别、分类、包装、加标记、贴标签,填写危险品运输文件及提供24小时联络方式。(   )
5. 托运人的职责是识别、分类、包装、加标记、贴标签、提交正确填制的运输文件和进行人员培训。(   )
6. 危险品货物的装载及卸机工作属于经营人(承运人)的责任。(   )
7. 禁止旅客随身携带危险品乘坐民用航空器。(   )
8. 旅客乘坐飞机时,应遵守航空公司关于危险品限制运输或禁止携带的规定。(   )
9. 旅客乘坐飞机时,不能抱有"侥幸""不以为然"的心理,偷偷携带违禁品乘机。(   )
10. 旅客千万不能抱着侥幸心理,非法携带、故意隐匿危险品乘机。(   )

任务1.3　能力训练任务参考答案

任务1.4　识别类别、项别的一般信息

子任务1　理解包装等级的一般原则

由于危险品货物(危险货物)具有易爆、易燃、毒害、腐蚀、放射等特性,在运输过程中容易造成人员伤亡和财产损失,因而要求有特别的防护措施。其中,危险品包装的技术条件和质量要求对保证危险品货物(危险货物)运输安全有着重要作用。危险品的包装不仅是为了保护货物的使用价值不受损失,而且是防止危险品在运输的过程中危害人员、环境、运输工具和设备的重要保障。危险品货物(危险货物)的包装是危险品货物(危险货物)运输规则的重要组成部分。

根据危险品的危险程度,除第1类、第2类、5.2项、6.2项和第7类以外,将其他类、项别的危险品划分为以下三个包装等级(packing group,PG),分别用罗马数字标示:

Ⅰ级——较高危险程度的物质;

Ⅱ级——中等危险程度的物质;

Ⅲ级——较低危险程度的物质。

扫一扫

码上看视频
民航危险品的分类

子任务 2　认识第 1 类——爆炸品

第 1 类爆炸品航空运输实例

2020 年 10 月 21 日，由俄罗斯伏尔加第聂伯航空公司 IL-76 机型执飞，装载着第 1 类危险品——爆炸品货物的 VI3786 航班由西安咸阳国际机场起飞，飞往伊拉克第二大城市巴士拉。运输的危险品货物净重 12.5t，共 847 箱，包括油井用射孔弹、电雷管、弹药筒等，危险性高。中国民用航空西北地区管理局成立了伏尔加航运输危险品安全监管小组，明确相关单位和部门职责，强化对货运库、机坪等操作现场的安全监管工作，并专门邀请航科院两名危险品专家赴西安进行全程现场指导。在各单位的认真工作、密切配合下，圆满保障危险品航班由西安机场顺利出境，安全飞抵伊拉克。（资料来源：中国航空新闻网）

 学一学

一、爆炸品定义

（1）爆炸性物质（物质本身不是爆炸品，但能形成气体、蒸气或粉尘爆炸的不包括在第 1 类内）不包括那些危险性极大以致不能运输或根据其主要危险性应归于其他类别的物质。

（2）爆炸性物品不包括以下装置：含有爆炸性的物质，但由于其含量或性质的缘故，在运输过程中偶然或意外被点燃或引发后，装置的外部不出现抛射、发火、冒烟、发热或巨响等情况。

（3）上述未提到的，为产生爆炸或烟火效果而制造的物质或物品，也定义为爆炸品。

二、爆炸品的分项

（1）1.1 项　具有整体爆炸危险性的物品和物质。
（2）1.2 项　具有喷射危险性而无整体爆炸危险性的物品和物质。
（3）1.3 项　具有起火和轻微爆炸危险性的物质和物品。
（4）1.4 项　无显著危险性的物质和物品。
（5）1.5 项　非常不敏感物质。
（6）1.6 项　极不敏感物质。

三、爆炸品配装组（compatibility group）

配装组是指出于运输经济或其他需要，在安全的前提下，不同项的爆炸品可以混装的组别。因此，不同的爆炸品能否混装在一起进行安全运输，取决于其配装组是否相同。属于同一配装组的爆炸品可以放在一起运输，属于不同配装组的爆炸品一般不能放在一起运输，如 1.4G、1.5D、1.6N 等。

根据爆炸品项别与配装组的不同，爆炸品能否进行客货机运输也是不同的。例如：1.1、1.2、1.3（部分可以通过货机运输）、1.4F、1.5、1.6 的爆炸品是禁止空运的，只有 1.4S（RXS）的爆炸品可以用客机航班运输，如弹药用雷管、安全导火索、练习用手榴弹等；其他只能用货机装载，如爆破用电管、闪光弹药筒、地面照明弹等。1.4S 爆炸品的包装或设计可以使偶然引起的任何危险性都局限在包装件的内部，除非包装件破损。即使破损，产生的爆炸或喷射都有限，不会对包装件紧邻处救火或其他应急措施造成重大妨碍。

四、爆炸品总结例表

见表 1-6。

表 1-6　爆炸品总结例表

危险性标签	名称/项别/IMP	描述	标签注释
	爆炸品 1.1 项 REX	具有整体爆炸危险性的物品和物质	符号：爆炸的炸弹； 颜色：黑色； 底色：橙色； 数字"1"写在底角； 尺寸至少 100mm×100mm； ** 填写项别和配装组，如 1.1C
	爆炸品 1.2 项 REX	具有喷射危险性而无整体爆炸危险性的物品和物质	
	爆炸品 1.3 项 REX RCX 当允许时 RGX	具有起火和轻微爆炸危险性的物质和物品	
	爆炸品 1.4 项 REX	无显著危险性的物质和物品	底色：橙色； 数字颜色：黑色； 数字高约 30mm，笔画宽约 5 mm； 尺寸至少 100 mm×100 mm； 数字"1"写在底角； *** 处填写配装组
	爆炸品 1.5 项 REX	非常不敏感物质	
	爆炸品 1.6 项 REX	极不敏感物质	

拓一拓

（1）黑火药、TNT、黑索金、旋风炸药、硝化甘油等烈性爆炸物是禁止空运的。让我们扫码来了解、认识一下它们吧！

是炸药，也是续命药——硝酸甘油和它的前世今生

（2）烟花、爆竹统称为花炮，是我国传统的工艺品，历史悠久，品种繁多。我们都知道，各种运输方式都绝对禁止旅客夹带烟花、爆竹。只有极少数的信号弹、烟火及烟火装置在符合条件的情况下可以作为危险货物进行航空运输。

烟花、爆竹的危险性何在？

 警钟长鸣

历史上发生的危险品事故

历史上发生的危险品运输事故损失极为惨重，教训十分深刻，我们一定要以史为鉴，防止类似的事故再次发生。

印度航空182号班机空难

子任务3　认识第2类——气体

第2类气体航空运输实例

2015年8月22日晚，机场安检人员在一件托运行李内发现多个打火机。警方找到行李主人韩某，韩某称要去非洲旅游，在乘机之前，导游曾告知他飞机上不能携带打火机，但在非洲购买打火机比较困难，为了抽烟方便，他便在托运行李内携带了13个一次性塑料打火机。韩某称，他认为打火机只要不随身携带就没问题，没想到放在行李箱里还是被查出来了。

打火机是危险品，属于2.1项易燃气体，根据民航相关规定，旅客既不能随身携带登机，也不允许托运。根据《中华人民共和国民用航空安全保卫条例》的相关规定，韩某的行为构成托运人在托运货物中夹带危险物品，首都机场公安分局依法对其处以行政罚款1500元的处罚，并没收所交运的打火机。

 学一学

一、气体的定义

第2类危险品——气体是指在50℃（122℉）下，蒸气压高于300kPa的物质；或在

20℃（68℉）、101.3kPa 标准大气压下，完全处于气态的物质。第 2 类危险品包括压缩气体、液化气体、溶解气体、深冷液化气体（也称为低温液体）、一种或几种气体与一种或几种气体类别物质的蒸气的混合物、充有气体的物品和气溶胶。

二、气体的项别

1. 2.1 项——易燃气体（flammable gas）（表 1-7）

表 1-7　2.1 项易燃气体

危险性标签	名称 / 项别 /IMP	描述	举例与注释
	易燃气体 2.1 项 RFG	任何与空气按一定的比例混合时形成易燃混合物的气体	丁烷、氢气、丙烷、乙炔、打火机内气体

易燃气体指在 20℃（68℉）和 101.3kPa 标准大气压下，在与空气的混合物中按体积含量不超过 13% 时可燃烧，或与空气混合，不论燃烧下限值是多少，燃烧范围至少为 12 个百分点的气体。如氢气、乙炔、丁烷、丙烷、打火机内气体等，见图 1-4 和图 1-5。

图 1-4　氢气

图 1-5　乙炔

 动一动

氢气是 2.1 项易燃气体，查找资料，了解、认识氢气的特点及危险特性。

2. 2.2 项——非易燃无毒气体（non-flammable/non-toxic gas）（表 1-8）

表 1-8　2.2 项非易燃无毒气体

危险性标签	名称 / 项别 /IMP	描述	举例与注释
	非易燃无毒气体 2.2 项 RNG RCL	任何非易燃无毒的气体或深冷液化状态的气体	二氧化碳、氧气、氮气、灭火器内气体、液氮、液氦等

指温度在20℃以下、压力不低于280kPa情况下运输的气体或深冷液化气体。该气体具有窒息性，可稀释或取代空气中正常含量的氧气；或有氧化性——该气体一般能够提供氧，助燃能力强于空气；或者不符合本类其他项的定义。如二氧化碳、液氮，见图1-6和图1-7。

图1-6　二氧化碳灭火器

图1-7　液氮

　想一想

我们身边的空气主要由氮气、氧气、二氧化碳等组成，其中氧气约占21%。氧气无色、无臭、微溶于水。生命离不开氧气，如果没有氧气，人的生命会终止。

　　氧气对我们如此重要，为什么成了航空运输中的危险品呢？氧气又有哪些危险性呢？

_____

_____

我们在吸入氧气的同时，呼出二氧化碳。二氧化碳是一种无色、无毒的气体，对于航空运输来说，它又有哪些危险性呢？

_____

_____

3. 2.3项——毒性气体（toxic gas）（表1-9）

表1-9　2.3项毒性气体

危险性标签	名称/项别/IMP	描述	举例与注释
	毒性气体 2.3项 RPG	已知对人体有毒或有腐蚀性，以及已知对人的健康产生危害的气体	氯气、氨气、硫化氢、一氧化碳、氯化氢

毒性气体包括已知毒性或腐蚀性足以对人体健康产生危害的气体；或根据实验LC50数值等于或小于5000mL/m³，毒性或腐蚀性可能危害人类的气体。如催泪瓦斯、氯气、氨气等。大多数毒性气体禁运，但低毒性的气溶胶、催泪瓦斯可以运输。

扫码看动画
毒性气体——硫化氢

拓一拓

气溶胶制品的类项判断如下。

气溶胶制品是指装有压缩气体、液化气体或加压溶解气体的一次性使用的由金属、玻璃或塑料制成的容器。无论里面是否装入液体、粉末或糊状物，这样的容器都有严密的闸阀，当闸阀开启时，可以喷出悬浮着固体小颗粒的气体或喷出泡沫、糊状物、粉末、液体或气体。日常生活中常见的气溶胶包括罐装杀虫剂、发胶、摩丝等（见图1-8和图1-9）。

对于气溶胶制品，其项别和次要危险性取决于气溶胶喷雾器内装物的性质，分别可归为2.1项、2.2项和2.3项。

从运输来说，含有2.3项气体的气溶胶禁止运输；内装物的毒性或腐蚀性达到Ⅰ级包装标准的气溶胶制品禁止运输；内装物含有Ⅱ级毒性或腐蚀性的气溶胶制品禁止运输，除非得到豁免。

图1-8 杀虫剂

图1-9 摩丝、发胶

 拓一拓

（1）教学楼里到处都有手提式二氧化碳灭火器（见图1-10），这种灭火器价格低廉，获取、制备容易，主要依靠所充装的液态二氧化碳喷出时产生的窒息作用和部分冷却作用灭火。那么在运输或使用手提式二氧化碳灭火器的过程中会有什么危险呢？它可以用来扑灭哪些火灾呢？

（2）氯气是2.3项毒性气体，我们来扫码认识一下氯气，了解它的特点及危害吧。

图1-10 手提式二氧化碳灭火器

认识氯气及其危险性

子任务 4　认识第 3 类——易燃液体

第 3 类易燃液体航空运输实例

2023 年 4 月 6 日，上市公司华致酒行委托蜂鸣物流 FM 空运配送公司将一批 1995 年红皮铁盖 53 度飞天茅台从广州空运到上海，见图 1-11。接到客户空运白酒发货通知，该配送公司根据客户提供的仓库地址，立即安排专车上门提取这批空运的白酒。

53 度飞天茅台属于第 3 类易燃液体，同时又是易碎品。按照酒水航空托运相关要求，蜂鸣物流 FM 空运配送公司为客户提供了酒水空运专业木箱包装服务，见图 1-12。

东航 MU5318 航班 4 月 6 日 23：58 落地上海虹桥机场。2 小时后，配送公司在上海虹桥机场航空货运站完成提货。4 月 7 日上午，蜂鸣物流 FM 空运配送公司根据与客户指定收货人约定的时间按时将这批飞天茅台高端白酒送达指定地址完成签收。蜂鸣物流 FM 空运配送公司圆满完成本次广州到上海高档白酒空运任务，全程用时不到 20 小时。

图 1-11　待运茅台酒　　　　　　　图 1-12　木箱包装

助学小帮手
扫一扫
——第 3 类易燃液体

一、易燃液体（flammable liquids）的定义

在闭杯闪点试验中温度不超过 60℃，或者在开杯闪点试验中温度不超过 65.6℃时，放出易燃蒸气的液体、液体混合物、固体的溶液或者悬浮液，定义为易燃液体。常见的易燃液体有酒精（乙醇）、汽油、苯、丙酮和油漆等，见表 1-10。

表 1-10　常见的易燃液体

酒精	汽油	苯	丙酮	油漆

查一查

什么是闪点？什么是开杯闪点试验？闭杯闪点试验又是怎么回事？

用一用

某液体，闭杯闪点试验中34℃时放出易燃气体。按照分类标准，该液体应属于哪一类危险品？

动一动

了解酒精的特点和危险特性。如酒精不慎起火，应如何进行应急处置？

二、易燃液体主要特性

1. 高度易挥发性

易燃液体（如乙醚、乙醇、丙酮）由于沸点较低，很容易变成蒸气挥发到空气中。沸点越低，挥发性越强。

2. 高度易燃性

易燃液体呈液态时实际上并不会燃烧，当挥发蒸气达到一定浓度时，才易于燃烧。易燃液体储备场所严禁烟火甚至严禁使用铁制工具。

3. 高度流动扩散性

易燃液体一般黏度小，易于流动，甚至因为浸润作用扩大表面积，从而加速蒸发，提高燃烧的危险性。发生泄漏时，要尽快采取措施补救。

4. 较大的蒸气压

易燃液体有较大的蒸气压，受热后压力会急剧增大，会造成"鼓桶"和容器胀裂的现象。易燃液体装运过程中要远离热源，液体不可装满，要留一定空余空间——包装的膨胀余位。

扫码看动画
易燃液体——苯

5. 毒性

易燃液体易挥发，且很多具有毒性。

6. 不能用水灭火

发生火灾时不能用水灭火，最好用沙土。

三、易燃液体的包装等级

易燃液体的包装等级是依据其闪点和初始沸点来进行划分的,具体划分标准见表1-11。

表1-11　易燃液体的包装等级划分

包装等级	闭杯闪点	初始沸点
Ⅰ	—	低于或等于35℃
Ⅱ	低于23℃	高于35℃
Ⅲ	高于或等于23℃但是低于或等于60℃	

练一练

判断下列易燃液体的包装等级。

危险货物	A	B	C	D	E
闭杯闪点 /℃	20	20	23	25	58
初始沸点 /℃	40	35	38	36	50
包装等级					

四、易燃液体的危险性标签（表1-12）

表1-12　易燃液体的危险性标签

危险性标签	名称/项别/IMP	描述	举例与注解
	易燃液体 第3类 RFL	闭杯闪点不超过60℃的任何液体，或者在开杯闪点试验中温度不超过65.6℃时放出易燃蒸气的液体、液体混合物、固体的溶液或者悬浮液	汽油、酒精、丙酮、油漆、黏合剂、带有易燃溶剂的香料等

警钟长鸣　历史上发生的危险品事故

历史上发生的危险品运输事故损失极为惨重，教训十分深刻，我们一定要以史为鉴，防止类似的事故再次发生。

5.7 空难

子任务5　认识第4类——易燃固体、易自燃物质和遇水释放易燃气体的物质

第4类危险品航空运输实例

2021年11月，机场货站货物收运及安检人员对一批收运的品名为"动物饲料"的货物

进行开箱抽查，发现其中一个木箱内装有袋装花生粕，存在瞒报嫌疑。经取样检测，品名为"动物饲料"的货物实际为"种子饼"，属于第4类中的4.2项易自燃物质。

种子饼含油量不大于1.5%，含水量不大于11%，为UN1386，是禁止航空运输的。托运人将危险货物瞒报为普通货物准备空运，构成违法。

安全永远是摆放在第一位的，一次"漏报、瞒报"就有可能引发机毁人亡的事故。货主货代都要认真对待这件事情，**一定要按照规则操作，切莫以身试法**。

学一学

助学小帮手
扫一扫
——第4类易燃固体、易自燃物质、遇水释放易燃气体的物质

一、4.1项易燃固体（flammable solids）

易燃固体包括在正常运输情况下，容易快速燃烧或摩擦容易起火的固体，容易进行强烈的放热反应的自反应物质，以及如不充分稀释则可能发生爆炸的减敏爆炸品（表1-13）。

表1-13　4.1项易燃固体

危险性标签	名称/项别/IMP	描述	举例与注解
（易燃固体标签图）	易燃固体 4.1项 RFS	在正常运输条件下，易于燃烧的固体和摩擦可能起火的固体	红磷、安全火柴、赛璐珞、硫磺

常见易燃固体有红磷、硫磺、安全火柴、赛璐珞等。

查一查

图1-13　红磷

1. 认识红磷

红磷（见图1-13）是4.1项易燃固体，查找资料，了解红磷的性质，储存、操作要求及灭火措施。
_____
_____
_____

2. 认识硫磺

常温下硫磺是淡黄色晶体，看着"温和恬静"，见图1-14。其做成硫磺皂，可以用来杀疥虫、杀霉菌。但是硫磺是易燃固体，遇明火、高温易发生燃烧，燃烧时散发有毒、有刺激性气体。

2003年7月13日,位于湖南湘乡的铁合金厂发生爆炸。一仓库因硫磺燃烧起火,并引发了四次爆炸,仓库被烧毁,见图1-15。参与灭火的消防救援人员有轻微中毒的情况发生。

图1-14 硫磺

图1-15 被烧毁的仓库

查找资料,了解硫磺的外观、危险特性及灭火措施。

___

想一想

按照危险品的分类评价标准,为什么将安全火柴(见图1-16)归为4.1项易燃固体呢?

图1-16 安全火柴

拓一拓

认识4.1项易燃固体赛璐珞

> **注意**:4.1项以易燃固体为代表名称,但事实上并不仅仅包括易燃固体,还包括自反应物质和减敏爆炸品。为了保证运输安全,含4.1项自反应物质的包装件或集装器必须避免阳光直射,远离所有热源,放置在阴凉通风的地方,并且其他货物不得堆放在其上。

学一学

二、4.2 项易自燃物质（substances liable to spontaneous combustion）

易自燃物质是指在正常运输条件下能自发放热，或接触空气后能够放热，并随后起火的物质（表 1-14）。包括以下物质：

表 1-14　4.2 项易自燃物质

危险性标签	名称/项别/IMP	描述	举例与注解
	易自燃物质 4.2 项 RCS	在正常运输条件下能自发放热，或接触空气后能够放热，并随后起火的物质	白磷（黄磷）、保险粉、活性炭、二氨基镁、椰肉干

（1）自动燃烧物质　即使数量极少时，与空气接触仍可在 5 分钟内起火的物质；

（2）自发放热物质　无外部能量供应的情况下，与空气接触可以放热的固体物质。当放热速度大于散热速度且达到自燃温度时，就会发生自燃。

易自燃物质通常具有以下性质与特征：①不需受热和明火就会自行燃烧；②自燃点低；③受潮后危险性增加；④与水剧烈反应；⑤与氧化剂接触爆炸。

常见的易自燃物质有：白磷（也叫黄磷），保险粉，活性炭，浸油的麻、棉、纸及其制品等。

查一查

图 1-17 中这鲜亮的橘黄色瓶子，是不是像极了可以马上打开食用的橘子罐头？

不！这可不是能吃的橘子罐头！而是浸泡在煤油中的白磷（黄磷）。它不但不能吃，还有剧毒！而且还是 4.2 项易自燃物质。它究竟有多易燃呢？我们一起来了解了解它吧！

查找资料，了解白磷的性质、危险性及保存要求。

图 1-17　白磷

 拓一拓

红磷、白磷是"兄弟"，都是空运里的危险品。红磷是 4.1 项易燃固体，而白磷（黄磷）属于 4.2 项易自燃物质。除了颜色有区别，它们还有什么不同呢？扫码看一看。

码上了解
红磷和白磷的区别

学一学

三、4.3 项遇水释放易燃气体的物质（substances which, in contact with water, emit flammable gases）

遇水释放易燃气体的物质是指与水反应，容易自燃或放出危险数量的易燃气体的物质（表1-15）。常见的遇水释放易燃气体的物质有碱金属（如钾、钠、锂）、镁粉、锌粉和碳化钙等。

表 1-15　4.3 项遇水释放易燃气体的物质

危险性标签	名称/项别/IMP	描述	举例与注解
	遇水释放易燃气体的物质 4.3 项 RFW	与水反应，容易自燃或产生易燃气体的物质	金属钾、钠、锂、碳化钙、镁粉

你也许不会想到，世界上竟然会有这样一些金属，它们遇到水可能立刻引起一场火灾或者爆炸。钾、钠、锂等就是这样的金属。它们遇水、潮湿空气、含水物质可剧烈反应，放出易燃气体和大量热量，引起燃烧、爆炸。

什么？！还有遇水燃烧的金属？！

扫码看动画
遇水燃烧的金属

 查一查

据报道，某日一辆载满 20 吨电石（电石的主要成分是碳化钙，见图 1-18）的挂车行驶在雨中，突然燃起熊熊大火并伴有大量黑烟，不少电石从车上抛散下来，甚至路面上都有一些点燃的石头。灭火后，货车严重受损，见图 1-19。

查找资料，了解电石（碳化钙）的性质和危险性，及起火后应该怎么灭火。

图 1-18　碳化钙

图 1-19　遇水导致运送电石的货车起火

历史上发生的危险品事故

历史上发生的危险品运输事故损失极为惨重,教训十分深刻,我们一定要以史为鉴,防止类似的事故再次发生。

电石仓库遇雨引发的事故

子任务 6　认识第 5 类——氧化性物质和有机过氧化物

第 5 类危险品航空运输实例

2022 年 5 月 4 日 19：00 左右,某机场安检人员在对飞往深圳的航班进行检查时,发现一名旅客背包内有一瓶可疑物体,便通知开包员对该可疑物品进行检查,经检查确认,瓶内装有强氧化剂高锰酸钾。该旅客解释因为高锰酸钾可以杀灭细菌,所以一直将其当作消毒剂来使用。随后安检人员对该旅客礼貌地解释高锰酸钾具有腐蚀性和刺激性,且助燃,根据民航局的规定,为了自身及他人的安全,易燃物品、氧化性物质、毒性物质以及腐蚀性物质等都是禁止旅客随身携带或托运的物品。最后该旅客表示理解并对此物品做出自弃处理。

学一学

一、5.1 项氧化性物质（oxidizing substances）

氧化性物质是指自身不一定可燃,但可以放出氧气而引起其他物质燃烧的物质,是具有强氧化性、易分解并放出氧和热量的氧化剂,包括含有过氧基的无机物（表 1-16）。

表 1-16　5.1 项氧化性物质

危险性标签	名称/项别/IMP	描述	举例与注释
	氧化性物质 5.1 项 ROX	自身不一定可燃,但可以放出氧气而引起其他物质燃烧的物质	硝酸铵肥料、氯酸钙、漂白粉、高锰酸钾、双氧水、过氧化钠、氧气发生器

常见的氧化性物质有：硝酸铵肥料、氯酸钙、漂白粉（图 1-20）、高锰酸钾（图 1-21）、双氧水（图 1-22）、过氧化钠（图 1-23）等。

氧化性物质化学性质活泼,易与多种物质发生氧化还原反应,释放氧气,产生大量热量,从而引起可燃物燃烧或爆炸。

危险货物种类多，安全操作需学习

图1-20 漂白粉

图1-21 高锰酸钾

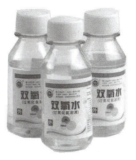

图1-22 双氧水

图1-23 过氧化钠

 查一查

在医疗防疫中所用的消毒剂种类繁多，其中高锰酸钾是常用的消毒剂（图1-24）。高锰酸钾等消毒剂的空运量很大。作为民航业里与危险品运输有关联的人员，我们需要了解高锰酸钾的特点及危险性；另外，旅客能携带高锰酸钾消毒片登机吗？

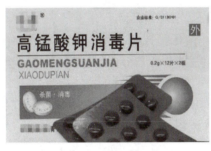

图1-24 高锰酸钾消毒片

 拓一拓

认识双氧水

双氧水是过氧化氢的水溶液。过氧化氢化学式为H_2O_2，因分子中有两个O原子，故其水溶液俗称双氧水。双氧水外观为无色透明液体，是一种强氧化剂，常用于杀菌消毒。

过氧化氢是一种爆炸性强的氧化剂，它本身不燃，但能与可燃物反应放出大量热量和氧气而引起着火爆炸。

当过氧化氢的含量在8%以下时，空运不受限制；当过氧化氢的含量大于或等于8%而在20%以下时，归类为5.1项氧化性物质空运；当过氧化氢的含量大于或等于20%而小于或等于40%时，可以航空运输，其主要危险性为5.1项氧化性物质，次要危险性为第8类腐蚀性物质；而过氧化氢的含量超过40%时，航空禁运。看看图1-25所示的双氧水可以作为货物空运吗？

图1-25 27.5%双氧水

二、5.2 项有机过氧化物（organic peroxides）

含有二价过氧基—O—O—的有机物称为有机过氧化物。有机过氧化物遇热不稳定，它可以放热从而加速自身的分解，而且可能易于爆炸分解、易燃、对碰撞和摩擦敏感，容易与其他物质发生危险的反应，甚至损伤人的眼睛（表 1-17）。

表 1-17　5.2 项有机过氧化物

危险性标签	名称/项别/IMP	描述	举例与注释
	有机过氧化物 5.2 项 ROX	有机过氧化物（液体或固体）易被点燃并加速燃烧；有些物质与其他物质发生危险反应	叔丁基过氧化氢、过氧乙酸、过氧化二苯甲酰

过氧乙酸（$C_2H_4O_3$）就是很常见的有机过氧化物。

识一识

过氧乙酸是一种无色透明液体，具有类似醋酸的刺激性气味，有强氧化性。性质不稳定，温度稍高，即分解放出氧气，生成乙酸。加热到 110℃时会猛烈爆炸。通常制成水溶液存放。对皮肤有腐蚀性。

早在 100 多年以前，人们已发现过氧乙酸的灭菌效果。在 2003 年"非典"期间，过氧乙酸消毒液（见图 1-26）被大量用于周围环境的消毒。

市场上销售的过氧乙酸消毒液，过氧乙酸含量在 15%～20%，属于航空运输的危险品，旅客不能托运，也不能随身携带。

图 1-26　过氧乙酸消毒液

5.1 项氧化性物质包括含有过氧基的无机物，如过氧化氢（H_2O_2）、过氧化钠（Na_2O_2）等；而 5.2 项主要是含有二价过氧基的有机物，如过氧乙酸（$C_2H_4O_3$）。一个是无机物，另一个是有机物，你了解它们有什么区别吗？

子任务 7　认识第 6 类——毒性物质和感染性物质

第 6 类危险品航空运输实例

2月8日，江西省疾控中心需将一件"某型病毒毒株"标本运往中国疾控中心。

标本运输前期，东航江西分公司地服部主动前往江西监管局、江西机场地服以及机场货检，就运输政策、运输资质、文件要求、货物包装、菌毒种类项进行了详细沟通，与江西省疾控中心以及南昌物流公司建立标本运输微信群并实时传递各类信息，将相关航空运输要求与江西省疾控中心提供的运输鉴定文件进行比对，确保菌毒种的运输合法、合规，确保标本收运、入库、装载等环节的安全、有序、顺畅。

2月8日9：45，江西省疾控中心工作人员带着"某型病毒毒株"标本到达机场。由于前期各部门准备工作充足，仅半小时便完成了标本"称重、填制单据、粘贴标签、打印货单及入库安检"等各个收运环节，甚至少于普通货物入库耗时。13：15，完成装机及货舱固定，见图1-27和图1-28。

图 1-27　将感染性标本装机

图 1-28　将感染性标本固定在货舱内

2月8日13：43，东航江西分公司MU5187南昌至北京大兴航班装载着"某型病毒毒株"标本腾空而起。

学一学

一、6.1 项毒性物质（toxic substances）

1. 定义

毒性物质是指在吞食、吸入或与皮肤接触后，进入人体可导致人死亡或严重受伤或危害人的健康的物质（表1-18）。毒性物质的物理形态有固体和液体，或它们的气体、蒸气、雾、烟雾和粉尘。导致人体中毒的途径通常有三种，即通过呼吸道（吸入）、消化道（口服）和眼/皮肤黏膜吸收（皮肤接触），见图1-29。

表 1-18　6.1 项毒性物质

危险性标签	名称/项别/IMP	描述	举例与注释
☠ Toxic 6	毒性物质 6.1 项 RPB	在吞食、吸入或与皮肤接触后，可能导致人死亡或严重受伤或危害人的健康的物质	砒霜、尼古丁、氰化物、农药或杀虫剂

常见的毒性物质有：砷及其化合物（图1-30）、尼古丁、农药（图1-31）、氰化物（图1-32）等。

图 1-29　人体中毒的途径

图 1-30　砷块

图 1-31　农药

图 1-32　氰化物

2. 包装等级标准

6.1项毒性物质的包装等级以口服（o）、皮肤接触（d）、吸入（i）的毒性数据定性，具体以从动物实验中得出的半致死量LD50（mg/kg）和半致死浓度LC50（mg/L）的值来衡量（表1-19）。

表 1-19　口服、皮肤接触及吸入的毒性

包装等级	口服毒性 LD50/（mg/kg）	皮肤接触毒性 LD50/（mg/kg）	吸入毒性 LC50/（mg/L）
Ⅰ	小于或等于5	小于或等于50	小于或等于0.2
Ⅱ	大于5但小于或等于50	大于50但小于或等于200	大于0.2但小于或等于2
Ⅲ	大于50但小于或等于300	大于200但小于或等于1000	大于2但小于或等于4

　想一想

半致死量LD50（mg/kg）和半致死浓度LC50（mg/L）的值越小，毒性是越强还是越弱？

如果某一毒性物质在通过不同途径侵入人体时表现出不同程度的毒性，则必须根据其中最高的毒性划定包装等级，即就高不就低。

　练一练

1.百草枯的口服致死量为40mg/kg，该物质属于危险货物的哪一类（项）？包装等级至

少为多少?

2. 砒霜口服毒性 LD50 约 1mg/kg，包装等级为多少？

案例链接

货检员查出含砷的毒性物质

2018年9月30日，白云机场货站安检员在执行飞往扬州的航班的安检任务时，经X光机检测货物发现可疑图像且图像显示X射线无法穿透。安检员立即通知航空货运代理人员要求开包检查。经开包检查，发现该物品为含砷毒性物质，属6.1项有毒物质危险品，并移交机场公安机关处理。

（资料来源：中国民航网）

学一学

二、6.2项感染性物质（infectious substances）

1. 定义

感染性物质是指已知含有或有理由认为含有病原体的能引起人和动物产生疾病或死亡的物质。6.2项感染性物质见表1-20。

表1-20 6.2项感染性物质

危险性标签	名称/项别/IMP	描述	举例与注释
	感染性物质 6.2项 RIS	已知含有或有理由认为含有病原体的能引起人和动物产生疾病或死亡的物质	病毒、病菌，例如HIV、AIDS、狂犬病毒、诊断标本、医疗或临床废弃物

感染性物质包括：生物制品（如疫苗，见图1-33）、病患标本（见图1-34）、医疗或临床废弃物等。

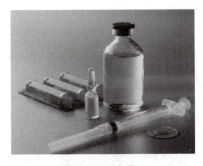

图1-33 疫苗

图1-34 病患标本

2. 感染性物质的分级

感染性物质没有包装等级，但它用另外的方式进行分级，分成 A 级和 B 级。A 级是指在运输中与之接触能对健康的人或动物造成永久性残疾、危及生命或产生致命疾病的感染性物质。可以看出，A 级感染性物质在运输过程中具有很高的感染风险。主要有两个 UN 编号——UN2814 和 UN2900，前者是可使人或同时使人和动物发病的感染性物质，如艾滋病病毒（仅限实验室培养物）、埃博拉病毒等，后者是只感染动物的物质，如非洲猪瘟病毒（仅限实验室培养物）。

不符合 A 级的感染性物质就归为 B 级，主要是指用于诊断或临床目的的人类或者动物的血液、组织、排泄物、分泌物等样本，只有一个 UN 编号——UN3373。B 级 UN3373 的危险性标签见图 1-35。而含感染性物质可能性极低的医疗或临床废弃物指定为 UN3291。

注：UN3373 的运输专用名称为"生物物质，B 级"（Biological Substance, Category B）

图 1-35　UN3373 危险性标签

历史上发生的危险品事故

历史上发生的危险品运输事故损失极为惨重，教训十分深刻，我们一定要以史为鉴，防止类似的事故再次发生。

机场货柜泄漏丙烯醛，一人送医院

子任务 8　认识第 7 类——放射性物质

第 7 类放射性物质航空运输实例

济南机场安检人员正在对济南至西安航班的旅客进行安检。X 光机检查员发现，旅客董某手提包内有一个金属小盒较为可疑，且董某不愿打开接受检查。经安检员耐心讲解有关规定后，董某才如实回答，自己是某公司员工，盒内装的是近百克放射性物质镅 -241，为公司生产用原料。

经了解，镅 -241 是人工合成的元素，银白色固体，具有一定放射性，如果人体在短时间内受到这类物品的大剂量照射后，会产生急性疾病，重者休克或死亡。

根据国家有关规定，乘坐民用航空飞行器的旅客不准携带和托运此类放射性物品。董某违规携带放射性物质，违反了航空安全规定，被取消了登机资格。

 学一学

一、放射性物质的定义

放射性物质（radioactive substances）是指能自发和连续地放射出某种类型的辐射（电离辐射）的物质或物品。这种辐射不能被人体的任何感官（视觉、听觉、嗅觉、触觉）觉察到，但可用合适的仪器鉴别和测量。

放射性物质放射的射线对人体辐射超过一定的剂量会影响人的健康，可能会造成人体各种疾病，甚至死亡。

不管放射性物质本身的辐射水平多么高，经过屏蔽包装，在放射性物质的包装表面，其辐射水平可以控制在一定的范围。运输时，把辐射水平转化为运输指数（transport index，TI），以确定放射性货物的危险程度。按包装件或集装箱的运输指数，可以将放射性物质分为三个等级（见表1-21）。如果运输指数大于10，包装件或合成包装件必须按专载运输方式运输。

图1-36所示为一些放射性物质包装件。

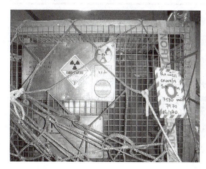 

图 1-36　放射性物质包装件

二、放射性物质的危险性标签

放射性物质危险性标签、描述及举例见表1-21。

表 1-21　放射性物质危险性标签、描述及举例

危险性标签	名称/项/等级/IMP	描述	举例与注释
（放射性物质 RADIOACTIVE I 标签）	放射性物质 第7类 Ⅰ级—白色 RRW	Ⅰ级—白色放射性物质。包装件表面辐射水平低。运输指数=0	医疗或工业用放射性核素或放射性同位素，如钴-60、铯-131、碘-132、铱-192

续表

危险性标签	名称/项/等级/IMP	描述	举例与注释
RADIOACTIVE II	放射性物质 第7类 II级—黄色 RRY	II级—黄色放射性物质。 辐射水平高于I级白色放射性物质。 0＜运输指数≤1	医疗或工业用放射性核素或放射性同位素，如钴-60、铯-131、碘-132、铱-192
RADIOACTIVE III	放射性物质 第7类 III级—黄色 RRY	III级—黄色放射性物质。 辐射水平高于II级黄色放射性物质。 1＜运输指数≤10	
FISSILE	裂变物质 临界安全指数	除适当的放射性物质标签外，必须使用临界安全指数标签	铀-233和铀-235； 钚-239和钚-241

 论一论

案例分析 | 放射性物质航空运输事故

浦东国际机场货运部向浦东新区民防办报警，称该放射性危险品仓库内报警器鸣叫。经查，仓库内有一箱同位素由欧洲某国于半年前托运空港后放置在仓库内，箱体包装外面是木质框架，木框内铁箱中玻璃瓶内盛放了11kg液体同位素。货主不来提取货物的原因是该货物与原订货物不符，并声明放弃此货。

事故发生后，浦东新区民防办应急救援人员及浦东新区化救队、市化救站迅速赶赴现场处置。在事故现场划定安全区，设立警戒线，严禁不穿戴防护服者进入危险区。经市化救站检测，发现仓库内γ射线超标泄漏。浦东新区民防办要求机场货运部通知货主，对外泄货物进行重新包装。对放弃的货物，责成机场货运部于6月底前重新包装后托运回供货国。

讨论此次放射性物质运输事故发生的原因。

三、放射性物质的辐射防护

射线对人体的照射有两种，一种是人体处在空间辐射场中所受到的外照射，二是摄入放射性物质对人体或人体的某器官所形成的内照射。对两种照射都要进行防护。

1. 外照射防护

（1）屏蔽防护　将辐射源或人员进行屏蔽。要求按规定对放射性货物进行包装，并使之牢固无损，处在辐射场的工作人员必须穿戴必要的防护用品，如铅手套、铅围裙和防护目镜等。

（2）时间防护　人体所受到外照射的总量越大，危险性越大，而人体所受到外照射的总剂量与剂量率和时间成正比。因此，必须尽量减少照射的时间，对作业时间要进行严格限制。

（3）距离防护　空气对射线有一定的吸收作用，人体与放射源距离越大，所受到的外照射的剂量就越小，增大与辐射源的距离，能大大减小操作者所受到辐射的剂量率。所以，在没有屏蔽防护的情况下必须遵守安全距离（指在这个距离以外人员与放射性货包相处或作业，可以不受时间的限制）的规定。人员与放射性货包之间的安全距离见表 1-22。

表 1-22　人员与放射性货包之间的安全距离表

货包运输指数	0.3	0.4	0.5	0.7	1	2	5	10	20	50
安全距离 /m	1	1.2	1.3	1.5	1.7	2.6	4	5.6	8	13

2. 内照射防护

放射性物质进入人体内才产生内照射，要防止内照射的发生，主要措施为：

（1）防止放射性物质由消化系统进入体内　作业时严禁饮食、饮水及吸烟，必须穿工作服、戴手套和口罩。作业完毕后应立即脱下穿戴的衣物清洗并换上清洁衣服。对手以及任何可能污染的部位进行检查，必须在允许程度以下时才可进食或与他人接触。

（2）防止放射性物质由呼吸系统进入体内　作业时，环境要保持良好的通风，杜绝放射性物质粉末由于过分干燥而飘浮于空气中。

（3）防止放射性物质由皮肤进入体内　作业时要注意防止损伤皮肤，严禁皮肤有伤口、孕妇或哺乳妇女等人员参加作业。

警钟长鸣

历史上发生的危险品事故

历史上发生的危险品运输事故损失极为惨重，教训十分深刻，我们一定要以史为鉴，防止类似的事故再次发生。

放射源丢失引发全国性大搜索

子任务 9　认识第 8 类——腐蚀性物质

第 8 类腐蚀性物质航空运输实例

某日兰州中川机场安检护卫部货物安检员在对一票由兰州经西安发往某地的邮件进行 X 射线机行李安检机透视检查时，发现其中一件邮包内有一瓶液体和 2 瓶粉末状物品图像十分可疑，立即通知开箱包检查员将这件邮包控制住。开包员发现托运人填写的货运单上只写着"物品"二字，根据民航局要求，托运人在托运货物时必须如实填写相关内容，不得用泛指名称代替。安检员和开包员会同邮政部门工作人员对这件邮包进行了开箱包检查，从里面查出一个内套小瓶的黑色塑料瓶。经确认，塑料瓶内装有某种易燃液体，属于航空第 3 类危险品；另外 2 个小瓶子内的粉末状物品具有较强的腐蚀性，属于航空第 8 类危险品。

鉴于航空运输的安全性，民航对货物运输、货主或托运人均有严格规定和要求。一旦危险品被带上飞机或者装入航空器货舱，极有可能带来不可预料的严重后果。兰州中川机场安检部门在航空邮件中查出第 3 类和第 8 类危险品，及时将危险消除在地面阶段，保护了航空安全。

（资料来源：中国民航网）

危险货物种类多，安全操作需学习

学一学

助学小帮手
扫一扫
——第8类腐蚀性物质

一、腐蚀性物质的定义

腐蚀性物质（corrosives）是指通过化学作用使生物组织接触时会造成严重损伤，或在渗漏时会严重损害甚至毁坏其他货物或运载工具的物质。见表1-23。

表1-23 腐蚀性物质

危险性标签	名称/项别/IMP	描述	举例与注释
	腐蚀性物质 第8类 RCM	通过化学作用使生物组织接触时会造成严重损伤，或在渗漏时会严重损害甚至毁坏其他货物或运载工具的物质	注有酸液的电池、氢氧化钠、硫酸、硝酸、盐酸、汞等

常见的腐蚀性物质有：湿电池电解液（图1-37）、强酸（如硫酸，见图1-38）、强碱、汞（如含汞温度计，见图1-39）等。

图1-37 湿电池电解液

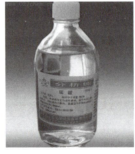
图1-38 硫酸

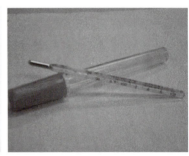
图1-39 温度计（汞）

腐蚀性物质的化学性质非常活泼，能与很多金属、非金属及动植物机体等发生化学反应。腐蚀性物质主要表现为腐蚀性，但很多腐蚀性物质还具有毒性、易燃性、氧化性等性质中的一种或数种。

想一想

认识汞

汞俗称水银，银白色，是常温下唯一呈液态的金属，见图1-40，常温下即可蒸发，汞蒸气和汞的化合物多有剧毒（慢性）。

汞对皮肤有漂白作用，因此具有美白、祛斑作用的化妆品中多含有汞；因良好的导热性，汞常被用在温度计、气压计和扩散泵等仪器中。

在航空运输中，汞的主要危险性是第 8 类腐蚀性物质，次要危险性才是 6.1 项毒性物质。问题来了：汞是毒性最强的重金属之一，可为什么在航空运输中，汞的主要危险不归为毒性而归为腐蚀性呢？

码上看

一滴小小的水银，就能毁了一架飞机？

图 1-40　汞

二、腐蚀性物质的包装等级

在实验中，根据被测物质与动物未损伤皮肤接触造成皮肤不可逆损伤所用的接触时间和观察时间不同，以及在钢/铝上实验的结果，划分的腐蚀性物质包装等级见表 1-24。

表 1-24　腐蚀性物质包装等级划分

包装等级	接触时间	观察时间	对钢/铝的腐蚀速度
Ⅰ	≤3min	≤60min	—
Ⅱ	3～60min	≤14 天	—
Ⅲ	60min～4h	≤14 天	每年腐蚀厚度＞6.25mm，试验温度为 55℃（130℉）

练一练

确定下列危险物质的包装等级：
(1) 一种物质使皮肤在接触 2min 后开始的 45min 内造成不可逆损伤。
(2) 一种物质使皮肤在接触 42min 后开始的 8 天内造成不可逆损伤。

拓一拓

硫酸（H_2SO_4）的特点及危险性

子任务 10　认识第 9 类——杂项危险品

第 9 类杂项危险品航空运输实例

2023 年 3 月 1 日，美国一架精神航空公司的航班在飞往佛罗里达州途中突发火灾，致机舱内浓烟滚滚,紧急降落在杰克逊维尔,飞机降落时,驾驶舱内仍有烟雾。该航班着陆后不久,越来越多的机组人员和旅客出现不适症状。最终10名旅客被送往医院。

救援人员称,引发火灾的原因是旅客行李箱内的锂电池起火。乘务人员及时发现并将电池浸入一盆水中,且得到了机上一名退休消防员的帮助,这才避免灾难发生。旅客罗科·切里希拉是纽约市一名退休消防员,他在采访中表示,电池起火时处于充电状态,他在灭火时被烧伤。

精神航空公司表示:"我们感谢我们的机组人员和旅客迅速采取行动,确保了机上每个人的安全。我们为旅客提供了退款和抵用券,并为我们的旅客安排了从杰克逊维尔到奥兰多的备用地面交通。"

 学一学

一、杂项危险品的定义

杂项危险品(miscellaneous dangerous goods)是指不属于第1类至第8类任何一类,但在航空运输中具有危险性的物品和物质。如锂电池(图1-41)、磁性物质(如磁铁,见图1-42)、干冰、环境危害物质、车辆(图1-43)、航空救生器材(图1-44)等。

 扫码看案例

机场查处磁性危险品

图1-41 锂电池

图1-42 磁铁

图1-43 车辆

图1-44 航空救生器材

杂项危险品见表1-25。

表 1-25 杂项危险品

危险性标签（或标记）	名称/类别/IMP	描述	举例与注释
	杂项危险品 第 9 类 RMD	在航空运输中会产生危险但不在前 8 类中。在航空运输中，其可能会产生麻醉性、刺激性或其他性质而使旅客感到烦恼或不适	石棉、救生艇、内燃机、车辆、电动轮椅、航空救生器材
	固体二氧化碳（干冰） 第 9 类 ICE	固体二氧化碳/干冰温度为 $-79℃$，其升华物比空气沉，在封闭的空间内大量的二氧化碳能造成窒息	干冰、冷冻蔬菜、冰盒（ice box）、冰激凌
	磁性物质 第 9 类 MAG	这些物质产生很强的磁场	磁电管、未屏蔽的永磁体、钕铁硼
	环境危害物质 第 9 类 RMD	满足 UN《规章范本》2.9.3 标准的物质，或满足始发、中转、目的地国家主管当局制定的国家或国际标准的物质	UN3077（针对固体） UN3082（针对液体）
	锂电池 第 9 类 EBI EBM ELI ELM RLI RLM	是一类由锂金属或锂合金为负极材料、使用非水电解质溶液的电池，包括锂离子电池和锂金属电池两类	UN3480 UN3481 UN3090 UN3091 锂离子电池或电池芯、锂金属电池或电池芯、充电宝

扫一扫
认识固态二氧化碳

危险货物种类多，安全操作需学习

辨一辨

无色无味的二氧化碳气体是第几类（项）危险品？还记得它的危险性标签是什么样子吗？将二氧化碳气体加压降温到一定程度就会形成固态二氧化碳（即干冰），就成了航空运输中的第9类危险品，此时危险性标签也就不一样了。

用一用

固态二氧化碳（图1-45）是一种常见的低温制冷剂，在空运疫苗的过程中，经常使用大量干冰来实现温度控制。干冰有何危险性呢？在使用及装卸搬运货物时有什么注意事项呢？

图1-45 固态二氧化碳

二、认识锂电池（lithium battery）

1. 锂电池的分类

锂电池根据其是否可以反复充放电，主要分为锂离子电池（lithium ion battery）和锂金属电池（lithium metal battery）两大类，见图1-46和图1-47。锂离子电池是可以充电的，比如手机、笔记本电脑中的电池就是锂离子电池。绝大部分锂金属电池是一次性锂电池。

扫码了解关于锂电池航空运输的更多知识

图1-46 锂离子电池　　　　图1-47 锂金属电池

锂电池在航空运输中，主要有单独运输、同设备包装在一起及装在设备中三种运输方式，见图1-48～图1-50。

图1-48 单独运输的锂电池　　图1-49 同设备包装在一起的锂电池　　图1-50 装在设备中的锂电池

2. 锂电池的标记、标签

航空业越来越意识到锂电池的特殊特性，从原来通用的 9 类危险品标签中专门设计了关于锂电池的危险性标签，见图 1-51，更加利于识别货物是否是锂电池或带锂电池。

2023 年 1 月 1 日开始，IATA 修改了锂电池标记，见图 1-52，取消标记上显示电话号码的要求。在 2026 年 12 月 31 日前为过渡期，在此之前可以继续使用原有的锂电池标记。

扫码看动画
锂电池安全航空运输（民航局安全办公室发布）

图 1-51　锂电池危险性标签　　图 1-52　锂电池标记

警钟长鸣

历史上发生的危险品事故

历史上发生的危险品运输事故损失极为惨重，教训十分深刻，我们一定要以史为鉴，防止类似的事故再次发生。

UPS 航空 6 号班机空难

拓一拓

子任务 11　考虑多重危险性

扫码看彩图
航空运输危险品分类

能力训练任务与情景模拟训练任务

能力训练任务

一、根据下面给出的危险品的类／项别编号，写出对应的类／项别名称。

4.3 _____　　5.1 _____

3 _____　　8 _____

4.1 _____　　9 _____

6.2 _____　　2.1 _____

5.2 _____　　2.3 _____

二、单选题

1. 下列哪个物质／物品属于航空运输中的危险品？（　　　）

A. 锂电池　　　　B. 体育用球　　　　C. 管制刀具　　　　D. 枪支

2. 危险品九大类中哪个类别的危险品危险性程度最高？（　　）

A. 第1类爆炸品　　　　　　　　　　B. 第7类放射性物质

C. 第3类易燃液体　　　　　　　　　D. 危险品的类别与危险程度无关

3. 粘贴了右边标签的危险品具有什么危险性？（　　）

A. 一定情况下会剧烈燃烧　　　　　B. 具有磁性

C. 具有放射性　　　　　　　　　　D. 具有强烈的腐蚀性

4. 粘贴了右边标签的危险品货物具有什么危险性？（　　）

A. 具有易燃性　　　　　　　　　　B. 具有毒性

C. 具有放射性　　　　　　　　　　D. 具有腐蚀性

5. 以下（　　）物品属于第1类爆炸品。

A. 安全火柴　　　B. 火药　　　　C. 蓄电池　　　D. 白磷

6. 以下（　　）物品属于第2类气体。

A. 一次性打火机　B. 子弹　　　　C. 酒类　　　　D. 磁铁

7. 以下（　　）物品属于2.3项毒性气体。

A. 催泪瓦斯　　　B. 一次性打火机　C. 酒精　　　　D. 干冰

8. 以下（　　）物品属于第3类易燃液体。

A. 汽车　　　　　B. 化学氧气发生器　C. 油漆　　　　D. 氧气瓶

9. 以下（　　）物品属于第4.1项易燃固体。

A. 安全火柴　　　B. 油漆　　　　C. 磁铁　　　　D. 爆竹

10. 以下（　　）物品属于第5.1项氧化性物质。

A. 汽车　　　　　B. 化学氧气发生器　C. 杀虫剂　　　D. 胶黏剂

11. 以下（　　）物品属于第6.1项毒性物质。

A. 双氧水　　　　B. 砒霜　　　　C. 酒精　　　　D. 油漆

12. 以下（　　）物品属于第6.2项感染性物质。

A. 磁铁　　　　　B. AIDS病毒标本　C. 石棉　　　　D. 油漆

13. 以下（　　）物品可能属于第7类放射性物质。

A. 过氧化氢　　　　　　　　　　　B. 油漆

C. 医疗用放射性同位素　　　　　　D. 磷

14. 以下（　　）物品属于第8类腐蚀性物质。

A. 非防漏性蓄电池　B. 杀虫剂　　　C. 灭火瓶　　　D. 氧气瓶

15. 以下（　　）物品属于第9类杂项危险品。

A. 磁铁　　　　　B. 酒类　　　　C. 尼古丁　　　D. 油漆

16. 以下（　　）物品属于第9类杂项危险品。

A. 汽车　　　　　B. 杀虫剂　　　C. 安全火柴　　D. 灭火瓶

17. 下列（　　）不属于杂项危险品。

A. 干冰　　　　　　　　　　　　　B. 磁铁

C. 化学氧气发生器　　　　　　　　D. 环境危害物质

18. A级感染性物质应使用的UN编号为（　　）。

A. UN2900和UN373　　　　　　　　B. UN2900和UN2814

C. UN2814和UN2931　　　　　　　　D. 以上均是

19. 完好皮肤接触某腐蚀性物质"1h 15min"后,在观察期"10 天"内造成不可逆损伤,则该腐蚀性物质的包装等级为(   )级。

A. Ⅰ   B. Ⅱ   C. Ⅲ   D. Ⅳ

20. 某毒性物质的皮肤接触毒性 LD50 为 8mg/kg,则该毒性物质的包装等级为(   )级。

A. Ⅰ   B. Ⅱ   C. Ⅲ   D. Ⅳ

21. 某易燃液体的闭杯闪点为 23℃,初始沸点为 36℃,则该易燃液体的包装等级为(   )级。

A. Ⅰ   B. Ⅱ   C. Ⅲ   D. Ⅳ

22. 第 7 类危险品标签中,危险程度最高的是(   )级。

A. Ⅰ   B. Ⅱ   C. Ⅲ   D. Ⅳ

三、多选题

1. 第三大类危险品有(   )。

A. 汽油   B. 煤油   C. 酒精   D. 双氧水

2. 有机过氧化物具有多种危险性质,包括(   )。

A. 速燃   B. 易于爆炸分解   C. 损伤眼睛   D. 对碰撞与摩擦敏感

3. 以下属于 4.3 项遇水释放易燃气体的物质是(   )。

A. 电石   B. 金属钠   C. 硫黄   D. 白磷

4. 毒性物质进入人体的途径包括(   )。

A. 消化道   B. 皮肤   C. 呼吸道   D. 以上都不是

5. 对放射性物质外照射防护的主要方法有(   )。

A. 屏蔽防护   B. 时间防护   C. 距离防护   D. 以上都不是

6. 九大类危险品中没有分项的有第(   )类。

A. 3   B. 7   C. 8   D. 9

7. 危险品分三项的类别分别是第(   )类。

A. 2   B. 3   C. 4   D. 5

8. 以下哪些是空运里定义的危险品?(   )

A. 锂电池   B. 农药   C. 温度计   D. 可乐

9. 以下哪些不属于易燃液体?(   )

A. 酒精   B. 氧气   C. 氢气   D. 硫酸

10. 以下哪些属于腐蚀性物质?(   )

A. 杀虫剂   D. 氧气瓶   C. 氢氧化钠   D. 硫酸

11. 以下属于第 4 类危险品的是(   )。

A. 易燃固体   B. 易自燃物质

C. 遇水释放易燃气体的物质   D. 易燃液体

四、判断题

1. 第 1 类危险品比第 2 类、第 3 类危险品更加危险。(   )

2. 在所有危险品中,杂项危险品包括环境危害物质,对飞行安全影响最小。(   )

3. 4.2 项危险品是易于自燃的物质。(   )

4. 6.2 项危险品是感染性物质。(   )

5. 2.3 项危险品是非易燃无毒气体。(   )

6. 蓄电池属于第 8 类腐蚀性物质。(   )

7. 5.1项氧化性物质指本身未必燃烧，但通常因放出氧气可能引起或促使其他物质燃烧的物质。（　　）
8. 碱金属发生火灾时可以用水灭火，但最好用沙土。（　　）
9. 易燃液体装运过程中要远离热源，液体不可装满，要留一定空余空间——包装的膨胀余位。（　　）
10. 皮肤接触1h后观察8天，皮肤组织完全坏死，其为第6类危险品，包装等级Ⅱ级。（　　）
11. 锂电池可分成锂金属电池和锂离子电池。（　　）
12. 具有多重危险性的物品或物质，如果其一种危险性是第1类，则第1类永远是主要危险性。（　　）
13. 有机过氧化物遇热不稳定，运输中必须远离热源，避免阳光直射。（　　）
14. 感染性物质中危及人或动物生命或传播致命疾病的属于A类。（　　）
15. 第7类放射性物质中Ⅰ级白包装的危险性较大。（　　）
16. 危险性标签上均带有类别或项别数字。（　　）
17. 锂电池属于第9类危险品。（　　）
18. 听装可口可乐属于第3类危险品。（　　）
19. 火柴是易自燃物品。（　　）
20. 第3类危险品起火一般不可使用水作为灭火剂。（　　）
21. 汞的主要危险性是6.1项毒性物质。（　　）
22. 给定的某一项物质，其有可能具有多种次要危险性。（　　）
23. 潜水用的照明灯可能属于第9类危险品。（　　）
24. 啤酒含有酒精且可释放二氧化碳，故属于危险品。（　　）
25. 闪点越低的液体易燃性越大。（　　）
26. 农药、砒霜、尼古丁等都是第6.2项危险品。（　　）
27. 第3类危险品是闪点在100℃以下的液体。（　　）
28. 黏合剂、上光剂、漂白剂等家用物品不属于航空运输中的危险品。（　　）
29. 充电宝不属于锂电池。（　　）
30. 下面这两件危险品包装件有放射性，其中右边的包装件危险性更大。（　　）

 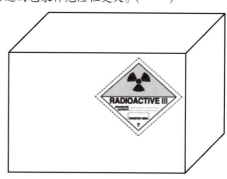

五、操作题

1. 确定下列液体货物的包装等级：

液体货物	A	B	C
闭杯闪点 /℃	20	15	68
初始沸点 /℃	38	30	—
包装等级			

2. 根据下列危险品所具有的性质，指出它们属于危险品分类中的哪一类/项？名称是什么？

（1）某液体，闭杯闪点实验中34℃时放出易燃气体。

（2）某固体，经摩擦可以燃烧。

（3）某物质可产生氧气。

（4）某固体，当与皮肤接触时，可严重破坏皮肤组织。

（5）获得实验批准的诊断标本。

（6）某物质，吸入、吞食与皮肤接触时有危险。

3. 根据下列物质的性质，完成表格中的缺项。

性质	类/项编号	类（或项）名称	包装等级
（1）某物质与皮肤接触3min后开始的30min内造成不可逆损伤			
（2）某固体口服致死浓度为每40mg/kg			
（3）某液体闭杯闪点实验中闪点为25℃，沸点为36℃			

4. 判断下列毒性物质的包装等级。

物质状态	途径	LD50/LC50 值	包装等级
粉尘	吸入	0.1mg/L	
液体	口服	9.5mg/kg	
液体	皮肤接触	550mg/kg	
固体	口服	300mg/kg	
固体	口服	35mg/kg	

情景模拟训练任务

1. 工作任务：某航空货运代理公司收到以下危险货物，假设你是该公司工作人员，请你根据所学危险品相关知识识别出下列货物分别属于哪一类危险品，并为货物选择正确的危险性标签。

气溶胶（低毒性）、干冰、医用放射性同位素铯-131、液态汞、乙炔气、电石、糖尿病病人的血清、烟碱（尼古丁）、双氧水、子弹、打火机、车辆、催泪装置、汽油、硫黄、黄磷、红磷、漂白粉、砷、狂犬病疫苗、水银、氢氧化钠、锂电池驱动的电动轮椅、救生器材、酒精、安全火柴、油漆、摩托车、化学氧气发生器、磁铁、锂电池、充电宝、AIDS病毒标本、过氧化钾、蓄电池（湿）、二氧化碳（气体）灭火器。

任务要求：教师准备第1～9类危险性标签和模拟货物，组内展开讨论和查询后，随机抽取上面所列货物中的五种，识别出危险品的类/项并为其选择相对应的危险性标签。

2. 在实际工作中，一些危险品运输公司通常在工作场所的醒目位置贴有常运的危险品资料卡，要求员工能够了解常运危险品的知识并会制作危险品资料卡。

任务要求：查找资料，参考氯气资料卡的格式，选取下列危险品中的一种，练习制作危险品资料卡。

乙炔、氢气、酒精、氢氧化钠、钠、汽油、氧气、硫黄、红磷、二氧化碳、一氧化碳、高锰酸钾、氢氟酸、苯胺、过氧化氢、过氧乙酸、苯、硫化氢、碳化钙、砷、硫酸、硝酸、汞（水银）、氮气（液化的）、油漆。

危险品资料卡参考格式：

氯气资料卡

危险性类别	品名	危险性标签
毒性气体 （2.3）	氯气（液化的）	

危险性理化数据
熔点（℃）：-101。
沸点（℃）：-34.0。
相对密度（水=1）：1.41。
饱和蒸气压（kPa）：506.62（10.3℃）。

危险特性
有毒，不会燃烧，但可助燃。一般可燃物大都能在氯气中燃烧，一般易燃气体或蒸气也都能与氯气形成爆炸性混合物。氯气能与许多化学品如乙炔、松节油、乙醚、氨气、燃料气、烃类、氢气、金属粉末等猛烈反应发生爆炸或生成爆炸性物质。它几乎对金属和非金属都有腐蚀作用。

接触后表现
对眼、呼吸道黏膜有刺激作用。急性中毒：轻度者有流泪、咳嗽、咳少量痰、胸闷症状，出现气管炎和支气管炎的表现；中度中毒发生支气管肺炎或间质性肺水肿，病人除有上述症状加重外，出现呼吸困难、轻度紫绀等；重者发生肺水肿、昏迷和休克，可出现气胸、纵隔肺气肿等并发症。吸入极高浓度的氯气，可引起迷走神经反射性心脏骤停或喉头痉挛而发生"电击样"死亡。皮肤接触液氯或高浓度氯气时，暴露部位可有灼伤或急性皮炎。

现场急救措施
皮肤接触：立即脱去人员污染的衣服，用大量流动清水冲洗。就医。
眼睛接触：提起人员眼睑，用流动清水或生理盐水冲洗。就医。
吸入：迅速将人员脱离现场至空气新鲜处。呼吸、心跳停止时，立即进行人工呼吸和胸外心脏按压术。就医。

身体防护措施

● 必须戴防毒面具　● 必须戴安全帽　● 必须穿防护服　● 必须戴防护手套　● 必须戴防护眼镜

泄漏应急处理
　　人员迅速撤离污染区至上风处，并立即进行隔离，小泄漏时隔离150m，大泄漏时隔离450m。现场负责人应立即组织应急处理，尽可能切断泄漏源，抢救中毒者。抢修、抢救人员必须佩戴空气（氧气）呼吸器，穿全身橡胶防毒衣。抢修中应利用现场机械通风设施和事故氯气处理装置等降低现场氯气浓度。用喷雾状水稀释、溶解。构筑围堤或挖坑收容产生的大量废水。钢瓶泄漏液氯时，应转动钢瓶，使泄漏部位位于氯的气态空间；瓶阀泄漏时，拧紧六角螺母；瓶体焊缝泄漏时，临时采用内衬橡胶垫片的铁箍箍紧。如有可能，将漏气钢瓶浸入石灰乳液中。泄漏的钢瓶应尽快使用完液氯，返回生产厂处理。

任务1.4　能力训练任务与情景模拟训练任务参考答案

任务1.5 理解危险性信息传递

对危险品包装进行正确的标记和标签粘贴是安全运输过程中的重要环节。危险品标记和标签应加贴于包装容器的外表面上,是向作业人员传递安全信息的载体,其用简单明了、易于理解的文字和图形表述有关危险品的危险特性及其安全处置的注意事项,以警示作业人员知晓货物的危险性和应急处置要求,在储存、搬运、装卸等活动中进行安全操作,避免造成伤害和事故。但要注意,危险品标记和标签只起警示作用,其本身不能消除任何危险,也不能取代预防事故的相应设施。

子任务1 认识基本的标记

学一学

根据标记(marking)的内容进行分类,主要分为 UN 规格包装标记和包装使用标记。包装使用标记又可分为基本信息标记和特殊标记。特殊标记是一些特殊情况所需要的标记。**危险品在国际运输时,除始发国要求的文字外,包装上的标记应加用英文。**

一、认识 UN 规格包装标记

图 1-53 所示为装有锂电池的包装箱,上面粘贴了一些标记和标签。其中箭头所指处(正面右下位置)有一连串字母和数字,这是什么标记?有什么具体含义呢?

这是一个 UN 规格包装标记,标记的各个组成部分有其独特的含义。

助学小帮手
扫一扫
看微课
UN 规格包装标记小知识

图 1-53 装有锂电池的包装箱

为了确保危险品安全运输,避免所装物品在航空运输中受到损害,对危险品的包装必须进行规定的性能试验,如跌落、渗漏、液压、堆码等试验。经试验合格并在包装表面标注上持久、清晰、统一的合格标记后,包装才能使用。联合国为了国际运输的需要,规定了统一的包装合格标记,称之为 UN 规格包装标记。

我们一起来看看图 1-53 中的危险品包装箱外标注的 UN 规格包装标记各部分的含义。

 4G/ X13/S/ 13 /GB/ 6232

　(1)　　(2)　(3)　(4)　(5)　(6)

（1）  UN 规格包装符号。

（2）4G　包装类型代码：纤维板箱。

（3）X13/S　X——UN 包装箱等级代号，见表 1-26。

表 1-26　UN 包装箱的等级

字母	包装等级	含义
X	Ⅰ级包装	本包装可以盛放包装等级为Ⅰ、Ⅱ、Ⅲ的危险品
Y	Ⅱ级包装	本包装可以盛放包装等级为Ⅱ、Ⅲ的危险品
Z	Ⅲ级包装	本包装只能盛放包装等级为Ⅲ的危险品

13——该包装最大允许毛重为 13kg。

S——拟装固体或内包装。

如果这个包装容器是用于盛装液体的单一包装，那么这个位置处的标示还有另一种情况，如 Y1.4/150，1.4 代表这个容器用于盛装液体的最大相对密度不超过 1.4，150 表示包装容器能承受的液压试验压力值为 150kPa。

（4）13　制造年份为 2013 年。

（5）GB　批准国家代码，GB 代表的是英国。国家代码可在 DGR 附录 E 中查到。

（6）6232　生产厂商代码。

二、认识基本信息标记

助学小帮手
扫一扫
扫码看微课
危险品标记

作为最基本的要求，每个含有危险品的包装件或集合包装件都需要清晰地标出基本信息标记，用来说明内装物的名称和收发货人的信息。包括：

（1）运输专用名称和 UN/ID 编号；

（2）托运人（shipper）及收货人（consignee）的全名和地址；

（3）每一包装件所含危险品的净数量（net quantity）。

图 1-54 是一个基本信息标记示例。

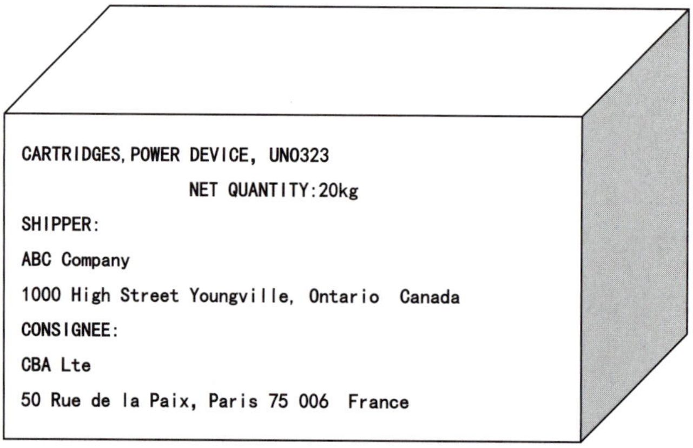

```
CARTRIDGES, POWER DEVICE, UN0323
              NET QUANTITY:20kg
SHIPPER:
ABC Company
1000 High Street Youngville, Ontario   Canada
CONSIGNEE:
CBA Lte
50 Rue de la Paix, Paris 75 006   France
```

图 1-54　基本信息标记示例

练一练

图 1-55 中的危险品包装件上粘贴了一些标记,你能说出有哪些标记吗?

图 1-55　危险品包装件

三、认识特殊标记

针对有限数量运输、例外数量运输、环境危害物质运输锂电池运输、集合包装件等,还有有限数量标记(见图 1-56)、例外数量标记(见图 1-57)、环境危害物质标记(见图 1-58)、锂电池标记(见图 1-59)和集合包装件标记(见图 1-60)等。这些标记各自适用于一些特殊情况,这些特殊标记的具体使用方法见项目三中的任务 3.2。

　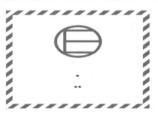　

图 1-56　有限数量标记　　　图 1-57　例外数量标记　　　图 1-58　环境危害物质标记

图 1-59　锂电池标记　　　图 1-60　集合包装件标记

子任务 2　认识基本的标签

学一学

在《危险品规则》(DGR)的相关规定中专门针对危险货物运输的标签(labelling)主要有**危险性标签**和**操作性标签**两大类。

打基础、学规则、强技能

一、认识危险性标签（hazard label）

危险品需要粘贴的危险性标签在危险品品名表中的 D 列［hazard label（s）］列出，用来指明包装件内装物的危险性（第 1～9 类的一类或多类），见附录 3 的彩页。

关于九大类危险品的危险性标签在本项目中已详细学习，不再赘述。

你能总结出危险性标签外形的一些特点吗？请写下来。

_____

✏️ **练一练**

图 1-61 所示为 2.1 项易燃气体的危险性标签。危险品的危险性标签主要可以从哪三个方面来识别？

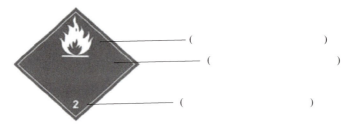

图 1-61　2.1 项易燃气体的危险性标签

二、认识操作性标签（handling label）

操作性标签是作业标签，对危险品的操作提出一定要求时使用，其作用是提示工作人员按标签的要求操作，以达到安全运输的目的。

操作性标签主要有：仅限货机标签（图 1-62）、包装件方向（向上）标签（图 1-63）、磁性物质标签（图 1-64）、冷冻液化气体标签（图 1-65）、远离热源标签（图 1-66）、放射性物质例外包装件标签（图 1-67）、电动轮椅/助行器标签（图 1-68）等。

图 1-62　仅限货机标签

图 1-63　包装件方向（向上）标签（红或黑色）

图 1-64　磁性物质标签

图 1-65　冷冻液化气体标签

图 1-66　远离热源标签

图 1-67　放射性物质例外包装件标签

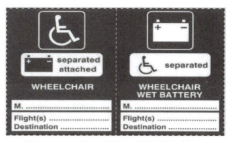

图 1-68　电动轮椅/助行器标签

任务评价

任务 1.1～任务 1.5 考核采取教师评价、小组评价和自我评价相结合的方式，其中教师评价占比 60%，小组评价和自我评价各占 20%。

学习成果评价单

基本信息	姓名		班级		学号	
	第　组组长		日期		总评成绩	
	内容	评分细则		自我评价	小组评价	教师评价
核心技能考核	认识危险品适用性（5分）、理解一般限制要求（5分）、识别角色和责任（5分）、识别类别/项别的一般信息（50分）、理解危险性信息传递（15分）	完成练一练、做一做和能力训练任务，每错一个扣1分，扣完为止				
	对学习过程进行总结与反思（5分）	总结反思深刻、有独到见解得5分；流于形式得2分；未完成不得分				
素养考核	纪律情况（5分）	按时到岗，不早退（2分）				
		积极思考，回答问题（2分）				
		执行教师命令（1分）				
	职业道德（15分）	主动获取信息（1分）				
		主动与他人合作（1分）				
		主动帮助同学（1分）				
		主动展示学习成果（2分）				
		7S 管理（2分）				
		操作细致、严谨、规范（4分）				
		心存敬畏，行有所止（4分）				
	合计					

能力训练任务

一、单选题

1. 贴有右面标签的物品是哪一类/项别的危险品？（　　）

A. 2.1　　　　　　　　　　B. 2.2
C. 2.3　　　　　　　　　　D. 2.4

2. 贴有右面标签的物品是哪一类/项别的危险品？（ ）
A. 4.1　　　　　　　　　　　　B. 4.2
C. 4.3　　　　　　　　　　　　D. 4

3. 贴有右面标签的物品是哪一类/项别的危险品？（ ）
A. 4　　　　　　　　　　　　　B. 4.1
C. 4.2　　　　　　　　　　　　D. 4.3

4. 右面标签是（   ）。
A. 第7类，Ⅰ级白色，　　　　　B. 第7类，Ⅱ级黄色
C. 第7类，Ⅲ级黄色　　　　　　D. 第7类，Ⅲ级白色

5. 右面标签是（   ）。
A. 氧化性物质　　　　　　　　　B. 有机过氧化物
C. 有机氧化剂　　　　　　　　　D. 过氧化物

6. 右面标签是（   ）。
A. 毒性物质　　　　　　　　　　B. 毒性气体
C. 感染性物质　　　　　　　　　D. 易燃气体

7. 右面标签是（   ）。
A. 毒性物质　　　　　　　　　　B. 毒性气体
C. 感染性物质　　　　　　　　　D. 腐蚀性物质

8. 右面标签是（   ）。
A. 杂项危险品　　　　　　　　　B. 毒性物质
C. 感染性物质　　　　　　　　　D. 腐蚀性物质

9. 右面标签是（   ）。
A. 易燃气体　　　　　　　　　　B. 有机过氧化物
C. 远离热源　　　　　　　　　　D. 放射性物质

10. 右面标签是（   ）。
A. 第9类，磁性物质　　　　　　B. 第8类，磁性物质
C. 第7类，磁性物质　　　　　　D. 罗盘

11. 右面标签是（   ）。
A. 小心轻放　　　　　　　　　　B. 远离热源
C. 冷藏　　　　　　　　　　　　D. 冷冻仓库

12. 右面标签是（　　）。
A. 小心，危险　　　　　　　　　　　B. 深冷液化气体
C. 远离热源　　　　　　　　　　　　D. 喷雾剂

13. 右边的标记是（　　）。
A. 燃料电池标记　　　　　　　　　　B. 易燃固体标记
C. 锂电池标记　　　　　　　　　　　D. 轻拿轻放操作标签

14. 右边标签是（　　）。
A. 仅限客机操作性标签　　　　　　　B. 危险货物操作性标签
C. 远离热源操作性标签　　　　　　　D. 仅限货机操作性标签

15. 危险品在进行国际运输时，对于危险品标记文字描述准确的是（　　）。
A. 只能使用英文　　　　　　　　　　B. 只能使用中文
C. 必须使用英文，也可同时使用其他文字　　D. 必须使用中文，也可同时使用其他文字

16. 以下属于标记的是（　　）。
A. 用以识别特定运输货物所用的特殊包装标记　　B. 危险性标签
C. 操作标签　　　　　　　　　　　　D. 向上标签

17. 以下属于标签的是（　　）。
A. 危险性标签
B. 用以识别包装的设计或规格的标记
C. 用以识别特定运输货物所用的特殊包装标记
D. 一种是用以识别包装的设计或规格的标记，另一种是用以识别特定运输货物所用的特殊包装标记

18. 危险品包装件表面的信息告诉我们（　　）。
A. 内装什么物品，有什么危险　　　　B. 该包装件符合什么包装标准
C. 操作、存储注意事项　　　　　　　D. 以上都对

二、判断题

1. 危险品标签主要分为2类，分别是危险性标签和操作性标签。（　　）
2. 国际运输中，危险货物标记上的文字必须使用英文，如始发国需要，亦可同时使用其他文字。（　　）
3. 操作性标签贴在包装件外部，用以提醒操作、搬运过程中应注意的事情。（　　）
4. 操作性标签在标签上注明了适用于哪类危险品。（　　）
5. 危险性标签是正方形的标签，以45°角（菱形）放置。（　　）
6. 每一种危险性标签都对应一个类/项别的危险品。（　　）
7. 操作性标签是矩形的，代表包装件内物品的危险性。（　　）
8. CFO是仅限货机的缩写。（　　）
9. 危险性标签上的危险性文字是必填的。（　　）
10. 危险性标签下部的数字代表危险品数量。（　　）

任务1.5　能力训练任务参考答案

项目二
对危险品进行分类

📋 任务目标

知识目标	能力目标	素养目标
1. 掌握判断是否是危险品的方法。 2. 熟悉危险品品名表的结构。 3. 掌握是否是禁运危险品的判断方法。 4. 掌握危险品品名表的查阅和使用方法。	1. 会判断是否是危险品。 2. 能按照分类标准和危险品的性质评价货物所属的类/项别。 3. 能判断是否是任何情况下都禁运的危险品。 4. 会熟练查阅和使用危险品品名表。	1. 培育诚实守信的"红线"意识和遵章守纪的"底线"思维。 2. 养成规范严谨、一丝不苟的危险品操作习惯。 3. 培育敬畏生命、敬畏职责、敬畏规章的当代民航精神。

一、任务准备

北京××货运代理有限公司收到一票货物，运往日本东京，货物 A：Benzonitrile，4L；货物 B：Acetaldehyde oxime，10L。拟预订中国国际航空股份有限公司客机航班舱位。公司员工小李首先需要做的是按照分类标准，分析评价这两种货物，了解这两种货物的危险特性，对这两种货物进行正确分类，确定这两种货物是否属于禁运危险品；如果可以空运，判断能否客机装载，查找其运输专用名称、UN 编号、类/项别、包装等级及每一个包装件的最大净数量等信息。

二、发布工作任务单

工作任务	对危险品进行分类				
姓名		班级		学号	
任务描述	北京××货运代理有限公司收到一票货物，运往日本东京，货物A：Benzonitrile，4L；货物B：Acetaldehyde oxime，10L。拟预订中国国际航空股份有限公司客机航班舱位。公司员工小李首先需要做的是按照分类标准，分析评价这两种货物，了解这两种货物的危险特性，对这两种货物进行正确分类，确定这两种货物是否属于禁运危险品；如果可以空运，判断能否客机装载，查找其运输专用名称、UN 编号、类/项别、包装等级及每一个包装件的最大净数量等信息，确定其运输条件				
工作内容	1. 确定是否是禁运危险品				
	2. 查阅危险品品名表，确定运输专用名称、UN编号、类/项别、包装等级及每一个包装件的最大净数量等，确定待运危险货物的运输条件				
任务总结与反思					

任务 2.1　按照分类标准评价货物

案例链接

未对危险货物进行识别、分类和正确包装，造成严重后果

2010年10月，西北大学分析检测研究中心接到了某航空公司送来的红色泥状货物样品，据货主称该货物为矿物样品，采用普通木质板箱进行包装，在其起始机场露天存放时遇到雨雪天气，将木箱和内置货物打湿。后经飞机运输抵达西安机场后，机组人员打开货舱准备卸货时发现，机舱内雾气弥漫，这一现象给机组人员造成了极大的恐慌，更对机组人员和飞机造成了严重威胁。

后经西北大学分析检测研究中心对货物样品进行分析，得知该货物属于具有腐蚀性的危险品，依据《危险品规则》中的规定，该货物被列入第8类危险品，UN编号为UN3244。由于客户对货物没有进行准确、详尽的申报，且危险品鉴定部门未进行准确的分类和包装，使得该货物的运输产生了较为严重的后果。这就提醒我们，在进行航空运输货物的危险性识别和分类工作时，不仅要深刻理解《危险品规则》中的所有信息，还应了解包括货物的颜色、气味、状态等在内的各项理化特性，以期能为高效、安全地完成危险性货物航空运输提供强大的支持。

瞒报害人害己,不要心存侥幸!

> 在危险品实际运输之前,托运人(如生产或贸易企业)有责任准确识别货物的危险性:对照危险品的九大类分类体系,明确托运的货物是否具有相应的危险性。
>
> 不正确的分类可能会导致错误地进行包装、贴标签、装载及有关通知的一系列错误,从而可能导致灾难性的后果。

学一学

化工产品品种成千上万,其中属于危险品的占很大一部分,怎样去辨别这些化工产品是否具有危险性呢?如果是危险品,又怎么确定是哪一类/项别的危险品呢?

一、根据品名和基础理化特性初步判断

危险品多种多样,IATA 的《危险品规则》(DGR)将其分为 9 大类,分别是:第 1 类爆炸品,第 2 类气体,第 3 类易燃液体,第 4 类易燃固体、易自燃物质和遇水释放易燃气体的物质,第 5 类氧化性物质和有机过氧化物,第 6 类毒性物质和感染性物质,第 7 类放射性物质,第 8 类腐蚀性物质,第 9 类杂项危险品。

部分品类可能通过肉眼和常识很难判定,如第 1 类爆炸品,第 2 类气体,第 3 类易燃液体,第 4 类易燃固体、易自燃物质和遇水释放易燃气体的物质,但是基本上只要包含了上述几类的特性或者成分中含有此类特性的物质达到一定比例的,可以初步判断是上述危险品之一。

二、根据航空运输条件鉴别报告书或货物运输条件鉴定书判断

无法获知某货物是否具有隐含危险性或者无法对其正确分类识别时,如粉末类货物、化工类货物、带油性的货物及疑似带磁性的货物等,需要根据民航管理部门认可的有资质的第三方鉴定机构出具的航空运输条件鉴别报告书或货物运输条件鉴定书来判定货物是否属于危险品。

航空运输条件鉴别报告书究竟长什么样,有哪些内容呢?扫码了解一下吧!

扫一扫
码上看:航空运输条件鉴别报告书

警钟长鸣

历史上发生的危险品事故

历史上发生的危险品运输事故损失极为惨重,教训十分深刻,我们一定要以史为鉴,防止类似的事故再次发生。

伪造危险品鉴定报告引发的航空运输事故

做一做

北京××货运代理有限公司收到一票危险货物,运往日本东京,货物 A:Benzonitrile,

4L；货物 B：Acetaldehyde oxime，10L。拟预订中国国际航空股份有限公司客机航班舱位。公司员工小李首先需要做的是按照分类标准，分析评价这两种货物，了解这两种货物的危险特性，判断这两种货物的危险类 / 项别。

任务 2.2　查品名表确定危险品描述

扫码看案例
货主瞒报托运，价值 23 亿货机烧毁

> 托运人在托运危险品时，必须保证所托运的货物进行了准确识别、分类、包装、标记、标签并准备好与运输有关的文件，这些都是托运人的责任。只有正确地分类、识别，才能确定所需要的包装和包装上应该粘贴的标记与标签，才能正确地填制危险品运输文件，才能保证运输安全。

知识充电站

危险品品名表的结构及解释

助学小帮手
扫一扫
危险品"品名表"介绍

学一学

针对某一具体危险物品，仅仅知道它的分类是不够的，还需要根据具体的危险性和组成成分确定相应的运输专用名称、UN 编号、包装等级等信息。IATA 的《危险品规则》（DGR）4.2"危险品品名表"列举了可以运输的危险品名称。本教材后附的附录 1 列出了《危险品规则》中的"危险品品名表"的极少部分。

某一物质如其名称具体地列入危险品品名表，必须按照表中适用于该物质的规定运输。如果一种物质未在危险品品名表中列出，对其是否允许空运或在什么条件下能够空运持有疑问时，则需经认可的机构鉴定以确定其是或不是危险品。如是危险品，即按照危险品的规定办理运输，如不是危险品，则在货运单的货物名称中标注"Not Restricted（非限制）"以表示货物已经过检查，可以按照非限制规定办理运输。

在此，我们先介绍 DGR 中"危险品品名表"（简称"品名表"）的结构，见图 2-1。

1. A 栏 UN/ID 编号

本栏是根据联合国分类系统给物品或物质划定的号码，使用时，必须冠以字母"UN"。如果物质在联合国分类系统中没有编号，可以在 8000 系列中指定一个临时的适用的识别编码，并且在 8000 系列中适用的编号前必须冠以"ID"，以代替本规则需用 UN 在标记和文件中说明的情况。例如，编号为 UN1950 或 ID8000，不能表示为 1950 或 8000。

2. B 栏 运输专用名称 / 说明

本栏包括通过运输专用名称和定性的描述文字识别的以英文字母顺序排列的危险物品和物质。运输专用名称用粗体（黑体）字，描述其含量、状态等的其他限制说明用细字体表示。

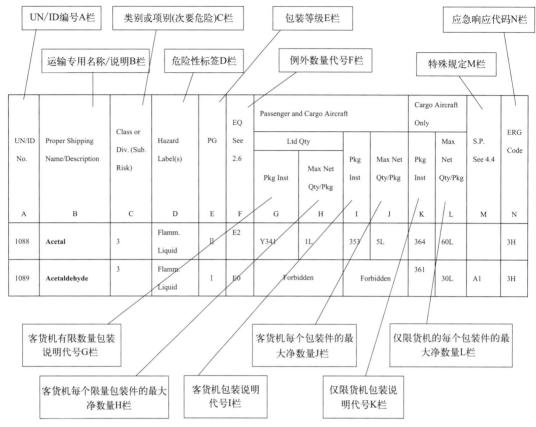

图 2-1 危险品品名表的结构及解释

运输专用名称是指在所有运输文件和通告中,以及必要时在包装上使用的,说明某一物品或物质的名称。

> "★"表示要求附加技术名称;"+"表示在 DGR 附录 A 中可以找到补充说明。符号"★"和"+"不属于运输专用名称的一部分。

本栏中关于名称的各种情况如下:

(1)运输专用名称是指出现在包装外表及运输文件上的危险品的正式托运名称,在本栏中以粗体字表示。例如 **Alcoholic beverages**。

(2)粗体字后跟上细体字,表示细体字是对物品的性质或成分的详细说明,细体字不是运输专用名称的组成部分,但可以作为运输专用名称的补充。例如,**Alcoholic beverages** containing more than 70% alcohol by volume。

(3)细体字加"see"加粗体字,细体字为商业名称或俗称,粗体字为运输专用名称。例如,Cyanoacetonitrile,see **Malononitrile**(UN2647)。

(4)名称为细体字,在客/货运输栏中均显示"Forbidden"字样,表示危险性过大,航空中禁止运输,不属于航空危险品运输的范围。例如,Azidoethyl nitrate。

(5)名称为细体字,在客/货机运输栏中均显示"Not Restricted"字样,表示在航空运输中无危险性,运输时无限制,可以作为普货运输。例如,Batteries, dry。

3. C 栏 类别或项别(次要危险)

本栏包括按照《危险品规则》的分类体系给物品或物质划定的类别或项别编号。在第 1

类爆炸品中,还显示了配装组。在物质有次要危险时,次要危险类别和项别必须示意在主要危险后的括号中。所有次要危险以数字次序列出。

4. D栏 危险性标签

本栏包含用于B栏中物品的每一个包装件及合成包装件(overpack)外部的危险性标签。首先列出的是主要危险性标签,所有的次要危险性标签紧随其后。

5. E栏 包装等级

本栏标明按联合国包装等级划定的给某一危险物品或物质的具体包装等级。联合国包装等级共分三级,分别为Ⅰ级—高度危险、Ⅱ级—中度危险、Ⅲ级—低度危险。

6. F栏 例外数量代号

本栏列出危险物品或物质指定的例外数量代号。其含义见表2-1。

表2-1 例外数量代号

代号	每一个内包装最大数量	每一个外包装最大数量
E0	不允许按例外数量载运	
E1	30g/30mL	1kg/1L
E2	30g/30mL	500g/500mL
E3	30g/30mL	300g/300mL
E4	1g/1mL	500g/500mL
E5	1g/1mL	300g/300mL

7. G栏 客货机有限数量包装说明代号

该栏列出了客货机危险品限制数量的包装说明代号。有限数量危险品的限量包装说明以"Y"作为前缀,如Y203、Y305等。以字母"Y"作为前缀的包装指令,只适用于限制数量以内的危险品。Y包装说明可查阅《危险品规则》第5章。

扫一扫
包装说明 Y203

8. H栏 客货机每个限量包装件的最大净数量

本栏标明可用于客机或货机运输的每一个包装件的物品或物质的最大净数量(质量或体积)。每一个"有限数量"包装件的毛重不超过30kg。列出的质量为净重,但如果另外带有字母"G",则表示该质量为毛重。"kg"表示质量单位"千克";"L"表示体积单位"升"。

如果显示"Forbidden(禁运)",该危险品不能按有限数量的规定运输。

如果每个包装件的最大数量显示"No Limit(不限)"或在G栏有包装说明参考时,所含危险品的净数量或该危险品每个包装件的毛重必须在托运人申报单上注明。

9. I栏 客货机包装说明代号

本栏列出了利用客机和货机采用一般方式(非"限制数量")运输某危险品,采用UN规格包装时的相关包装说明代号。

> 如果某一物品或物质按G栏或I栏的包装说明进行包装,并且符合H栏或J栏中最大净数量的要求,那么它也可以在客机上运输。在这种情况下,包装件不需要贴"Cargo Aircraft Only(仅限货机)"标签。

10. J栏 客货机每个包装件的最大净数量

该栏列出了利用客机和货机采用一般方式（非"限制数量"），采用某一UN规格包装时，每个包装件的最大允许净数量。

如果显示"Forbidden（禁运）"，该危险品不能用客机运输。

如果每个包装件的最大数量显示"No Limit（不限）"或在I栏有包装说明参考时，所含危险品的净数量或该危险品每个包装件的毛重必须在托运人申报单上注明。

11. K栏 仅限货机包装说明代号

本栏列出仅限货机运输的危险品的包装说明代号。

12. L栏 仅限货机的每个包装件的最大净数量

本栏说明可用于仅限货机运输的每一个包装件内的物品或物质所允许的最大净数量（质量或体积）。质量为净重，除非另外有字母G表示毛重。

> H、J、L栏中的数量限制仅表示对一个包装件的限制，而不是一票货物或一架飞机所允许的数量。

例如，在品名表中客机运输氧基乙酰氯，UN1717的最大净数量是每个包装件1L。然而，如有必要，客机可以运输许多1L装的氧基乙酰氯，除非有关国家或经营人有进一步限制。

如果每个包装件的最大数量显示"No Limit（不限）"或在K栏有包装说明参考时，所含危险品的净数量或该危险品每个包装件的毛重必须在托运人申报单上注明。

如果某危险品用客机运输太危险，则"品名表"中用"Forbidden"字样在I、J两栏标明。这时，可以继续查K栏和L栏，看一看该危险品是否可以用货机运输，如果K栏和L栏两栏有"Forbidden"字样，说明该危险品禁止使用任何飞机运输。

13. M栏 特殊规定（S.P.，见IATA《危险品规则》4.4）

本栏用字母"A"加上一个、两个或三个数字表示适用于该物品的特殊规定。这些特殊规定可能是在某些具体条件下取得有关国家批准即可运输某些禁运物品的规定（如A1、A2等），也可能是详细说明某物品可被视为非危险货物运输的条件（如A9）。

托运人在托运货物时，须查询这些特殊规定，检查自己的货物和准备的文件是否满足规定。但是，不管怎样，即使有有关国家的许可，是否接收这些物品也必须由承运人来决定。

14. N栏 应急响应代码

本栏的内容可以在国际民航组织（ICAO）文件《与危险物品有关的航空器事故征候应急响应指南》（Doc 9481-AN/928）中查到。代码由字母和数字组成，该应急响应代码给出了危险品在机上发生事故时应采取的措施及应注意的问题。

扫一扫
码上看：航空器应急响应操作方法

查阅品名表，正确填空：

（1）毒性物质UN1181在货机上运输时每一个包装件的最大允许净数量为（　　）L。

（2）某物质UN/ID编号为UN1869，则该物质的运输专用名称是（　　）。

（3）危险品 Propyltricrosilane（　　）（能或不能）用客机载运。
（4）危险品 Paraldehyde 的应急响应代码为（　　）。
（5）危险品 Consumer commodity（　　）（能或不能）按有限数量的规定运输。
（6）危险品 Benzonitrile 的包装等级为（　　）级。
（7）危险品 Bromobenzene 如采用客机载运，可参考包装说明代号（　　）来包装。
（8）危险品 Butyronitrile 的主要危险是（　　），次要危险是（　　）。

子任务 1　在品名表中列出名称的危险品

一、查阅步骤

当危险品的运输专用名称列于品名表中时，我们可以按照以下步骤依次查阅各栏的要求来确定该危险品的运输条件。

步骤一：寻找 UN/ID 编号和运输专用名称——品名表中的 A 栏和 B 栏。

- 已知 UN/ID 编号，未知运输专用名称，查阅《危险品规则》"交叉参考表"查到运输专用名称及品名表对应页码。
- 已知运输专用名称，可直接在品名表中按字母顺序查到所在位置。

步骤二：确定类别和项别以及次要危险性（如果有）——C 栏。

步骤三：注意危险性标签——D 栏。

与项别和次要危险性吻合。

步骤四：注意包装等级（适用时）——E 栏。

步骤五：确定包装说明代号及每个包装件的数量限制——G、H、I、J、K 和 L 栏。

- 可否用客机或货机运输。
- 是否仅限货机。
- 如果可以，每个包装件的数量限制是多少。

步骤六：检查是否适用特殊规定——M 栏，IATA《危险品规则》4.4。

步骤七：（仅限经营人）应急响应代码（ERG Code）——N 栏，表示涉及事件的特定危险品条目的建议采取的反应措施。

步骤八：判断是否禁运，除非获得批准或豁免。

二、如何判断是否禁运，除非获得批准或豁免

1. 禁运的危险品

有些危险品危险性过大，禁止空运。在 IATA《危险品规则》（DGR）中的品名表里，没有 UN 编号并用细体字体现，在 G、H、I、J、K、L 六栏里写有 "Forbidden"（禁运）字样的均属禁运危险品。禁止空运的危险品如图 2-2、表 2-2 所示。

2. 经豁免可以航空运输的禁运危险品

对于某些禁止航空运输的危险品，在非常紧急的情况下，有关国家可以豁免有关禁运的规定而进行航空运输。这些经豁免、批准的危险品附了完整的豁免、批准文件的也可以运输。

在品名表里体现在 G、H、I、J、K、L 六栏里写有 "Forbidden"（禁运）字样，但有 UN 编号，也有运输专用名称，特殊规定 M 栏显示 A1、A2 等。如表 2-3 所示。

图 2-2 禁止空运的危险品

表 2-2 品名表示例 1

UN/ID No.	Proper Shipping Name/Description	Class or Div. (Sub. Risk)	Hazard Label(s)	PG	EQ See 2.6	Passenger and Cargo Aircraft Ltd Qty		Passenger and Cargo Aircraft		Cargo Aircraft Only		S.P. See 4.4	ERG Code
						Pkg Inst	Max Net Qty/Pkg	Pkg Inst	Max Net Qty/Pkg	Pkg Inst	Max Net Qty/Pkg		
A	B	C	D	E	F	G	H	I	J	K	L	M	N
1001	**Acetylene, dissolved**	2.1	Flamm. Gas		E0	Forbidden	Forbidden	Forbidden	Forbidden	200	15kg	A1	10L
	Acetylene(liquefied)					Forbidden	Forbidden	Forbidden	Forbidden	Forbidden	Forbidden		

表 2-3 品名表示例 2

UN/ID No.	Proper Shipping Name/Description	Class or Div. (Sub. Risk)	Hazard Label(s)	PG	EQ See 2.6	Passenger and Cargo Aircraft Ltd Qty		Passenger and Cargo Aircraft		Cargo Aircraft Only		S.P. See 4.4	ERG Code
						Pkg Inst	Max Net Qty/Pkg	Pkg Inst	Max Net Qty/Pkg	Pkg Inst	Max Net Qty/Pkg		
A	B	C	D	E	F	G	H	I	J	K	L	M	N
1001	**Acetylene, dissolved**	2.1	Flamm. Gas		E0	Forbidden	Forbidden	Forbidden	Forbidden	200	15kg	A1	10L
3512	**Adsorbed gas, toxic, n.o.s., ***	2.3			E0	Forbidden	Forbidden	Forbidden	Forbidden	Forbidden	Forbidden	A2	2P

三、查阅实例

运输一票危险货物，俗名烟碱，学名尼古丁（Nicotine），查阅品名表，找到该货物以下信息：UN 编号、主要危险性、有无次要危险、包装等级、能否采用有限数量运输。该货物能用客机运输吗？如该货物采用 UN 规格包装并用客机运输，包装说明代号是多少，每件货物的最大净数量可达到多少？有无特殊规定？应急响应代码是多少？该货物是否禁运（除非得到批准或豁免）？

查阅本书附录 1 "危险品品名表"，通过运输专用名称栏找到 Nicotine，找到该行对应的信息。

UN 编号：UN1654。

主要危险性：6.1 项毒性物质，无次要危险。

包装等级为 Ⅱ 级，能采用有限数量运输。

该货物能用客机运输，如该货物采用 UN 规格包装并用客机运输，包装说明代号为 654，每件货物的最大净数量可达 5L。

没有特殊规定，应急响应代码是 6L。

该危险货物不是禁运危险品。

练一练

1. 空运一票净数量为 5L 名为乙酰氯（Acetyl chloride）的化学危险品，拟采用客机运输，查阅品名表，完成以下适用的信息：

（1）UN 编号　　　　　　　＿＿＿＿＿＿＿＿＿＿

（2）类/项　　　　　　　　＿＿＿＿＿＿＿＿＿＿

（3）包装等级　　　　　　　＿＿＿＿＿＿＿＿＿＿

（4）包装说明代号　　　　　＿＿＿＿＿＿＿＿＿＿

（5）每一个包装件最大数量限制　＿＿＿＿＿＿＿＿＿＿

2. 查品名表，完成下表内容：

物质名称	每一个包装件实际数量	UN/ID 号	类/项编号	次要危险性	危险性标签	包装等级	客机是否可运	货机是否可运	有无特殊规定
Butylene	45kg								
Barium oxide	2kg								
Arsine	18kg								
Lithium metal batteries	8kg, G								

拓一拓

子任务 2　在品名表中未列出名称的危险品

对于未列出名称的危险品在品名表中确定一个合适的运输专用名称，这虽然是托运人的职责，但作为货运代理人及航空公司的货物接收人员，必须熟悉这一过程。

当一种物品或物质名称未被列入品名表中时，并不意味着允许或不允许空运。托运人必须：

（1）根据 IATA《危险品规则》禁运危险品要求和危险品分类标准确定该物品或物质是否禁运。

（2）如果该物品或物质不是禁运的，根据 IATA《危险品规则》危险品分类标准进行分类。如果该物品或物质有一种以上的危险性，托运人必须按确定主要危险性的规则确定其主要危险。

（3）使用最能准确描述物品或物质的类属或 n.o.s. 运输专用名称。运输专用名称必须按照品名表条目确定的优先使用顺序确定。

【例 2-1】 甲基正戊基甲醇是一种闪点为 54℃的醇类，该名称没有列入品名表，因此，它必须用最准确的名称申报，该名称应该是"醇类，n.o.s."（甲基正戊基甲醇），而不是"易燃液体，n.o.s."。

【例 2-2】 乙基环已烷，一种碳氢化合物，闪点为 35℃（95℉），名称未列入品名表中，因此，它必须用最准确的名称申报。经查证，该名称应为"碳氢化合物，液体，n.o.s."，而非"易燃液体，n.o.s."。

（4）品名表 B 栏中类属或 n.o.s. 运输专用名称后标有"★"时，必须在此运输专用名称后面附加用括号括起来的技术名称或化学名称，显示的技术名称或化学名称不超过两个，且是构成本混合物危险性的最主要成分。此要求不适用于国家法律或国际公约禁止泄露其名称等信息的受控物质。对于第 1 类爆炸品，危险品的名称后可以附加表明其商用或军用名称的补充说明文字。技术名称必须是科学技术手册、教科书和期刊现行使用的公认的化学或其他名称。不得使用商用名称。对于农药，仅可使用国际标准化组织的通用名称、《世界卫生组织建议的农药按危险性的分类和分类准则》中的其他名称或有效成分的名称。

【例 2-3】 氟利昂 14 和氟利昂 23 的混合物的运输专用名称是"制冷气体，n.o.s."（四氟甲烷，三氟甲烷）。氟利昂 14 和氟利昂 23 是商业名称，因而不能接受。

【例 2-4】 一种固体农药产品，含呋喃丹，它申报为固态氨基甲酸酯，毒性（碳呋丹），UN2757。

（5）对于一种未列名的物质是否可以空运，或应遵循何种条件进行空运有疑问时，托运人或代理人须委托经营人指定的机构鉴定，鉴定结果必须包括该危险品的运输专用名称、UN/ID 编号，以及所有说明其危险性所需要的物理及化学性质的相关数据以及相应的分类。还有疑虑的必须向国家有关部门咨询。

（6）水合物可使用无水物质的运输专用名称运输。

 拓一拓

子任务 3　在品名表中未列名的混合物和溶液

混合物和溶液没有在品名表中具体列出名称，在确定分类和运输专用名称时参照下列程序进行。

需要注意的是，列名的物质必须以危险品品名表中列出的运输专用名称运输。某些物质可能含有不影响识别结果的杂质（如制造过程中产生的）或用于稳定或其他用途的添加剂。然而，已列名的物质若含有影响其识别结果的杂质或添加剂（做稳定剂或其他用途），必须识别为混合物或溶液。

一、含有一种危险物质的混合物和溶液

一种混合物或溶液，主要成分为某种已列名的物质，同时含有一种或多种不受《危险品规则》限制的其他物质，和/或痕量的一种或多种其他已列名的物质，必须识别为品名表中主要成分的运输专用名称，且必须加限定词"混合物"或"溶液"。

【例 2-5】 丙酮溶液的闪点低于 23℃（73℉），并且沸点高于 35℃（95℉），因此与纯丙酮具有相同的可燃范围（UN1090，第 3 类，包装等级 Ⅱ）。由于危险品类别及包装等级都没有变化，因而这种溶液的运输专用名称必须申报为丙酮溶液。

此外，混合物或溶液的浓度也可以表示，例如"丙酮 75% 溶液"。

此规定在出现以下情况时例外：

第一，混合物或溶液在危险品品名表中专门列出名称。如：

Ammonium polysulphide solution 多硫化铵溶液	UN2818
Phenol solution 苯酚溶液	UN2821
Phenol, solid 固态苯酚	UN1671
Phenol, molten 熔融苯酚	UN2312

第二，品名表的条目表示仅适用于纯物质。

第三，溶液或混合物的危险品类别或物理状态（固态、液态、气态）与列出的条目不同。如：

Alkali metal amalgam, liquid 液态碱金属汞合金	UN1389
Alkali metal amalgam, solid 固态碱金属汞合金	UN3401

第四，在紧急情况下应采取的措施有明显变化。

需要注意的是，尽管在分类过程中可能忽略了微量杂质，但这些杂质可能影响物质的属性，因此在相容性要求《危险品规则》5.0.2.6.3 部分应予以考虑。即承运人必须要保证已经采取了所有适合的措施以保证使用的包装与运输的危险品相容。在相关部门要求时，必须可以出具这些措施或评估的证据。

以上每种情况，混合物或溶液必须用最适用的 n.o.s. 运输专用名称表示，并在紧接其后的圆括号内加上物质的技术名称，除非国家法律或国际公约因为它是受管制的物质而禁止其公开。也可以使用适当的限定词如"含有""混合物""溶液"等。

【例 2-6】 含有 2-氯丙烷（UN2356，第 3 类，包装等级 Ⅰ）和不属于本规则的溶剂的混合物，闪点低于 23℃（73℉）且沸点高于 35℃（95℉），因此该混合物的包装等级为 Ⅱ。由于包装等级已经改变，混合物应称为"易燃液体，n.o.s.（2-氯丙烷溶液）"或"易燃液体，n.o.s.（2-氯丙烷混合物）"。

二、含有两种或两种以上危险物质的混合物和溶液

某种在危险品品名表中未列名的混合物或溶液，含有两种或两种以上危险品的，必须使用能最准确反映性能的运输专用名称、描述、危险品类/项别、次要危险和包装等级。即必

须使用泛指运输专用名称,并且必须在泛指名称后面注明至少两种有主要危险成分的技术名称。如"混合物""溶液"必须加上。如果需要次要危险标签,技术名称必须包括所需的次要危险标签的部分。属于国家法律或国际公约禁止泄密的管制物品除外。

【例2-7】 发动机清洗剂的名称未列入危险品品名表。它被描述为闪点小于23℃(73℉)且符合6.1项(毒性物质)定义的汽油和四氯化碳的混合物。按照《危险品规则》表3.10.A,主要危险是6.1项,次要危险是第3类。因此,它的运输专用名称为"易燃液体,毒性,n.o.s.(汽油/四氯化碳混合物)"或"易燃液体,毒性,n.o.s.(汽油/四氯化碳溶液)"。

三、不受《危险品规则》限制的混合物或溶液

混合物或配方中有物质名称在品名表中列出,但是由于其浓度不符合任何危险性的定义,此混合物或溶液不受本规则限制。

一种混合物或溶液含有一种或多种本规则列名或分类为 n.o.s. 条目下的物质和一种或多种不受本规则限制的其他物质,如其危险性不符合任何类别的标准(包括人类经验),即不受规则限制。航空货运单上应注明"Not Restricted"(不受限制)字样,以表明货物已被检查。

做一做

北京××货运代理有限公司收到一票货物,运往日本东京,货物 A:Benzonitrile,4L;货物 B:Acetaldehyde oxime,10L。拟预订中国国际航空股份有限公司客机航班舱位。公司员工小李首先需要做的是按照分类标准,分析评价这两种货物,了解这两种货物的危险特性,对这两种货物进行正确分类,确定这两种货物是否属于禁运危险品,如果可以空运,能否客机装载,查找其运输专用名称、UN 编号、类/项别、包装等级及每一个包装件的最大净数量等信息,确定其运输条件,并记录在项目二的工作任务单里。

任务评价

任务 2.1 和任务 2.2 考核采取教师评价、小组评价和自我评价相结合的方式,其中教师评价占比 60%,小组评价和自我评价各占 20%。

学习成果评价单

基本信息	姓名		班级		学号	
	第 组 组长		日期		总评成绩	
	内容	评分细则		自我评价	小组评价	教师评价
核心技能考核	1. 确定是否属于禁运危险品(10分)	判断正确,理由充分,得10分				
	2. 查阅品名表,确定运输专用名称、UN 编号、类/项别、包装等级及每一个包装件的最大净数量等,确定待运危险货物的运输条件(65分)	正确查阅品名表,确定货物的运输条件,每错一项扣10分,扣完为止				
	3. 对工作过程进行总结与反思(5分)	总结反思深刻、有独到见解得5分;流于形式得2分;未完成不得分				

瞒报害人害己，不要心存侥幸！

续表

内容		评分细则	自我评价	小组评价	教师评价
素养考核	纪律情况（5分）	按时到岗，不早退（2分）			
		积极思考，回答问题（2分）			
		执行教师命令（1分）			
	职业道德（15分）	主动获取信息（1分）			
		主动与他人合作（1分）			
		主动帮助同学（1分）			
		主动展示学习成果（2分）			
		7S 管理（2分）			
		操作细致、严谨、规范（4分）			
		心存敬畏，行有所止（4分）			
合计					

项目二 对危险品进行分类

能力训练任务与情景模拟训练任务

能力训练任务

一、单选题

1. 如果某危险品品名表中 G 栏至 L 栏内为"Forbidden"，则该物质为（　　）。
   A. 客机禁运的危险品　　　　　　　　B. 货机禁运的危险品
   C. 在任何情况下都禁止空运的危险品　　D. 限制数量形式禁运的危险品

2. 品名表的 H、J、L 栏的数量限制为（　　）。
   A. 每架飞机上的量　　　　　　　　　B. 每一个包装件的量
   C. 单次运输的量　　　　　　　　　　D. 每个托运人的量

3. 危险品应急响应代码由（　　）组成。
   A. 两个数字代号　　　　　　　　　　B. 两个字母代号
   C. 一个数字代号和一个字母代号　　　D. 一个数字代号和一个或多个字母代号

4. 危险品应急响应代码的数字表示（　　）。
   A. 相应的危险性和处置办法　　　　　B. 危险性等级
   C. 包装标准　　　　　　　　　　　　D. 危险品分类

5. 在正常的运输状态下，易爆炸，易发生危险反应，易起火或易放出导致危险的热量，易释放毒性、腐蚀性或易燃性气体或蒸气的物质，（　　）。
   A. 经经营人批准，可以作为普货运输　　B. 托运人填写危险品申报单，可作为危险品运输
   C. 在任何情况下都禁止用航空器运输　　D. 托运人与运营人达成共识，可按危险品运输

6. 以下关于危险品品名表的说法不正确的是（　　）。
   A. 品名表的 E 栏"PG"内显示了危险品的类/项别
   B. 品名表以危险物品的运输专用名称的字母顺序排列
   C. 品名表中给出的数量限制都为净数量，但当带有大写字母 G 时表示毛重
   D. 如果某一物品或物质按 G 栏或 I 栏的包装说明进行包装，并且符合 H 栏或 J 栏中最大净数量

瞒报害人害己，不要心存侥幸！

的要求，那么它也可以在客机上运输。在这种情况下，包装件不需要贴"Cargo Aircraft Only（仅限货机）"标签。

7. Acetone 仅限货机运输时，每个包装件最大净数量是（　　）。
A. 1L　　　　　　B. 5L　　　　　　C. 30L　　　　　　D. 60L。

8. Amyl chloride 以有限数量运输时，每个包装件的最大净数量是（　　）。
A. 1L　　　　　　B. 5L　　　　　　C. 30L　　　　　　D. 60L

9. Acetyl chloride 的例外数量危险品代码是（　　）。
A. E1　　　　　　B. E2　　　　　　C. E3　　　　　　D. E4

10. UN1447 危险品的主要危险的危险品类/项别是（　　）。
A. 5.1　　　　　　B. 6.1　　　　　　C. 5.2　　　　　　D. 6.2

11. Chloroprene, stabilized 这一整类的危险品的运输方式是（　　）。
A. 客货机均可　　B. 仅限货机　　C. 仅限客机　　D. 禁止空运

12. DGR 危险品品名表中有限数量物质包装说明代号前含有字母（　　）。
A. E　　　　　　B. Y　　　　　　C. A　　　　　　D. L

13. DGR 危险品品名表中不包含的内容是（　　）。
A. UN/ID 编号　　　　　　　　　B. 主/次要危险
C. 运输专用名称　　　　　　　　D. 每架飞机可载该危险品的总数量

二、判断题

1. 品名表的 E 栏"PG"内显示了危险品的类/项别。（　　）

2. 品名表以危险物品的运输专用名称的字母顺序排列。（　　）

3. 品名表中给出的数量限制都为净数量，但当带有大写字母 G 时表示毛重。（　　）

4. 品名表最大净数量限制的单位用"L"时表示"升"。（　　）

5. 品名表最大净数量限制的单位用"kg（千克）"时该危险品一定是气体。（　　）

6. 交运的每件物品或物质必须使用"运输专用名称"申报。（　　）

7. 在品名表的运输专用名称栏内，粗体字后跟上细体字，表示细体字是对物品的性质或成分的详细说明，细体字不是运输专用名称的组成部分，但可以作为运输专用名称的补充。（　　）

8. 在品名表内的 Class or Div.（Sub Risk）栏内，前面是危险品的主要危险，括号内表示次要危险。（　　）

9. Flamm. Liquid 是易燃固体。（　　）

10. 品名表里 Hazard Label（s）栏表示危险性标签。（　　）

11. 有限数量危险品的限量包装说明以"Y"作为前缀。（　　）

12. 品名表内的 ERG 代码栏，即应急响应代码，表示训练代码指定的涉及事件的特定危险品条目的建议反应措施。（　　）

13. 运输专用名称要求写在包装件外面和危险品申报单中，用于识别危险品。（　　）

14. 所有可以空运的危险品都必须用货机运。（　　）

15. 危险品的运输专用名称就是它们的化学名称。（　　）

16. H、J、L 栏中的数量限制仅表示对一个包装件的限制，而不是一票货物或一架飞机所允许的数量。（　　）

17. 如品名表里某危险品的 F 栏为 E0，表示不允许按例外数量载运。（　　）

三、填表题

1. 查阅品名表，写出以下危险物质的 UN/ID No.、Class or Div. 和 PG：

序号	物质名称	UN/ID No.	Class or Div.	PG
（1）	Barium peroxide			
（2）	Acetal			
（3）	Butylbenzenes			
（4）	Potassium hydrogen sulphate			
（5）	Ferrocerium			

2. 查阅品名表，写出以下危险物质的 Hazard Label(s)、PG 和 ERG Code：

序号	物质名称	Hazard Label(s)	PG	ERG Code
（1）	1-Pentene			
（2）	Acetal			
（3）	Anisoyl chloride			
（4）	Benzonitrile			
（5）	Sodium chlorate			

情景模拟训练任务

1. 危险品：Gas oil。

净数量：20L。

包装：使用限量包装。

查阅品名表，确定该危险货物的运输条件，完成下列适用的信息：

（1）UN 编号_____

（2）类/项别_____

（3）包装等级_____

（4）包装说明代号_____

（5）至少应使用几个外包装_____

2. 危险品：Acetaldehyde oxime。

净数量：40L。

内包装：塑料瓶，每瓶中净含量 10L。

外包装：钢桶。

该危险品将会用客机来运输。

查阅品名表，确定该危险货物的运输条件，完成下列适用的信息：

（1）UN 编号_____

（2）类/项_____

（3）包装等级_____

（4）包装说明代号_____

（5）每一包装件最大数量限制_____

（6）至少需要多少个外包装_____

项目二　能力训练任务与情景模拟训练任务参考答案

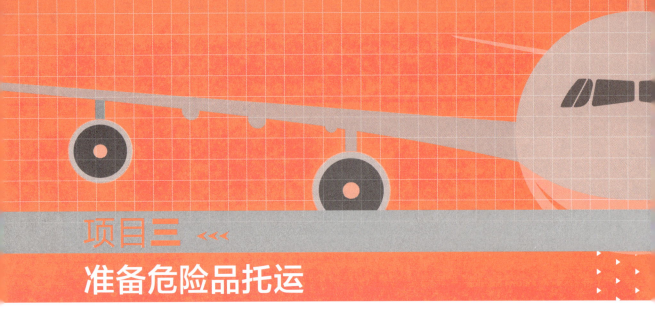

项目三

准备危险品托运

任务 3.1 评估包装选项确定包装

 任务目标

知识目标	能力目标	素养目标
1. 了解准备危险品托运环节中需考虑哪些限制。 2. 掌握例外数量危险品的使用要求及识别方法。 3. 掌握有限数量危险品的使用要求及识别方法。 4. 掌握 UN 规格包装标记的含义。 5. 掌握危险品合包的判断方法及流程。	1. 会正确使用危险品品名表、包装说明表、危险品隔离表等工作手册。 2. 会按照正确的操作流程评估危险品包装各限制条款。 3. 会根据危险货物的信息选择合适的 UN 箱。 4. 会组装危险品。	1. 树立安全意识和底线思维。 2. 培育敬畏生命、敬畏职责、敬畏规章的当代民航精神。 3. 培养诚实、守信的职业素养。

一、任务准备

北京××货运代理有限公司收到一票危险货物，运往日本东京，货物 A：Benzonitrile，4L；货物 B：Acetaldehyde oxime，10L。拟预订中国国际航空股份有限公司客机航班舱位。现在公司员工小李需要查询相关工作手册，评估包装选项，在考虑各种限制和差异条款后确定包装，做好托运这一票危险货物的包装准备。

二、发布工作任务单

工作任务		评估包装选项确定包装			
姓名			班级		学号
任务描述		北京××货运代理有限公司收到一票危险货物，运往日本东京，货物 A：Benzonitrile，4L；货物 B：Acetaldehyde oxime，10L。拟预订中国国际航空股份有限公司客机航班舱位。现在公司员工小李需要查询相关工作手册，评估包装选项，在考虑各种限制和差异条款后确定包装，做好托运这一票危险货物的包装准备			
工作内容	1. 考虑是否允许作为例外数量运输	需要查阅的工作手册			
		是否允许			
		做出判断的理由			
		如果可以，至少需要多少个内外包装			
	2. 考虑是否允许作为有限数量运输	需要查阅的工作手册			
		是否允许			
		做出判断的理由			
		包装说明代号			
		每个包装件的最大净数量			
	3. 考虑国家和经营人差异条款	是否有适用的国家和经营人差异条款，判断本货是否满足这些差异			
	4. 考虑包装说明的约束条件	需要查阅的工作手册			
		根据包装说明代号，选择合适的包装方式			
	5. 选择合适的 UN 规格包装	根据相关工作手册，选用合适的 UN 规格包装			
	6. 确定是否可以合包（all packed in one）	危险品之间会不会发生危险反应			
		需不需要隔离			
		有没有包含 6.2 项感染性物质			
		内包装及数量是否符合包装说明的要求			
		外包装是否符合包装说明的要求			
		Q 值的大小是否符合要求			
		是否可以合包（all packed in one）			
	7. 组装包装件	选用合适的衬垫和吸附材料（如适用），组合包装件完成打包作业			
任务总结与反思					

三、工作流程

案例链接

危险货物包装不当，货舱冒烟

某年5月15日15:28，由郑州飞往深圳的CZ3975航班在深圳机场落地。飞机停稳之后，南航深圳公司货运工人吴某打开货舱门准备卸货，发现机舱内一货物正在冒白烟。此时机上乘客还没有下机，情况紧急，来不及多想，搬运队副队长金某立即指挥人员将其搬下，搬运队现场值班领导王某开车迅速将其运到远离人、机的空旷地方。后经查证，该物品为液化氮，属于2.2项非易燃无毒气体，因包装不当造成其挥发，由于货舱温度较低，挥发气体冷凝而产生白烟。

（资料来源：中国民航报）

知识充电站

危险品包装基础知识

危险品具有不同于其他货物的性质，它们与外部环境接触可能发生变质或因受到碰撞、摩擦、振动、撒漏而引起燃烧、爆炸、毒害、腐蚀、放射性污染等事故，所以对危险品进行严格有效的包装极为重要。危险品的包装不仅是为了保护货物的使用价值不受损失，而且是防止危险品在运输的过程中危害人员、环境、运输工具和设备的重要保障。危险品的包装是危险品安全航空运输的重要组成部分。IATA《危险品规则》（DGR）为所有进行航空运输的危险品提供了包装说明，所有允许航空运输的危险品的数量都受到IATA《危险品规则》（DGR）的严格限制，以便一旦发生事故时将危险降到最低。托运人必须保证所托运的危险品已被正确包装。

一、危险品的包装等级

根据物品的危险程度,将第3、4、5、6、8、9类危险品划分为三个包装等级,即Ⅰ级、Ⅱ级和Ⅲ级:

Ⅰ级——较高危险程度的物质;

Ⅱ级——中等危险程度的物质;

Ⅲ级——较低危险程度的物质。

有些危险货物没有划分包装等级,如第2类气体。而第9类的某些物质和5.1项中的液体物质的包装等级,不是根据技术标准而是根据经验划分的。

在危险品品名表中可以查到危险品的包装等级。

二、包装方法

(1)根据货物组装的方法,可以将包装方法分为单一包装和组合包装。

①单一包装(single packaging) 单一包装通常没有内包装,直接与内装物接触。其一般由钢、铝、塑料等材料制成,如一个桶、一个罐。如图3-1和图3-2所示。

图3-1 单一包装

图3-2 单一包装实例

②组合包装(combination packaging) 组合包装是将一个或多个内包装(inner packaging)放置于一个外包装(outer packaging)内构成的包装组合体。其一般由木材、纤维板、金属或塑料制成一层外包装,内装由金属、塑料、玻璃或陶瓷等制成的内包装。内、外包装间需根据不同情况填充衬垫或吸附材料。见图3-3和图3-4。

图3-3 组合包装实例1

图3-4 组合包装实例2

想一想

单一包装和组合包装的区别在哪里呢?

为便于作业和装载,托运人将一个或多个包装件装入一个封闭物组成一个作业单元(此定义不包括集装器),称为集合包装(或合成包装)(overpack),这些包装件可以是单一包装件,也可以是组合包装件。图 3-5 给出了集合包装的组成过程。图 3-6 所示为危险品集合包装件实物。

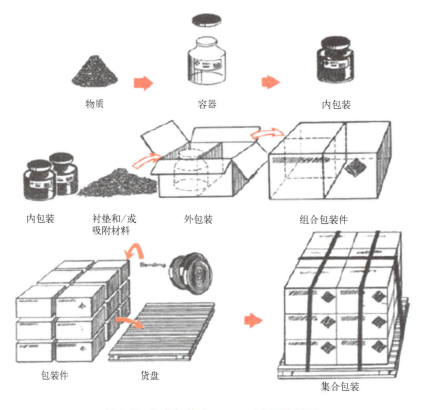

图 3-5 集合包装(overpack)组成过程

图 3-6 集合包装件实例

案例链接

全日空航空（ANA）货运公司针对钢、铝、胶合板等容器采用单一包装的方式装载危险品时，要求必须采用集合包装的方式，需要使用合适材质的保护材料，包装至少要保护容器的上下两面，以减少泄漏的风险。如图 3-7 所示。

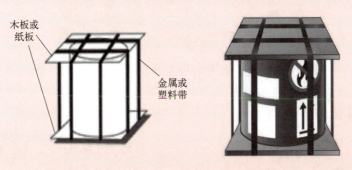

图 3-7 全日空航空的集合包装要求

（2）根据所用包装的种类及包装内所含的物品数量，大致可以分为三种包装方法。

① 例外数量包装（excepted quantity packaging） 某些类型的危险品运输量极小时，可以使用三层包装（内/中/外）以及吸附材料对货物进行包装，要求坚固耐用，经例外数量包装的危险品接近普货。例外数量包装件见图 3-8。

② 有限数量包装（limited quantity packaging） 有限数量包装也叫限制数量包装，是指用于危险品数量在一定限量内的包装，没有经过联合国性能测试，其外表上没有 UN 标志，但必须达到足够的强度要求。有限数量包装通常针对的是较少数量的货物。如图 3-9 所示为装有第 3 类易燃液体的有限数量包装件。

图 3-8 例外数量包装件　　　图 3-9 有限数量包装件

③ UN 规格包装（UN specification packaging） UN 规格包装是经过联合国包装试验，并保证达到联合国安全标准，包装上有联合国包装试验合格标记的包装。UN 规格包装通常针对的是普通数量的货物。

UN 规格包装可以是单一包装，也可以是组合包装。图 3-10 所示为 UN 规格包装实例。

图 3-10　UN 规格包装实例

三、常见的包装种类及材料

（1）常见的包装种类有桶（圆桶）（drum）、方形桶（jerrican）、箱（box）、袋（bag）及复合包装（composite packaging）等，分别如图 3-11～图 3-15 所示。

图 3-11　圆桶

图 3-12　方形桶

图 3-13　箱

图 3-14　袋

图 3-15　复合包装

> 复合包装是指由一个外包装和一个内容器组成的包装，装配后形成一个不可分割的整体，在灌装、储存和运输时始终为一个完整的装置，可以算是单一包装的一个特例。

（2）危险品包装常用的材料有：玻璃、塑料、钢、铝、胶合板、纤维板、木材等。

联合国分别用阿拉伯数字和大写字母对包装种类、材料指定了相应的代码，见表 3-1 和表 3-2。

表 3-1　包装种类代码

数字	1	3	4	5	6
代表含义	桶（圆桶）	方形桶	箱	袋	复合包装

表 3-2　包装材料代码

字母	A	B	C	D	F	G	H	L	M	N
代表含义	钢	铝	天然木材	胶合板	再生木材	纤维板	塑料	纺织品	多层纸	金属（钢和铝以外的）

助学小帮手
扫一扫
看微课
包装代码（一）

（3）联合国用于指定包装类型的 UN 规格包装代码。

① 适用于除内包装以外的包装的代码　将包装种类代码（数字）和包装材料代码（字母）组合起来就形成了外包装/单一包装的包装代码。如：1A 表示圆钢桶，4G 表示纤维板箱，4A 表示钢箱（图 3-16）。

有时后面还添加一个数字，表示包装更细的分类。如：1A1 表示小口钢桶（图 3-17），1H2 表示大口塑料桶（图 3-18），4C1 表示普通型天然木箱（图 3-19）。

图 3-16　4A 钢箱

图 3-17　1A1 小口钢桶

图 3-18　1H2 大口塑料桶

图 3-19　4C1 普通型天然木箱

助学小帮手
扫一扫
看微课
包装代码（二）

② 适用于内包装的代码　代码中的大写字母"IP"表示"内包装"（inner packaging）；阿拉伯数字表示内包装的代码，有些情况下数字后还会有一个大写字母，表示这一类内包装更细的分类。如：IP1 表示内包装为陶瓷、玻璃或蜡制容器，IP2 表示内包装为塑料容器。

表 3-3 中列出了航空运输使用的 UN 规格包装，注明了包装类型及其包装代码。

表 3-3　UN 规格包装及包装代码

包装类型			包装代码
内包装			
陶瓷、玻璃或蜡制容器			IP1
塑料容器			IP2
非铝金属罐、筒或管			IP3
铝罐、筒或管			IP3A
多层纸袋			IP4
塑料袋			IP5
硬纸盒或罐			IP6
金属容器（气溶胶），一次性使用			IP7
金属容器（气溶胶），一次性使用			IP7A
金属容器（气溶胶），一次性使用			IP7B
玻璃安瓿（玻璃管）			IP8
金属或塑料软管			IP9
有塑料/铝衬的纸袋			IP10
外包装和单一包装			
钢桶	小口（非活动盖）		1A1
	大口（活动盖）		1A2
铝桶	小口（非活动盖）		1B1
	大口（活动盖）		1B2
胶合板桶			1D
纤维桶			1G
塑料桶	小口（非活动盖）		1H1
	大口（活动盖）		1H2
方形钢桶	小口（非活动盖）		3A1
	大口（活动盖）		3A2
方形铝桶	小口（非活动盖）		3B1
	大口（活动盖）		3B2
方形塑料桶	小口（非活动盖）		3H1
	大口（活动盖）		3H2
钢箱			4A
铝箱			4B
天然木箱	普通型		4C1
	防撒漏型		4C2
胶合板箱			4D
再生木箱			4F
纤维板箱			4G
塑料箱	膨胀（泡沫）		4H1
	硬质		4H2
塑料编织袋	防撒漏型		5H2
	防水型		5H3
塑料薄膜袋			5H4
纺织品袋	防撒漏型		5L2
	防水型		5L3
纸袋	多层防水型		5M2

续表

包装类型		包装代码
复合包装		
内层是塑料容器	外层是钢桶	6HA1
	外层是钢板条箱或钢箱	6HA2
	外层是铝桶	6HB1
	外层是铝板条箱或铝箱	6HB2
	外层是木箱	6HC
	外层是胶合板桶	6HD1
	外层是胶合板箱	6HD2
	外层是纤维桶	6HG1
	外层是纤维板箱	6HG2
	外层是塑料桶	6HH1
	外层是硬质塑料箱	6HH2

练一练

说一说图3-20～图3-25中的危险品包装示例是单一包装、组合包装、集合包装还是复合包装。

图3-20　危险品包装示例1

图3-21　危险品包装示例2

图3-22　危险品包装示例3

图3-23　危险品包装示例4

图3-24　危险品包装示例5

图3-25　危险品包装示例6

四、包装说明（packing instruction）

危险品包装件必须严格按照IATA《危险品规则》（DGR）的包装说明来包装。各类危险品都有其特性，因此对它们的包装要求也不尽相同，有许多不同的包装说明表。每一张包装说明表都有一个序号，称为包装说明代号，它由三位数字组成。有限数量包装的包装说明代号以"Y"开头，后接三位数字，如Y341。包装说明也被称为包装指南。

包装说明代号与危险品类别有一定关系，即某危险品包装说明代号首位的数字与该危险品所属的类别一致。例如，所有第3类危险品的包装说明代号都是3××；包装说明代号为610的货物肯定属于第6类危险品。

 想一想

在确定危险品的包装或检查危险品的包装是否正确时，首先需要找到该危险品的包装说明代号。我们可以从哪里找到某危险品适用的包装说明代号呢？

> 危险品品名表G栏（客货机有限数量包装说明代号）、I栏（客货机包装说明代号）和K栏（仅限货机包装说明代号）中列出了所适用的包装说明代号。

以下为包装说明414（代号）（中文版）。

包装说明　414

国家差异：USG-13　←　国家❶差异

经营人差异：AA-01, AS-02, CI-01, CO-04/08, CS-04, DL-02, , FX-02, IC-04, NW-01, SQ-03/07, SW-01, TU-06/07, TW-04, UA-01, ZW-01　←　经营人差异

亦须符合5.0.2中的一般包装要求。

包装必须达到Ⅱ级包装的性能标准。　←　包装要求

组合包装与单一包装均可使用。　←　可接受的包装方法

组合包装的内外包装材料、容量等

组合包装					
内包装					
名称	玻璃,陶瓷	塑料	金属(非铝)	铝	玻璃安瓿
规格	IP1	IP2	IP3	IP3A	IP8
单位	L	L	L	L	L
最大数量	2.5	2.5	5.0	5.0	0.5
外包装					
类型	桶			方形桶			箱					
名称	钢	铝	胶合板	纤维	塑料	钢	铝	塑料	钢	铝	木材	胶合板	再生木材	纤维板	塑料
规格	1A2	1B2	1D	1G	1H2	3A2	3B2	3H2	4A	4B	4C1	4C2	4D	4F	4G	4H2
单一包装					
类型	桶			方形桶		复合包装
名称	钢	铝	塑料	钢	塑料	塑料
规格	1A1	1B1	1H1	3A1	3H1	全部

← 单一包装

以下为包装说明355（代号）（英文版）。

---

❶ 此处所述"国家"，是指国家/地区，不涉及主权意义，全书类同，不再标注。

```
PACKING INSTRUCTION 355
STATE VARIATIONS: BEG-03, USG-04/13          ← 国家差异
OPERATOR VARIATIONS: 5X-02, AA-01, AM-03, AS-02, AY-04, BA-01, CA-10, C0-06, CX-02/03,   ← 经营人差异
EI-01, EY-03, FX-02/17, JJ-07, JL-09, KA-02/03, KC-07, KE-07, KZ-07, LD-02/03, LY-04, MK-12,
NH-06, OK-04, SK-04, TG-02, UA-01, UX-04

This instruction applies to flammable liquids with no subsidiary risk or a subsidiary risk of Division 6.1 in Packing
Group III on passenger aircraft.   ← 适用机型及PG
The General Packing Requirements of 5.0.2 must be met   ← 满足5.0.2中的一般包装要求
Compatibility Requirements   ← 相容性要求
 · substances must be compatible with their packagings as required by 5.0.2.6.
Closure Requirements   ← 封口要求
 · closures must meet the requirenmst of 5.0.2.7.
Combination packagings and single packagings are permitted.   ← 组合包装与单一包装都可以
```

特殊条款 / 组合包装

COMBINATION PACKAGINGS

Inner Packagings (see 6.1)	Net quantity per inner packagings	Total net quantity per packages
Glass	2.5L	60.0L
Metal	10.0L	
Plastic	10.0L	

OUTER PACKAGINGS

Type	Drums				Jerricans			Boxes					
Desc	Steel	Aluminium	Plywood	Fibre	Plastic	Steel	Aluminium	plastic	Steel	Aluminium	Wood	Plywood	Reconstituted wood	Fibreboard	Plastic
Spec	1A1 1A2	1B1 1B2	1D	1G	1H1 1H2	3A1 3A2	3B1 3B2	3H1 3H2	4A	4B	4C1 4C2	4D	4F	4G	4H1 4H2

SINGLE PACKAGINGS   ← 单一包装

Type	Drums			Jerricans			Composites	Cylinders
Desc.	Steel	Aluminium	Plastic	Steel	Aluminium	Plastic	Plastic	
Spec.	1A1 1A2	1B1 1B2	1H1 1H2	3A1 3A2	3B1 3B2	3H1 3H2	A11	As permitted in 5.0.6.6

　　包装说明是极其重要的资料，是确定危险品的包装和检查危险品包装的重要参照。包装说明表一般包含了国家和经营人差异、相应的包装要求以及包装的材料、结构、包装方法等。

1. 国家和经营人差异

　　查阅运输始发国、经停国/中转国及到达国的国家差异。国家差异列于DGR的2.8.2部分。

　　查阅运输所涉及的相关经营人差异。经营人差异列于DGR的2.8.4部分。

2. 特殊条款

　　特殊条款一般在包装说明中列于国家和经营人差异下面，除包装要求满足DGR 5.0.2中的一般包装要求外，还阐明了该包装适用的危险品、相容性要求、封口要求、必要时的附加包装要求以及是否允许单一包装等。对于有限数量包装，还有专门的要求。

3. 组合包装

　　内包装列明了允许使用的各种内包装、最大允许净数量及单位等，以及每个包装件的最大允许净数量。如包装说明355中，内包装使用玻璃或陶瓷，每个内包装的最大允许净数量为2.5L。

　　外包装列明了允许使用的外包装的情况。对于UN规格包装，包装说明414和355都提

供了每一种外包装相应的 UN 规格代号（如钢桶 1A2、塑料方形桶 3H2、纤维板箱 4G 等）。对于有限数量包装（如 Y341），则没有相应的 UN 规格代号。

4. 单一包装

包装方法中的单一包装部分列明了允许使用的单一包装及相应的 UN 规格代号。客机运输时，有些包装方法也不允许使用单一包装，如包装说明 353。有限数量包装均不允许使用单一包装。

用一用

某托运人需要运输 5kg 安全导火索（Fuse, safety），用货机运输。查找危险品品名表，找到相应的包装说明代号，依照包装说明为该货物选择合适的包装方式。

（1）需查找的包装说明代号是_____

（2）根据包装说明，可以选择纤维板箱作为外包装、塑料袋作为内包装的组合包装方式吗？

PACKING INSTRUCTION 140

STATE VARIATIONS: AEG-09, BEG-02, BHG-02/03, CAG-12, DQG-02, EGG-01, GBG-01, HKG-03, ITG-05, KGG-02, MYG-03, SAG-04, USG-05/13, ZAG-01

OPERATOR VARIATIONS: 5X-02/04, AH-02, AI-01, AM-01, AV-01, BR-03, BZ-01, CA-11, CM-01, D0-04, D5-01, FX-01, GF-01/02, IG-01, IJ-01, IR-04, JJ-01, JU-02, KL-01, LY-04, MD-04, MH-11, MK-03, OU-01, PL-01, PR-01, PZ-01, QY-04, SQ-01, TU-01, UL-03, V3-01, VN-05, WY-02, XK-01

This instruction applies to Div. 1.4G explosives on CAO and Div. 1.4S explosives on passenger aircraft and Cargo Aircraft Only.

The General Packing Requirements of Subsection 5.0.2, 5.1.0 and 5.1.1 must be met. 除非在本规则中另作说明，包装必须满足Ⅱ级包装要求

Unless otherwise provided for in these Regulations, packagings must meet Packing Group II requirements.

Intermediate packagings are not required. 不需要中层包装

Particular Packing Requirements or Exceptions.

If the ends of UN 0105 are sealed, no inner packagings are required. 如果UN0105末端已封闭，不需要内包装

	COMBINATION PACKAGINGS 组合包装										
INNER PACKAGINGS											
类型 Type	Bags		Receptacles		Reels			Sheets			
名称 Desc.	Plastic		Wood		Reels			Paper, Kraft			Plastic
OUTER PACKAGINGS											
类型 Type	Drums 桶					Boxes 箱					
名称 Desc.	Steel	Aluminum	Plywood	Fibre	Plastic	Other metal	Steel	Aluminum	Wood	Plywood	Reconstituted wood	Fibreboard	Plastic	Other metal
规格 Spec.	1A1 1A2	1B1 1B2	1D	1G	1H1 1H2	1N1 1N2	4A	4B	4C1 4C2	4D	4F	4G	4H2	4N

练一练

（1）所有危险品的包装都必须使用联合国规格包装。（   ）

（2）危险品运输时包装质量出现问题，应由经营人负全部责任。（   ）

（3）危险品按照其危险程度被划分为相应的包装等级，Ⅰ级包装所对应的危险性较小。（   ）

（4）包装说明代号为 558 的货物肯定属于第 5 类危险品。（   ）

（5）由托运人使用的一个用于盛装一个或一个以上的包装件使其形成一个便于操作和存储的单元叫组合包装。（　　）

（6）复合包装是由内外两层材料组成一个不可分割的整体包装，属于组合包装的一个特例。（　　）

（7）UN规格包装可以是单一包装，也可以是组合包装。（　　）

（8）有限数量包装的包装说明代号以"Y"开头，后接三位数字，如Y341。（　　）

 做一做

空运危险品二甲硫（dimethyl sulphide），拟客机装载。查阅品名表，找到对应的包装说明代号，仔细阅读该包装说明，回答下列问题。其中涉及国家和经营人差异、相应的包装要求、可接受的包装类型，以及内外包装的材料、数量等。

（1）应查阅的包装说明代号是：_____

（2）有无国家差异条款，如有，请列出条款：_____

（3）是否允许单一包装：_____

（4）内包装使用塑料，每个内包装的最大允许净数量为：_____

（5）能否用纤维板箱作为该货物的外包装：_____

子任务1　考虑是否允许作为例外数量危险品运输

某日，实习货运人员小李托运一票危险品，收运时收运工作人员提示他该票货物可以按照"例外数量危险品"进行运输，可以简化文件和操作的程序，小李第一次听到"例外数量危险品"，感到一脸茫然。

为了弄清楚什么是"例外数量危险品"，他马上查找资料，学习了解"例外数量危险品"的相关知识。

知识充电站

什么是例外数量危险品（dangerous goods packed in excepted quantities，EQ）

某些类型的危险物品，当运输量特别小时，可根据例外数量危险物品的规则空运。这类危险品由IATA《危险品规则》定义。

从托运人的角度出发，要寻求成本的降低，有些危险品数量较少，且包装满足一定的跌落和堆码要求，可以作为例外数量危险品载运，并可以免受《危险品规则》关于危险品标记、装载和文件要求的限制，如不需要张贴相应的危险品标记和标签（只需要张贴例外数量标记）、不需要使用UN规格包装箱、不需要提供危险品托运人申报单等，从而极大地简化了危险品航空运输的程序和要求。当危险品数量足够少，包装也能满足一定的要求，就可以适当地免除一些运输要求，可以将常规大量的危险品分装在体积较小的内包装里面，通过组合包装来运输。

根据规定，例外数量危险品运输必须采取内容器、中间容器和外容器相结合的三层组合包装形式，如图3-26所

图3-26　三层组合包装的典型示意图

示。如果危险品为液体，中间容器还必须有足够多的吸附材料，以确保能够完全吸入所有内装物。

一、如何确定危险品是否能以例外数量危险品运输

想一想

所有危险品都可以用"例外数量危险品"的形式运输吗？如何确定危险品是否能以例外数量危险品运输？

> 查危险品品名表F栏例外数量代号（见表3-4），例外数量代号一共有6个，即E0、E1、E2、E3、E4、E5，其中E0是禁止例外数量运输。如果某种危险品具有E1～E5中的一个，那么该危险品就可以按照这个代号的相应规定运输。

表3-4 品名表示例3

UN/ID No.	Proper Shipping Name/Description	Class or Div. (Sub. Risk)	Hazard Label(s)	PG	EQ See 2.6	Passenger and Cargo Aircraft Ltd Qty Pkg Inst	Passenger and Cargo Aircraft Max Net Qty/Pkg	Passenger and Cargo Aircraft Pkg Inst	Passenger and Cargo Aircraft Max Net Qty/Pkg	Cargo Aircraft Only Pkg Inst	Cargo Aircraft Only Max Net Qty/Pkg	S.P. See 4.4	ERG Code
A	B	C	D	E	F	G	H	I	J	K	L	M	N
1594	**Diethyl sulphate**	6.1	Toxic	II	E4	Y641	1L	654	5L	662	60L		6L
1264	**Paraldehyde**	3	Flamm. Liquid	III	E1	Y344	10L	355	60L	366	220L		3L

做一做

查阅危险品品名表，找到任务准备里危险货物A（Benzonitrile）和危险货物B（Acetaldehyde oxime）的相关信息，查F栏有无例外数量代号。

货物A和B的例外数量代号分别为_____和_____。

例外数量代号E0～E5的含义见表2-1。从表2-1里可以查到每一个代号表示的每一个内包装件和外包装件的最大数量，从中可以很清楚地了解到，在例外数量危险品运输时，通过限制内包装件的净重，只能允许使用较小体积的内包装件。同时，通过限制外包装件的净重，对外包装件中的内包装件数量做了限制，可以实现整个包装件所含危险品数量整体的下降，从而降低运输风险。

练一练

（1）危险品"Batteries, wet, filled with acid, electric storage"不允许以例外数量危险品运输。（　　）

(2)危险品"Kerosene"允许以例外数量危险品运输，每一个内包装件的最大数量不超过 30mL，每一个外包装件的最大数量不超过 500mL。（　　）

(3)固态二氧化碳（干冰）[Carbon dioxide, solid（Dry ice）] 不允许以例外数量危险品运输。（　　）

二、例外数量标记

如果确定某危险品能以例外数量危险品载运，该货物外包装不需要张贴相应的危险品标记和标签，只需要张贴例外数量标记，见图 3-27 和图 3-28。

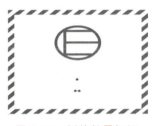 

图 3-27　例外数量标记　　　　　图 3-28　例外数量包装件

 用一用

空运一票货物，品名为 Turpentine（松节油），包装等级为Ⅲ级，计划运输航线为上海—阿姆斯特丹（上海、阿姆斯特丹站点均有运输相应危险品的资质）。该票货物共包含 10 个外包装件，每个外包装件中包含 30 个内包装件，每个内包装件中含松节油 30mL。内包装牢固地装在有衬垫材料的中间包装内，外包装满足例外数量危险品运输的跌落和堆码要求。判断该票货物能否作为例外数量危险品载运。

扫一扫

码上看：《例外数量危险品包装要求及包装件测试规范》

 做一做

根据每一个内包装件最大数量和每一个外包装件最大数量，请帮助小李判断一下，任务准备里的危险货物 A（Benzonitrile）和危险货物 B（Acetaldehyde oxime）以例外数量危险品载运可行吗？说出理由。如果可行，分别至少需要多少个内、外包装件？记录在任务 3.1 的工作任务单里。

拓一拓

例外数量危险品与一般数量危险品的异同

子任务2 考虑是否允许作为有限数量危险品运输

知识充电站

什么是有限数量危险品（dangerous goods packed in limited quantities，LQ）

"有限数量（也叫限制数量）危险品"运输，顾名思义，就是当危险品在交运时，如数量较少，且数量符合IATA《危险品规则》关于数量限制的规定，且包装满足一定的跌落和堆码要求，即可免除部分运输要求，如可以不需要使用UN规格包装，按照有限数量危险品的要求来交运。因为运输数量少，一方面发生危险的可能性较小，另一方面即使产生泄漏等，风险也会降低很多，会处于一个比较可控的范围。但是需要注意的是，货物走有限数量危险品运输并不意味着这个货物从危险品变成普货了，它本质上还是危险品，只是免除了大部分运输要求。

注意： 货物以有限数量危险品（LQ）运输时，可以不使用UN规格箱，但必须采用组合包装的形式，不允许使用单一包装，见图3-29。

图3-29 有限数量危险品运输必须使用组合包装

一、如何确定危险品是否能以有限数量危险品运输

想一想

如何确定危险品是否能以有限数量危险品运输？

查危险品品名表，其中G、H栏涉及有限数量危险品运输，见表3-5。这两列中有"Forbidden"时表示该UN编号的危险品不可以按照有限数量危险品运输，G栏是针对有限数量危险品运输的包装说明代号（以"Y"开头），H栏表示每个限量包装件允许载运的数量。

表 3-5　品名表示例 4

UN/ID No.	Proper Shipping Name/Description	Class or Div. (Sub. Risk)	Hazard Label(s)	PG	EQ See 2.6	Ltd Qty		Passenger and Cargo Aircraft		Cargo Aircraft Only		S.P. See 4.4	ERG Code
						Pkg Inst	Max Net Qty/Pkg	Pkg Inst	Max Net Qty/Pkg	Pkg Inst	Max Net Qty/Pkg		
A	B	C	D	E	F	G	H	I	J	K	L	M	N
1594	**Diethyl sulphate**	6.1	Toxic	Ⅱ	E4	Y641	1L	654	5L	662	60L		6L
1264	**Paraldehyde**	3	Flamm. Liquid	Ⅲ	E1	Y344	10L	355	60L	366	220L		3L

有限数量形式的包装信息 → Ltd Qty

包装说明前有 Y

（1）危险品 Acetal 能按照有限数量危险品来载运，且每个包装件的最大净数量不能超过 5L。（　　）

（2）危险品 Arsine 不允许以有限数量危险品载运。（　　）

（3）固态二氧化碳（干冰）[Carbon dioxide, solid (Dry ice)] 不能以有限数量危险品载运。（　　）

（4）甲醇（Methanol）以有限数量危险品载运时，可用玻璃作为内包装，每个内包装件的最大允许净数量不能超过 1L。（　　）

（5）有限数量危险品运输也必须使用 UN 规格包装箱。（　　）

二、有限数量标记

空运有限数量危险品时，有限数量危险品包装件不仅需要和一般空运危险品包装件一样加贴所有的标记和标签，还需要额外加贴一个有限数量危险品特有的标记。如图 3-30 所示，空运有限数量危险品包装件的标记和标签不仅没有少，还增加了一个特殊的标记——有限数量标记。

图 3-30　空运有限数量危险品包装件的标记和标签

> **注意**：空运有限数量危险品每个外包装件的毛重不得超过30kg。
>
> 单个内包装件的最大净重需参考其对应的有限数量危险品包装指南。

 做一做

查阅危险品品名表，找到"任务准备"中的危险货物 A（Benzonitrile）及危险货物 B（Acetaldehyde oxime）的相关信息，确定这两种货物能否按照有限数量危险品运输。如果能按有限数量危险品运输，需要分别参考哪个包装说明编号来包装？每个包装件的最大净数量分别不能超过多少？记录在任务 3.1 的工作任务单里。

 拓一拓

例外数量危险品（EQ）与有限数量危险品（LQ）运输的异同

子任务3　考虑国家和经营人差异

托运人必须遵守有关国家及经营人的特殊规定；经营人或经营人的货运代理人的货物接收人员应确保有关国家及经营人的差异得到满足。

> **注意**：危险品品名表中国家和经营人差异在相应的包装说明和有关章节的标题下有提示。《危险品规则》（DGR）目前每年更新发行一次，国家和经营人差异在不断更新、变化，托运人和收货人在考虑国家和经营人差异时，需要在最新版的《危险品规则》（DGR）2.8.2 和 2.8.4 所列的差异中查阅，以免在使用中造成遗漏和错误。

经营人差异举例：

1. CM（巴拿马货运航空公司）

CM-03 巴拿马货运航空公司只运输第2类、第3类、第6类（6.2项B级感染性物质）、第7类（具有放射性成分的药物）和第9类危险品。

2. CC（亚特兰大冰岛航空公司）

CC-03 所有含有UN3171、装有锂离子电池的车辆的货物禁止客机运输，必须在托运人申报单上显示仅限货机。当车辆被装入包装、板条箱或使用其他不易识别的容器时，必须在该包装、板条箱或其他容器上粘贴仅限货机标签。所有货物均事先与亚特兰大冰岛航空公司进行装载研究协调。

扫一扫

码上看：IATA《危险品规则》第64版（中文）增补二

危险品运输中，可通过如图 3-31 所示的步骤检查是否已符合有关国家和经营人的差异条款。

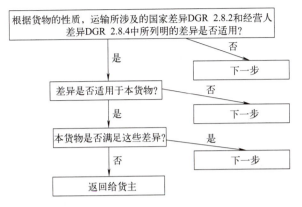

图 3-31　国家和经营人差异检查步骤

做一做

根据国家和经营人差异检查步骤，翻阅最新版《危险品规则》（DGR）的 2.8.2 和 2.8.4 部分，查阅危险货物 A（Benzonitrile）及危险货物 B（Acetaldehyde oxime）的包装说明代号，查看有没有适用的国家和经营人差异，并记录在任务 3.1 的工作任务单里。

子任务 4　考虑包装说明的约束条件

学一学

危险品的托运人需要根据危险品的包装说明代号来选择合适的包装，要考虑包装说明的约束条件。本书提供了部分包装说明，见附录二。如需查阅其具体内容，可扫相应的二维码阅读。

一、选择包装说明代号

在选择包装说明代号（即选择哪种包装方法）时首先要查品名表，从品名表里可以查到相对应的包装说明代号。例如运输危险品货物戊基氯（Amyl chloride），查品名表，见表 3-6。

表 3-6　品名表示例 6

UN/ID No.	Proper Shipping Name/Description	Class or Div.（Sub. Risk）	Hazard Label（s）	PG	EQ See 2.6	Passenger and Cargo Aircraft				Cargo Aircraft Only		S.P. See 4.4	ERG Code
						Ltd Qty							
						Pkg Inst	Max Net Qty/Pkg	Pkg Inst	Max Net Qty/Pkg	Pkg Inst	Max Net Qty/Pkg		
A	B	C	D	E	F	G	H	I	J	K	L	M	N
1107	Amyl chloride	3	Flamm. Liquid	Ⅱ	E2	Y341	1L	353	5L	364	60L		3L

从表 3-6 中可以看到它有三个包装说明代号：Y341（有限数量危险品包装）、353（客机和货机包装）及 364（仅限货机）。当决定选择哪个包装说明代号时要注意以下几点：

（1）如果经营人不接收有限数量危险品包装件时，不可使用 Y341。
（2）只有当货物运输的整个航程的各个航段均有货机时，才能使用 364。
（3）在无任何限制的条件下，托运人可使用品名表中所列明的任何一个包装说明代号。

二、确保包装符合包装说明代号的所有要求

根据包装说明代号选择合适的内外包装材料，确定每一个内外包装件的净数量，确保包装符合包装说明代号的所有要求，具体包括：

（1）确保满足危险品运输包装的基本要求；
（2）确保满足 UN/IATA 的运输包装要求；
（3）符合任何特殊包装、特殊规定以及不同国家和经营人的差异性规定；
（4）符合品名表中每一个包装件的最大数量限制；
（5）符合包装说明中对内包装件的数量限制要求。

查一查

查阅相关工作手册，考虑包装说明的限制条件，完成适用的信息。

（1）一个托运人想通过客机运输 10L Dimethyl sulphide，请查阅品名表和相关的包装说明，完成下列问题：
① 是否可以使用单一包装？_____
② 如使用塑料桶作为内包装，至少需多少个？_____
③ 这票货物至少需要多少个外包装？_____

（2）危险品：Acetaldehyde oxime
净数量：40L；内包装：塑料瓶 IP2，每瓶中净数量 10L；外包装：1A2，钢桶。
该危险品将用客机来运输，完成适用的信息。
① UN 编号：_____
② 类／项：_____
③ 包装等级：_____
④ 包装说明代码：_____
⑤ 每一个包装件最大数量限制：_____
⑥ 至少需要多少个外包装？_____
⑦ 至少需要多少个内包装？_____
⑧ 该危险品是否允许使用单一包装？_____

做一做

北京 ×× 货运代理有限公司收到一票危险货物，运往日本东京。货物 A：Benzonitrile，4L；货物 B：Acetaldehyde oxime，10L。拟预订中国国际航空股份有限公司客机航班舱位。考虑包装说明的约束条件，为这两种货物选择合适的包装方式，并记录在任务 3.1 的工作任

务单里。

子任务 5 使用联合国规格包装时，确定并遵循包装制造商提供的说明

由于危险品的特殊性，为了确保安全运输，避免所装物品在正常运输条件下受到损害，对危险品的包装必须进行规定的性能试验，经试验合格并在包装表面标注上持久、清晰、统一的合格标记后才能使用。

联合国规格包装是指通过联合国包装性能测试并经国际认证机构认证的包装箱，且外包装上标有联合国包装试验合格标记，即 UN 规格包装标记。包装制造商在制造包装时已将 UN 规格包装标记铸印在包装箱外面，但最后应用正确与否仍然是托运人的职责。UN 是 United Nations（联合国）的缩写，UN 包装是国际上通用的一种有效保证危险品运输安全的工具。

在危险品的包装中，除以例外数量、有限数量进行运输的危险品和某些有特殊运输要求的危险品外，绝大多数危险品的包装均采用联合国标准规格包装。

关于 UN 规格包装标记的含义及包装代码见表 3-3。

练一练

图 3-32 所示为一个印有 UN 规格包装标记的纤维板箱，你能说出下方标记每一部分的含义吗？

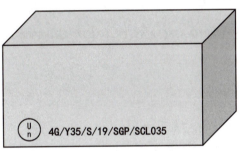

图 3-32 印有 UN 规格包装标记的纤维板箱

想一想

找一个比较好的硬纸箱，在纸箱外面印上与 UN 规格包装标记同样的字符，用来装载危险品是否可行？为什么？

学一学

一票品名为氯酸铜（Copper chlorate）的危险货物准备用客机运往北京，货物装在 4 个玻璃瓶内，每个净重 1kg。需要为该货物选择一个合适的 UN 规格外包装，现有两个外观完好无损、光洁无瑕的 UN 规格箱可供选择，见图 3-33 和图 3-34，选择哪个比较合适？

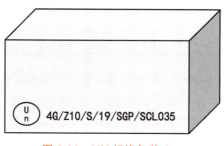

图 3-33　UN 规格包装 A

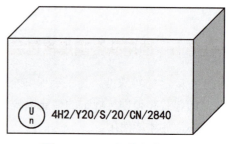

图 3-34　UN 规格包装 B

选择合适的 UN 规格包装应考虑的因素：

① 考虑危险货物的形态，比如是固体还是液体；

② 根据该危险货物的包装说明，选择适合该危险货物的外包装的类型和材质；

③ 根据品名表里危险货物要求的包装等级，选择能盛装该包装等级货物的 UN 规格包装；

④ 根据危险货物的重量，选择能承受此重量的 UN 规格包装。

根据选择合适的 UN 规格包装应考虑的因素，这票品名为氯酸铜（Copper chlorate）的危险品货物应该选择 UN 规格包装 A 还是 UN 规格包装 B？

> 符合包装说明 602 和 IATA《危险品规则》6.6 要求的 6.2 项传染性物质的 UN 规格包装有其特有的包装标记。如：
>
> 4G/CLASS6.2/19/DK/SP9989-ERIKSSON L035

练一练

（1）一个托运人用下列 UN 规格包装运输 13kg 品名为 Ammonium hydrogen sulphate 的危险货物，见图 3-35，拟客机载运，但被航空公司地面代理拒收。该托运人不理解，请你对托运人礼貌解释一下拒收该危险货物的原因。

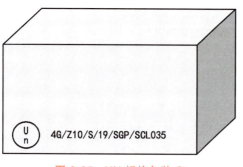

图 3-35　UN 规格包装 C

（2）危险品：Copper chlorate（氯酸铜）。

内包装：4 个玻璃瓶（IP1），每件含该物质 1kg。

外包装：一个 UN 规格包装，木板箱（4C2）。

所运输的航段只有客机（passenger aircraft）。考虑包装说明的约束条件，这票货物的包装是否符合要求？

做一做

小李准备托运的危险货物 A（Benzonitrile）及危险货物 B（Acetaldehyde oxime）如果采用 UN 规格包装来包装，根据货物的相关信息，选择合适类型的包装，利用电脑设计合适的 UN 规格包装，在包装外模拟标注合适的 UN 规格包装标记，并记录在任务 3.1 的工作任务单里。

 拓一拓

"万能"的 4GV 危险货物包装，你了解吗？

子任务 6　确定是否可以合包

知识充电站

不同的危险品装入同一个外包装件应满足的一般要求

某些情况下为了方便运输，在运输数量比较少而品种比较多的时候，可以将多种危险品放入同一个外包装件内一起运输。

危险品各自具有的危险特性，决定了并不是所有的危险品都能装入同一个外包装件内。将不同的危险品装入同一个外包装件（all packed in one，APIO），业界简称为合包（合为一体的包装）或混装，如图 3-36 所示。

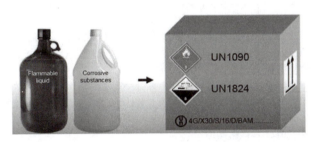

图 3-36　将不同的危险品装入同一个外包装件（all packed in one）

不同的危险品装入同一个外包装件应满足的一般要求：

① 几种危险品之间不产生危险反应；
② 各种危险品不需要隔离；
③ 6.2 项危险品不得与其他危险品的内包装件放置在一个外包装件中；
④ 每种危险品所使用内包装及其所含数量，符合各自包装说明的有关规定；
⑤ 外包装是每一种危险品包装说明都允许使用的包装；
⑥ 为运输而准备的包装件符合内装物中最严格包装等级所对应的性能试验的技术标准；
⑦ Q 值不大于 1。

不同的危险品能否装入同一个外包装件的判断步骤：

步骤一　判断危险货物 A（Benzonitrile）及危险货物 B（Acetaldehyde oxime）之间是否产生危险反应。

（1）了解危险货物 A（Benzonitrile）的危险特性。

了解危险货物 B（Acetaldehyde oxime）的危险特性。

（2）判断二者会不会产生危险反应。

步骤二　判断危险货物 A（Benzonitrile）及危险货物 B（Acetaldehyde oxime）之间是否需要隔离。

有些不同类/项的危险品，互相接触时可以发生危险性很大的化学反应，称之为性质相抵触的危险品（或性质不相容危险品）。这样的危险品不能装载在一起，在储存和装载时也必须对它们进行隔离。

性质相抵触的危险品见表 3-7（DGR 表 9.3.A）。

表 3-7　性质相抵触的危险品隔离表

危险品的类/项别	1（1.4S）除外	2.1	2.2，2.3	3	4.1	4.2	4.3	5.1	5.2	8	9 类锂电池*
1（1.4S）除外	See 9.3.2.2.5	×	×	×	×	×	×	×	×	×	×
2.1	×	—	—	—	—	—	—	—	—	—	×
2.2，2.3	×	—	—	—	—	—	—	—	—	—	—
3	×	—	—	—	—	—	—	—	×	—	×
4.1	×	—	—	—	—	—	—	—	—	—	×
4.2	×	—	—	—	—	—	—	—	—	—	—
4.3	×	—	—	—	—	—	—	—	—	×	—
5.1	×	—	—	×	—	×	—	—	—	—	×
5.2	×	—	—	—	—	—	—	—	—	—	—
8	×	—	—	—	—	—	×	—	—	—	—
9 类锂电池*	×	×	—	×	×	—	—	×	—	—	—

注：1. 在横纵栏目交叉处的"×"表示这类项的危险品包装件不可相邻放置，不可互相接触，不可放置在一旦泄漏时可导致互相反应的位置。

2. 不在表内的危险品类/项没有隔离要求。

3. 判断性质相抵触的危险品时，主要危险性和次要危险性都要考虑。

4. "*"表示此处的锂电池仅包括 UN3480 符合包装说明 965 第ⅠA 部分和ⅠB 部分以及 UN3090 符合包装说明 968 第ⅠA 部分和ⅠB 部分的锂电池。

练一练

判断下列货物是否需要隔离：

（1）第 3 类易燃液体和 5.1 项氧化性物质（　　）

（2）第 8 类腐蚀性物质和 4.3 项遇水释放易燃气体的物质（　　）

（3）6.1 项毒性物质和第 8 类腐蚀性物质（　　）

做一做

小李准备托运的危险货物 A（Benzonitrile）及危险货物 B（Acetaldehyde oxime）需要

隔离吗？记录在任务 3.1 的工作任务单里。

步骤三　判断货物中有没有 6.2 项感染性物质。

📖 **做一做**

小李准备托运的危险货物 A（Benzonitrile）及危险货物 B（Acetaldehyde oxime）中有 6.2 项感染性物质吗？记录在任务 3.1 的工作任务单里。

步骤四　判断每种危险品所使用的内包装及其所含数量是否符合各自包装说明的有关规定。

📖 **做一做**

查阅品名表，找到小李准备托运的危险货物 A（Benzonitrile）及危险货物 B（Acetaldehyde oxime）各自的包装说明表，判断每种危险品所使用的内包装及其所含数量是否符合各自包装说明的有关规定，并记录在任务 3.1 的工作任务单里。

步骤五　判断外包装是否是每一种危险品包装说明都允许使用的包装。

📖 **做一做**

查阅品名表，找到小李准备托运的危险货物 A（Benzonitrile）及危险货物 B（Acetaldehyde oxime）各自的包装说明，根据自己选择的外包装，判断选定的外包装是否是每一种危险品包装说明都允许使用的包装，并记录在任务 3.1 的工作任务单里。

步骤六　计算 Q 值是否小于或等于 1。

民航危险品包装 Q 值是指危险品所采用的包装中能够承受冲击力和振动的能力，是对危险品包装保护能力大小的定量指标。

将不同危险品装入同一个外包装件内的数量是否超过包装容器能够承受的冲击力，判断标准就是必须保证 Q 值不大于 1。

Q 值按下列公式计算：

$$Q = n_1/M_1 + n_2/M_2 + \cdots + n_i/M_i + \cdots$$

其中，n_i 是每一个包装件内第 i 种危险物品的净数量（净重或净容积），M_i 是危险品品名表中对客机或货机规定的第 i 种危险品每一个包装件最大允许净数量。

当不同的限量包装危险品装入同一个外包装件时，M_i 是危险品品名表中相关"Y"的包装说明中各种危险品在每一个包装件内的最大允许净数量。

Q 值必须向上进至小数点后一位（保留一位小数，只进不舍），并填写到危险品申报单中。

> **注意**：下列危险物品不需要计算 Q 值：
> （1）固态二氧化碳，UN1845。
> （2）在危险品品名表 H 栏、J 栏和 L 栏中注明"无限制"（No Limit）的物品。
> （3）包装件内仅含有具有相同 UN 编号和包装等级的危险品，而且净数量的总和不超过危险品品名表中最大允许净数量。

学一学

下面两种货物拟采用客机一般运输,根据 Q 值判断这两种货物能否装入一个外包装件内。

货物名	内包装	净数量
Diethyl sulphate	1个玻璃瓶	1L
Paraldehyde	2个塑料瓶	每个10L

首先,翻阅品名表,找到这两种货物的信息,见表3-8。

表3-8 品名表示例7

UN/ID No.	Proper Shipping Name/ Description	Class or Div. (Sub. Risk)	Hazard Label(s)	PG	EQ See 2.6	Passenger and Cargo Aircraft Ltd Qty				Cargo Aircraft Only		S.P. See 4.4	ERG Code
						Pkg Inst	Max Net Qty/Pkg	Pkg Inst	Max Net Qty/Pkg	Pkg Inst	Max Net Qty/Pkg		
A	B	C	D	E	F	G	H	I	J	K	L	M	N
1594	Diethyl sulphate	6.1	Toxic	Ⅱ	E4	Y641	1L	654	5L	662	60L		6L
1264	Paraldehyde	3	Flamm. Liquid	Ⅲ	E1	Y344	10L	355	60L	366	220L		3L

其次,根据 Q 值计算公式计算 Q 值:

$$Q=\frac{n_1}{M_1}+\frac{n_2}{M_2}+\cdots+\frac{n_i}{M_i}+\cdots=\frac{1}{5}+\frac{20}{60}=0.2+0.33=0.6(保留一位小数,只进不舍)<1$$

所以根据 Q 值小于1可以判断这两种货物的数量可以装入同一个外包装件内。

 练一练

(1)如果采用客机一般运输方式,根据 Q 值判断下面两种货物能否装入一个外包装件内。

物品A: Benzonitrile　　　　　　　净数量:2.5L
物品B: Mercury iodide solution　　净数量:2.5L

(2)如果采用客机有限数量危险品运输方式,根据 Q 值判断下面两种货物能否装入一个外包装件内。

一个限制数量危险品外包装件,内装有物品A和B:

物品A: Acetone　　　　　净数量:0.25L
物品B: Acetyl bromide　　净数量:0.25L

 做一做

查阅品名表,找到小李准备托运的危险货物A(Benzonitrile)及危险货物B(Acetaldehyde oxime)的相关信息,计算 Q 值,判断这两种货物能否装入同一个外包装件,并记录在任务 3.1 的工作任务单里。

子任务 7　组装包装件

按照 IATA《危险品规则》（DGR）的规定，托运人必须保证所托运的危险品按照 DGR 的要求正确地进行包装，并对危险品的包装负责。一旦因包装出现问题，托运人负全部责任。小李查询了相关工作手册，评估了包装选项，在考虑各种限制和差异条款后已确定好内外包装，现在到了包装的最后一个环节——组装包装件。确保在向航空公司交运包装件时，托运人已全部履行有关包装的责任。

知识充电站：

一、选取内外包装（如适用）的方法和要求

（1）选用的包装表面必须清洁，如表面有污染，必须清除。不得有任何腐蚀、污染或损坏的迹象，不得附有其他杂物，尤其是危险品。

（2）装过某种危险品的空容器如果未清理干净仍存在危险性，不能使用，必须将其严格封闭并要按原危险品处理。

（3）选用的包装必须是品名表中对应的包装说明里可接受的包装类型，如组合包装/单一包装，并遵守与所选用的包装类型相应的一系列包装要求。

（4）选用的包装必须是危险品品名表中的 G 栏、I 栏或 K 栏指定包装说明中适用的包装。

（5）选用的包装必须符合危险品品名表的 H 栏、J 栏或 L 栏中对每一个包装件的盛装数量的限制，如果包装设计本身对盛装数量也有限制，应采用两者之中较严格的限制。

（6）选用的包装尺寸不能太小，其表面必须有充分余地来容纳所需的标记和标签。

（7）获准使用的旧包装，确保去掉包装件上无关的标记和标签。

（8）完全按照规定的方式将包装件组装牢固。

（9）如果采用组合包装，比较常见的包装方式是多层次包装，即货物—衬垫材料—内包装—衬垫材料—运输包装（外包装）。

二、液体类货物打包要求

（1）包装容器的塞子、软木塞或其他摩擦型的塞盖必须塞紧，并用可靠、有效的方法加以固定，且封闭物的材料不能与内包装中危险品发生危险反应。如硫酸可装在玻璃瓶里，可用玻璃塞或铁盖压口，而不能用橡胶塞或软木塞，因为硫酸会腐蚀橡胶塞和软木塞。图 3-37 和图 3-38 所示为封闭物示例。

图 3-37　橡胶塞

图 3-38　软木塞

（2）盛装液体的内包装必须要二次封口（secondary closure）以保持封盖。必须以此形式来保证液体封口的牢固和有效。例如采用胶带、密封带、焊接、金属丝、锁紧环、热塑，或者防儿童开启的封盖。

（3）盛装液体危险物品的组合包装，在打包时内包装容器的封闭盖必须朝上，并且在包装件上张贴"向上"标签，以指明它的直立方向，也可以同时在包装件的顶面标注"THIS SIDE UP"（此面朝上）或"THIS END UP"（此端朝上）字样，如图 3-39 和图 3-40 所示。

图 3-39　液体类危险品包装示例 1

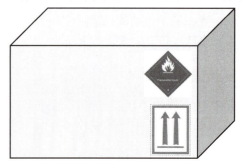

图 3-40　液体类危险品包装示例 2

（4）包装容器注入液体后，内部须保留足够的余量空间（预留空间），以防止在运输过程中因液体遇热膨胀而引起容器泄漏或出现永久性变形。一般在容器中保留 5%～10% 的剩余空间。

三、选用合适的衬垫和吸附材料

（1）要恰当地使用衬垫材料　为了保证运输过程中内包装不在外包装内移动和防止内外包装之间发生冲撞、摩擦、振动而引起破裂、泄漏，应采用适当的材料和正确的方法对货物进行衬垫。气泡纸、瓦楞纸、细刨花、草套、防振泡沫棉、珍珠棉、泡沫塑料、缓冲海绵、旧毛毯、橡胶弹簧等可作为衬垫材料。衬垫材料不得与内包装中危险品发生危险反应！如硝酸具有很强的氧化性，所以不能用稻草、木屑等可燃物做衬垫，以免硝酸渗漏发生燃烧事故，可选取惰性材料如黄沙等。

（2）要恰当地使用吸附材料　为了防止液体货物挥发或因内包装破损而渗漏到外包装外面，装入玻璃或陶瓷内包装的第 3 类、第 4 类、第 8 类或 5.1 项、6.1 项属于Ⅰ级和Ⅱ级包装等级的液体，在打包时必须使用有吸收液体能力的吸附材料。吸附材料不得与被吸收的液体发生危险反应。活性炭、珍珠岩、黏土、硅藻土、陶土、蛭石、树脂类化合物、棉条、稻草、草套、草垫、无水氯化钙等是常见的液体类危险货物的吸附材料。

在需要使用吸附材料时，每一个外包装件内的用量和填放必须符合表 3-9 的要求。

表 3-9　对吸附材料的要求

包装等级	客机运输	仅限货机运输
Ⅰ级	A	B
Ⅱ级	B	B
Ⅲ级	C	C

注：A—充足的吸附材料能吸收全部内包装件中的液体。
　　B—充足的吸附材料能充分吸收任何一个内包装件中的液体；当内包装件体积大小不同时，应能完全吸收容量最大的内包装件中的液体。
　　C—不要求使用吸附材料。

做一做

在前面已完成任务的基础上，为小李准备托运的危险货物 A（Benzonitrile）及危险货物 B（Acetaldehyde oxime）选用合适的内外包装（如适用），选用合适的衬垫和吸附材料（如适用），组装包装件完成打包作业，并记录在任务 3.1 的工作任务单里。

任务评价

任务考核采取教师评价、小组评价和自我评价相结合的方式，其中教师评价占比 60%，小组评价和自我评价各占 20%。

学习成果评价单

基本信息	姓名		班级		学号	
	第　组组长		日期		总评成绩	

	内容	评分细则	自我评价	小组评价	教师评价
核心技能考核	1. 考虑是否允许作为例外数量危险品运输（10分）	能全部掌握，陈述理由充分，得10分；部分掌握，得3～9分；不清楚不得分			
	2. 考虑是否允许作为有限数量危险品运输（10分）	能全部掌握，陈述理由充分，得10分；部分掌握，得3～9分；不清楚不得分			
	3. 考虑国家和经营人差异条款（5分）	完成，得5分；未完成，不得分			
	4. 考虑包装说明的约束条件（15分）	能全部掌握、阐述清晰、齐全无缺项，得15分；部分掌握，得5～14分；不清楚不得分			
	5. 选用合适的 UN 规格包装（15分）	能根据危险货物的信息选用合适的 UN 规格包装，得15分；部分正确得5～14分；不正确不得分			
	6. 确定是否可以合包（all packed in one）（10分）	步骤齐全、阐述清晰、计算正确，得10分；缺项、阐述不够清晰或计算有误，得5～8分；不清楚不得分			
	7. 组装包装件（10分）	考虑周到、流程清晰无缺项，得10分；流程基本清晰或有缺项，得3～9分；未完成不得分			
	8. 对工作过程进行总结与反思（5分）	总结反思深刻、有独到见解，得5分；流于形式，得2分；未完成不得分			
素养考核	纪律情况（5分）	按时到岗，不早退（2分）			
		积极思考，回答问题（2分）			
		执行教师命令（1分）			
	职业道德（15分）	主动获取信息（1分）			
		主动与他人合作（1分）			
		主动帮助同学（1分）			
		主动展示学习成果（2分）			
		7S 管理（2分）			
		操作细致、严谨、规范（4分）			
		心存敬畏，行有所止（4分）			
合　计					

能力训练任务与情景模拟训练任务

能力训练任务

一、单选题

1. 包装等级危险程度最大的是（　　）。
   A. Packing Group Ⅰ　　　　　　B. Packing Group Ⅱ
   C. Packing Group Ⅲ　　　　　　D. Packing Group Ⅳ

2. 在不同危险性所对应的包装等级中，必须选取（　　）的包装等级作为该危险品的包装等级。
   A. 最高等级　　B. 最低等级　　C. 中间等级　　D. 哪个等级都可以

3. （　　）必须按照 DGR 的要求对危险货物进行包装，并对因包装出现的问题负全部责任。
   A. 代理人　　B. 承运人　　C. 托运人　　D. 收货人

4. 包装基本信息标记是用来识别特定货物的特定包装的，包括包装的内装物（运输专用名称、UN 编号）、托运人、收货人等内容。此类标记的提供完全是（　　）的责任。
   A. 运营人　　B. 托运人　　C. 收运人　　D. 代理人

5. 标记 ⓤ 4G /X30 /S/22/NL /VL823 中的 4G 表示的是（　　）。
   A. 包装类型和包装材料　　　　B. 危险品分类和包装材料
   C. 包装类型和国家　　　　　　D. 危险品分类和国家

6. 包装术语 outer packaging 指的是（　　）。
   A. 外包装　　B. 内包装　　C. 组合包装　　D. 单一包装

7. 单独一个桶或一个箱子所形成的一个包装件叫做（　　）。
   A. 外包装　　B. 单一包装　　C. 组合包装　　D. 合成包装

8. 编号为 Y544 的包装说明（packing instruction）针对的是（　　）。
   A. 易燃液体，UN 规格包装件　　　　B. 氧化物质或有机过氧化物，限制数量危险品包装件
   C. 毒性物质，限制数量危险品包装件　D. 腐蚀性物质，UN 规格包装件

9. 某 UN 规格的箱子，其 UN 规格标记为 ⓤ 4G/Y20/S/19/NL/NCB2356，根据以下给出的描述，可以装入这个箱子的危险品是（　　）。
   A. Ⅱ级包装，装入后毛重 45kg　　B. Ⅱ级包装，装入后毛重 18kg
   C. Ⅲ级包装，装入后毛重 90kg　　D. Ⅲ级包装，装入后毛重 50kg

10. 为了运输和装载的方便，同一托运人将若干个符合危险品包装、标记及标签要求的包装件合成一个作业单元用于运输的包装件叫做（　　）。
    A. 单一包装件　　B. 组合包装件　　C. 合成包装件　　D. 限量包装件

11. ⓤ 符号代表了什么？（　　）
    A. 无成人陪伴儿童　　　　　　B. 联合国
    C. 联合国规格包装符号　　　　D. 包装情况不详

12. 限制数量危险品包装件的最大毛重不得超过（　　）kg。
    A. 10　　B. 20　　C. 30　　D. 40

13. 标记 ⓤ 4G/X30/S/22/NL/VL823 中的 X 表示的是 UN 规格包装可以用于盛装危险品的包装等级为（　　）。
    A. Ⅰ、Ⅱ、Ⅲ   B. Ⅱ、Ⅲ   C. 只限Ⅲ   D. 只限Ⅰ

14. 标记 ⓤ 4G/X30/S/22/NL/VL823 的包装可以承受的最大允许毛重是（　　）kg。
    A. 4   B. 30   C. 22   D. 823

15. 标记 ⓤ 4G/X30/S/22/NL/VL823 的包装（　　）。
    A. 只能用来盛装固体   B. 只能用来盛装液体
    C. 可盛放固体或内包装件   D. 无特别含义

16. 若仅通过包装说明代号来判断，代号为 Y809 的包装说明（packing instruction）是对以下哪一类危险品的包装说明？（　　）
    A. 易燃液体   B. 易燃固体   C. 毒性物质   D. 腐蚀性物质

17. 右图中包装件为（　　）。
    A. 复合包装
    B. 组合包装
    C. overpack
    D. 单一包装

18. UN 规格包装标记一般由包装生产商提供并显示在包装外表面，但由（　　）承担选用正确与否的责任。
    A. 代理人   B. 承运人   C. 托运人   D. 收货人

19. 危险品 Acetyl methyl carbinol，净数量 30L。内包装：铝瓶，每瓶中净数量 5L；外包装：纤维板箱。该危险品将用客机来运输。该货物应粘贴什么危险性标签？（　　）
    A. 易燃液体   B. 易燃固体   C. 氧化性物质   D. 腐蚀性物质

20. 危险品 Acetyl methyl carbinol，净数量 30L。内包装：铝瓶，每瓶中净数量 5L；外包装：纤维板箱。该危险品将用客机来运输。该货物的包装说明代号是多少？（　　）
    A. Y344   B. 355   C. 366   D. 353

21. 危险品 Gas oil，净数量 80L，铝桶包装，使用客机装载，这票货物需要至少用几个外包装件？（　　）
    A. 1   B. 2   C. 3   D. 4

22. 物品名 Propylene chlorohydrin，净数量 5L，采用限制数量危险品运输，用客机装载，至少需要几个外包装件？（　　）
    A. 1   B. 3   C. 5   D. 7

23. 危险货物 Refrigerant gas, N.O.S 的例外数量代号为 E1，如果按照例外数量危险品载运，该货物的每一个外包装件最大数量不能超过（　　）。
    A. 30g   B. 300g   C. 500g   D. 1000g

二、判断题

1. 危险品包装必须使用联合国规格包装。（　　）
2. 包装等级是Ⅰ级的危险品，可以装在Y包装里。（　　）
3. 危险品运输时包装质量出现问题，应由经营人负全部责任。（　　）
4. 危险品按照其危险程度被划分为相应的包装等级，Ⅰ级包装所对应的危险性较小。（　　）
5. 不需要任何内包装即能在运输中发挥包装作用的包装叫做外包装。（　　）

6. 承运人必须保证所托运的危险品已经按照IATA《危险品规则》的要求正确包装。（　　）

7. 组合包装是由内外包装组合而成的包装，一般是由木材、纤维板、金属、塑料制成的一层外包装；内装有金属、塑料、玻璃、陶瓷制成的内包装；根据不同的要求，包装内还需装入衬垫和吸附材料。（　　）

8. 合成包装件是指为了运输和装载的方便，同一托运人将若干个符合危险品包装、标记、标签要求的包装件合成为一个作业单元。（　　）

9. 联合国规格包装是经过联合国包装的试验，并保证安全性达到联合国标准，包装上有联合国试验合格标志。（　　）

10. 限量包装是指用于危险物品数量在一定限量内的包装，但也需要经过联合国性能测试，其外表上需有UN标志。（　　）

11. 托运人必须按照DGR的规定对货物进行包装。（　　）

12. 以字母Y作为包装前缀的指令，适用于限制数量危险品。（　　）

13. 危险品危险性越大，包装应越坚固。（　　）

14. 包装规格标记是出厂时就带有的。（　　）

15. 吸附材料A表示吸附材料能吸收全部内包装件中的液体。（　　）

16. 硝酸具有很强的氧化性，所以不能用稻草、木屑等可燃物作衬垫材料。（　　）

17. 装入玻璃或陶瓷（内包装）的第3类属于Ⅰ级和Ⅱ级包装等级的液体，在打包时必须使用有吸收液体能力的吸附材料。（　　）

18. 装过某种危险品的空容器如果未清理干净仍存在危险性，不能使用，必须将其严格封闭并要按原危险品处理。（　　）

19. 灌装液体类危险品时，不能装满，一般要在容器中保留5%～10%的完余空间。（　　）

20. 装在玻璃瓶里的硫酸可用木塞子塞紧。（　　）

21. 按例外数量危险品载运的危险可以不使用UN规格包装。（　　）

22. 按例外数量危险品载运的危险品也要填写托运人危险品申报单。（　　）

23. 空运有限数量危险品每个外包装件的毛重不得超过25kg。（　　）

24. 国家差异由3个字母表示，最后一个字母为"G"，是货物一词的缩写。（　　）

25. 一票危险货物使用了干冰做制冷剂，一起装载在一个外包装件里，那么干冰也要参与计算Q值。（　　）

三、操作题

1. 说出下面包装桶上的UN规格包装标记各部分的含义。

2. 危险品：Gas oil。

净数量：20L；包装：使用限量包装。

查阅相关工作手册，完成适用信息：

（1）UN 编号：_____

（2）类/项别：_____

（3）包装等级：_____

（4）包装说明代码：_____

（5）若可使用塑料内包装，每一个内包装件所允许的最大净数量是多少？_____

（6）至少应使用几个外包装件？_____

3. 物品名：Diethylenetriamine。

包装等级：Ⅱ；总净数量：6L；包装情况：限制数量形式（Ltd Qty）。

查阅相关工作手册，完成适用信息：

（1）适用的 UN 编号是多少？_____

（2）适用的包装说明代码是多少？_____

（3）若用塑料作为内包装的材质，则每个内包装容器的最大数量限制是多少？_____

（4）至少需要多少个外包装件？_____

4. 物品名：Ethyl chloroacetate。

总净数量：18L；内包装：塑料瓶，每个瓶内装 0.1L；外包装：塑料箱；拟用客机装载。

查阅相关工作手册，完成适用信息：

（1）适用的 UN 编号是多少？_____

（2）适用的包装说明代码是多少？_____

（3）请描述该如何包装，包括外包装件数量、每个外包装件中内包装的数量，以及包装时的注意事项。

情景模拟训练任务

1. 假设下面两种危险品不会发生反应且不用隔离。

危险品编号	运输专用名称	总净数量	内容器的数量及规格
A	Dipentene	14L	2 个 IP2
B	Ammonium hydrogen sulphate	11kg	5 个 IP2

A 和 B 是否允许装入具有以下 UN 标记的同一个胶合板箱中由客机载运？为什么？

 4D/Y30/S/19/GB/GBA256

2. 以下两种不同的危险品装在一个胶合板箱中，已知这两种危险品不需隔离，且外包装都可以使用胶合板箱，由客机运输。箱中 Nicotine 的数量为每个内容器 0.5L，共 8 个内容器；Gasoline 的数量为每个内容器 0.2L，6 个内容器，请计算 Q 值。只根据 Q 值判断这个包装件是否能被客机载运。

3. 现有一危险品的包装件进行运输，危险品的名称和数量如下所示：

危险品名称：Diethyldichlorosilane。

数量：54L，将形成 2 个完全相同的包装件，每个包装件的毛重为 30kg。

经查该物质的外包装可以使用纤维板箱，有两个相同的纤维板箱，UN 规格标记为：

4G/X50/S/19/GB/NCB4319

根据已给定的信息判断此危险品能否用这两个箱子来装运,并陈述理由。

4. 以下的危险品被装入一个胶合板箱,将从 Frankfurt 空运至 Singapore。整个包装件的毛重为 25kg,危险品的运输专用名称为 Anisoyl chloride,该包装件中物质的净数量为 20L。

(1) 该货物能否装入这个胶合板箱?陈述理由。
(2) 该包装件是否能由客机运输?根据品名表哪一栏来判断?
(3) 该包装件是否能由货机运输?根据品名表哪一栏来判断?

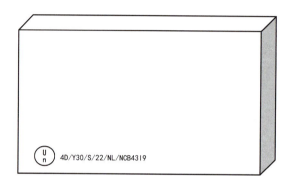

5. 广东开森供应链管理有限公司收到一票危险货物,运往美国洛杉矶。货物 A:Acetyl bromide,5L;货物 B:Paraldehyde,20L。拟预订中国南方航空公司客机航班舱位。你是公司的员工,需要查询相关工作手册,在考虑各种限制、评估包装选项后,选用合适的内外包装,并组装包装件,准备托运这一票危险货物。

任务 3.1　能力训练任务与情景模拟训练任务参考答案

任务 3.2　使用标记和标签

 任务目标

知识目标	能力目标	素养目标
1. 熟悉危险品标记和标签的粘贴要求。 2. 掌握危险品标记的内容及使用方法。 3. 掌握危险品标签的内容及使用方法。	1. 能根据危险货物的信息,查阅工作手册,给货物标注正确的标记。 2. 能根据危险货物的信息,查阅工作手册,给货物粘贴正确的标签。	1. 树立零差错理念,追求零差错效果。 2. 培育敬畏生命、敬畏职责、敬畏规章的当代民航精神。 3. 养成细心严谨、一丝不苟的危险品操作习惯。

不管规定如何繁琐、严苛，其目的都是保障飞行安全，守护人民的生命财产安全

一、任务准备

北京××货运代理有限公司收到一票危险货物，运往日本东京。货物 A：Benzonitrile，4L；货物 B：Acetaldehyde oxime，10L。拟预订中国国际航空股份有限公司客机航班舱位。货物组装打包工作已完成，现在公司员工小李需要查询相关工作手册，根据货物危险特性及标记和标签的粘贴要求，在货物的外包装上正确加贴所有合适的标记和标签。

二、发布工作任务单

工作任务	使用标记和标签		
姓名		班级	学号
任务描述	北京××货运代理有限公司收到一票危险货物，运往日本东京，货物 A：Benzonitrile，4L；货物 B：Acetaldehyde oxime，10L。拟预订中国国际航空股份有限公司客机航班舱位。货物组装打包工作已完成，现在公司员工小李需要查阅相关工作手册，根据货物危险特性及标记和标签的张贴要求，在货物的外包装上正确加贴所有合适的标记和标签		
工作内容	1. 考虑需要标注哪些标记及标记的粘贴要求	需要查阅的工作手册	
	2. 标注 UN 规格标记和使用标记		
	3. 考虑需要粘贴哪些标签及标签粘贴的特定要求	需要查阅的工作手册	
	4. 完成标记和标签粘贴的包装的图片		
任务总结与反思			

三、工作流程

案例链接

危化品标签不准确导致仓库发生爆炸

2022年6月4日晚，孟加拉国东南部吉大港市集装箱仓库发生火灾，当晚23：45左右消防员正在灭火时，发生了集装箱爆炸。由于其中一个集装箱存有化学物

不管规定如何繁琐、严苛，其目的都是保障飞行安全，守护人民的生命财产安全

质，火势急剧蔓延，又引发了更多集装箱爆炸起火。

该仓库面积超过 105000m^2，存放了 4000 多个集装箱，其中一些集装箱装有危险化学品，经查实是过氧化氢，其中一个在 23∶00 爆炸，造成许多人当场死亡，数百人被烧伤，至少 9 名消防队员不幸遇难。有关机构估计，这次事故造成的经济损失可能超过 1.1 亿美元。

据当地报告称，装有过氧化氢的集装箱被仓库操作员错误标记，导致消防员用水而不是泡沫来灭火，从而引发爆炸。

这个事故告诉我们危险品标签准确的重要性。准确的危险品标记和标签可以向危险品经营、储存运输、使用等下游用户及时传递危险性信息，便于运输过程中相关人员识别货物的危害性以及相关操作要求，可以帮助人们识别和避免危险情况的发生。

在 IATA DGR 64 版 1.3 部分托运人责任中明确指出，在危险品包装件或 overpack 提交航空运输之前，托运人必须履行的具体职责包括：必须依据本规则之规定，对运输的物品或物质正确地进行识别、分类、加标记、贴标签、备好文件，并符合航空运输的条件。

作为一名托运人、托运人的代理人、航空客货运的从业人员，你对标记和标签是否能够正确地识别和分类呢？

子任务 1　确定适用的标记

托运人应按照 IATA《危险品规则》（DGR）的要求在每一个含有危险品包装件或 overpack 上粘贴所需的标记和标签。危险品包装件的标记和标签的责任人是托运人。

在航空运输危险货物时，为了起到警示、提醒等作用，要在外包装上进行严格的标记（标注或粘贴），根据标记内容进行分类，主要包括 UN 规格包装标记和包装使用标记。而有些运输方式不要求使用 UN 规格包装，所以并不是每一个外包装件上都有 UN 规格包装标记。而包装使用标记又可分为基本信息标记和特殊标记。我们在前面的学习任务中已经认识了基本的 UN 规格包装标记和一些常见的包装使用标记，下面来看看在危险品航空运输过程中如何正确使用这些标记。

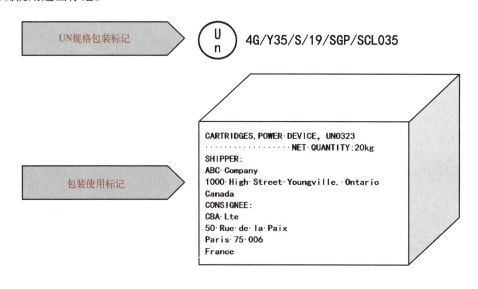

不管规定如何繁琐、严苛，其目的都是保障飞行安全，守护人民的生命财产安全

一、基本信息标记的使用

每个含有危险品的包装件或集合包装件都需要清晰地标出基本信息标记：

（1）运输专用名称和UN/ID编号。

（2）托运人（shipper）及收货人（consignee）的全名和地址，如果包装件尺寸足够，应与运输专用名称标记接近，且位于包装件的同一表面。

（3）每一个包装件所含危险品的净数量（net quantity），当适用的最大净数量为毛重时，必须在计量单位后注明字母"G"。此量必须标注在运输专用名称和UN编号的旁边。

并不是每个危险品包装件上都需要标记净数量，有一些例外。

> **小贴士**
> 以下情况可以不用标注包装件所含危险品的净数量：
> 托运的货物中仅含一个危险品包装件；
> 托运货物中含多个相同的危险品包装件；
> ID8000（日用消费品）和第7类放射性物质。

另外，托运人（shipper）及收货人（consignee）也可以分别用from和to来表示。图3-41所示的危险品包装件内装锂电池货物，包装件外面粘贴有基本信息标记和UN规格包装标记。

图3-41 危险品包装件上的标记

助学小帮手
扫一扫
——识别危险品标记及其传递的危险信息

二、特殊标记的使用

1. 固态二氧化碳

任何装有固态二氧化碳（见图3-42）的包装件必须标出每个包装件中所含UN1845—固

态二氧化碳的净数量。要确保固态二氧化碳的净数量标记在固态二氧化碳包装上的第9类危险品标签旁边,而不是将其标记在标签上。

图 3-42　装有固态二氧化碳的包装件需标出固态二氧化碳净重

2. 深冷液化气体

为了方便运输和保存,将氧气、氮气、氩气等气体加压、降温到临界温度后液化,装进专用罐内。组合的方形包装件,至少在两个相对侧面贴"向上"标签。如果是圆柱形,环绕包装件每隔120°必须标出"保持向上"("KEEP UPRIGHT")。包装件上还须清楚地标上"切勿扔摔,小心轻放"("DO NOT DROP-HANDLE WITH CARE")字样。包装件上必须标注延误、无人提取或出现紧急情况时应遵循的处置说明。如图 3-43 所示。

图 3-43　深冷液化气体标记

 练一练

根据以下资料,在货物包装上标注合适的标记:

一件从英国运往德国的货物,装载在专用罐内,运输专用名称:Nitrogen, refrigerated liquid;货物净数量:100kg。

SHIPPER: Maclean Chemicals PLC　8 Old　Kent Road London E.C.L　England

CONSIGNEE: Chemimport　Wiesengrund 6　D-50667 Koln 40　Germany

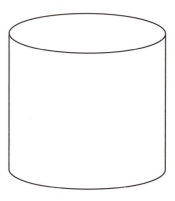

3. 感染性物质

对 6.2 项感染性物质应当在包装件上注明负责人的姓名和电话号码，当使用干冰作制冷剂时，需注明干冰的净数量。新版《危险品规则》更新：内装 UN3373（诊断标本、临床标本或生物物质，B 级）的包装件，须注明 "BIOLOGICAL SUBSTANCE, CATEGORY B"（生物物质，B 级），不再需要标记责任人的姓名和电话号码，有诊断标本的包装件，还必须标出 "DIAGNOSTIC SPECIMEN" 字样。

练一练

航空运输一个病毒标本，货物装在一个医用冷藏箱内，运输专用名称：Infectious substance, affecting humans，UN2814，货物净数量 300mL，毛重 2kg，内装有 0.5kg 的固态二氧化碳作制冷剂。

SHIPPER：AAA CORP.，100 jiahong road shanghai，China
CONSIGNEE：H.Robinson CO.Ltd，549 Kingsbury Road London E.C.1，England
24 小时紧急联系人：张三，电话号码：18963451234。

外包装是一个 UN 规格箱，箱子外标注的 UN 规格包装标记为：

 4G/CLASS6.2/19/CN/5430

要求：在模拟货物的外包装上正确标注必需的标记。

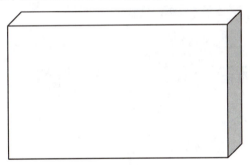

4. 有限数量危险品包装件

必须标示有限数量标记（见图 3-44）或标出 "limited quantity（ies）" 或 "LTD QTY" 字样。图 3-45 所示为一个有限数量危险品包装件，内装有易燃液体。

图 3-44　有限数量标记

图 3-45　有限数量危险品包装件

5. 例外数量危险品包装件

必须标示例外数量标记（见图 3-46）。其中，* 表示危险品的类别或项别，** 表示如果包装没有在其他位置显示托运人或收货人的姓名，则在此处显示。

6. 环境危害物质

仅限 UN3077 和 UN3082，必须标注环境危害物质标记（见图 3-47），俗称"鱼树"标记，还需要粘贴第 9 类危险性标签（见图 3-48）。其他对环境有害物质酌情粘贴环境危害物质标记。

图 3-49 所示为一个环境危害物质包装件实物。图 3-50 所示为 UN3082 环境危害物质包装件，包装件外面张贴有标记。

  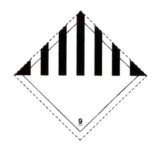

图 3-46　例外数量标记　　图 3-47　环境危害物质标记　　图 3-48　第 9 类危险性标签

 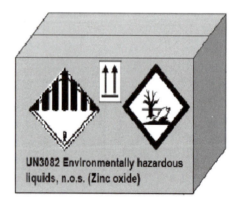

图 3-49　环境危害物质包装件 1　　图 3-50　环境危害物质包装件 2

7. 锂电池货物

装有锂电池或电池组的包装件按照特殊规定 188 的要求张贴锂电池标记，IATA 在 *2023 Lithium Battery Guidance Document* 中发布了最新锂电池标记，取消了在标记上提供电话号码的要求，见图 3-51（图中 * 表示 UN 编号位置），旧的锂电池标记可使用到 2026 年 12 月 31 日。

8. 集合包装件

集合包装件中的每个包装件都必须经过正确的包装、做标记、贴标签。外包装上除了标示包装内的每一种危险货物必需的各种标记之外，还须标有"overpack"字样，如图 3-52 和图 3-53 所示，并且要求所有内装危险品需要的标记都清晰可见，否则须在集（组）合包装件的外表面上再现。

不管规定如何繁琐、严苛，其目的都是保障飞行安全，守护人民的生命财产安全

图 3-51　锂电池标记

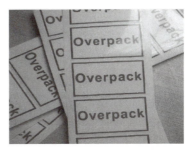

图 3-52　集合包装件标记

9. 不同的危险品装入同一个外包装

外包装上必须标明各自相应的标记、标签。如图 3-54 所示，将三种危险品（分别是第 3 类、8 类、9 类）装入同一个外包装，外包装上标明了三种货物的标记及危险性标签。

图 3-53　集合包装件实物

图 3-54　不同的危险品装入同一个外包装

10. 危险货物需要额外注意的事项

可以粘贴额外的操作和储存标记，符号最好是 ISO 组织推荐的，如图 3-55～图 3-57 所示的保持干燥、小心轻放、易碎等。

图 3-55　保持干燥

图 3-56　小心轻放

图 3-57　易碎

标记的使用要求

（1）标记必须使用英文，如始发国需要，也可同时使用其他文字。

（2）所有标记不得被包装的任何部分及附属物或任何其他标签和标记所遮盖。

（3）标记要经久耐用，清晰可见。

（4）外包装无法粘贴标记的货物，可以写在纸板、木板或布条上，再钉、拴在外包装上面。

（5）标记的外形、颜色和大小等也要符合《危险品规则》的要求。

不管规定如何繁琐、严苛，其目的都是保障飞行安全，守护人民的生命财产安全

 做一做

北京飞腾捷达货运代理有限公司收到一票危险货物，运往日本东京，货物 A：Benzonitrile，4L；货物 B：Acetaldehyde oxime，10L。拟预订中国国际航空公司客机航班舱位。货物组装打包工作已完成，现在公司员工小李需要查询相关工作手册，根据货物危险特性及危险品标记的张贴要求，在货物的外包装上正确加贴所有合适的标记，并记录在任务 3.2 的工作任务单里。

子任务 2　确定适合的标签

 案例链接

事关方向性标签失误酿成的波士顿空难

1973 年，一架从纽约起飞的货机空中起火，在波士顿机场迫降时坠毁，机组人员全部遇难。

调查结果：货舱中的货物有未如实申报的危险品——硝酸。托运人签署了一份空白"托运人危险品申报单"给货运代理，供货商用卡车将货物送交货运代理，货运代理将货物交给包装公司做空运包装。包装公司不了解硝酸的包装要求，将装有 5L 硝酸的玻璃瓶放入一个用锯末作吸附和填充材料的木箱中。

这样的包装共有 160 个，一些包装外粘贴了方向性标签，一些则没有贴。货物在交运时，货运单上的品名被改成了电器，危险品文件在操作过程中也丢失了。这 160 个木箱在装集装器时，粘贴了方向性标签的木箱是按照向上的方向码放的，而未粘贴方向性标签的木箱被倾倒了。

事后用硝酸与木屑做接触试验，证明硝酸与木屑接触后会起火：8min 后冒烟；16min 后木箱被烧穿；22min 后爆燃；32min 后变为灰烬。到达巡航高度时，因瓶子的内外压差，造成瓶帽松弛，硝酸流出与木屑接触后起火。实际起火的木箱可能不超过 2 个，但导致了整架飞机的坠毁。

惨痛的事故给了我们血淋淋的教训。该危险货物运输事故存在着哪些方面的过失？在包装、文件、申报、标记、标签方面存在哪些问题？如果是由你来加贴标记和标签将如何操作？

危险品包装标签分为两种。一种是危险性标签（Hazard Label）（菱形），由危险品的分类而来，表明危险品的危险性类别。每一类/项别的危险品都对应一个危险性标签。另一种是操作性标签（Handling Label）（长方形），可单独使用，也可以和危险性标签同时使用，如"远离热源""仅限货机"等。

一、危险性标签的张贴要求

助学小帮手
扫一扫
——识别危险性标签及其传递的危险信息

危险品包装件和集合包装件上的标签必须按照危险品品名表 D 栏中的说明粘贴。具体的张贴要求如下：

（1）除包装件的尺寸不足外，危险性标签必须（must）以 45°（菱形）角度粘贴。

（2）如果包装件的尺寸足够，危险性标签必须（must）与运输专用名称粘贴在同一侧面。如图 3-58 所示。

（3）如适用，次要危险标签必须（must）紧接着主要危险标签粘贴且与其粘贴在同一侧面。主要危险标签与次要危险标签相邻，主要危险标签贴于左侧或上侧，次要危险标签贴于右侧或下侧。

运输品名为乙酸烯丙酯（Allyl acetate），危险货物，该货物的主要危险为第 3 类易燃液体，同时还有 6.1 项毒性物质的次要危险，那么主/次危险标签都必须（must）与其运输专用名称粘贴在同一侧面，如图 3-59 所示。

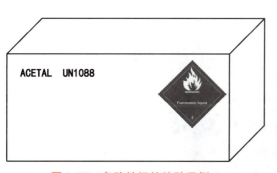

图 3-58　危险性标签粘贴示例 1　　　　图 3-59　危险性标签粘贴示例 2

（4）包装件如需多种危险性标签，必须（must）彼此相邻。

（5）危险性标签一般应（should）与收发货人信息邻近粘贴在同一侧面。

这个要求只是"应该（should）"，非强制性要求，也就是说，如果危险性标签与收发货人信息没有贴在同一侧面，并不违规。

二、操作性标签

加贴在包装表面上的操作性标签，相当于提供了一个简单直白的操作指南，提示工作人员要按照标签的要求来操作，告知工作人员如何正确搬运、储存和装卸危险货物。某些危险品需贴此类标签，其既可单独使用，亦可与危险性标签同时使用。

1. "仅限货机"标签（cargo aircraft only）

使用危险品品名表里 K 栏的包装说明表进行包装及由于货物净数量的限制只能用货机运输的包装件上须粘贴"仅限货机"标签，见图 3-60。"仅限货机"标签必须（must）与危险性标签粘贴在同一侧面，如图 3-61 和图 3-62 所示。

2. "包装件方向（向上）"标签（package orientation）

盛装液体的组合包装和 overpack 必须（must）粘贴"包装件方向（向上）"标签，可根

不管规定如何繁琐、严苛，其目的都是保障飞行安全，守护人民的生命财产安全

据外包装的颜色来选用红箭头或黑箭头标签（见图3-63），"包装件方向（向上）"标签必须（must）至少粘贴在包装件相对的两个侧面（见图3-64），并没有强制要求与运输专用名称、危险性标签等粘贴在同一个侧面。

图3-60 "仅限货机"标签

图3-61 "仅限货机"标签粘贴示例1

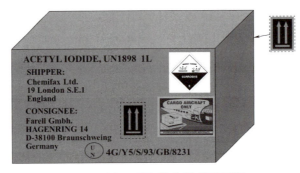

图3-62 "仅限货机"标签粘贴示例2

而针对单一包装的液体类货物，肉眼就可以判断包装件的开口方向，所以《危险品规则》（DGR）并没有强制要求一定要粘贴"包装件方向（向上）"标签。

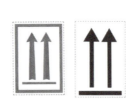

图3-63 "包装件方向（向上）"
标签（红或黑箭头）

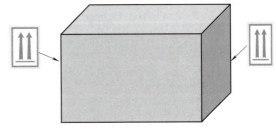

图3-64 "包装件方向（向上）"标签粘贴示例

并不是所有的液体类货物都需要粘贴"包装件方向（向上）"标签，下面这些情况不需要：
（1）内包装≤120mL。
（2）气密的内包装≤500mL。
（3）感染性物质的主容器≤500mL。
（4）放射性物质。

3."磁性物质"标签（magnetized material）

磁性物质虽被划分为第9类，但在运输中，磁性物质的包装件上用"磁性物质"操作标

签来代替第9类危险性标签。也就是说，当包装件盛装有磁性物质时，只需要粘贴"磁性物质"标签（见图3-65），不需要再粘贴第9类危险性标签了。

4."冷冻液化气体"标签（cryogenic liquids）

含有冷冻液化气体的包装件和集合包装件（overpack），除了粘贴2.2项非易燃无毒气体危险性标签以外，还必须（must）同时使用"冷冻液化气体"标签，见图3-66。"冷冻液化气体"标签粘贴示例如图3-67所示。

图3-65 "磁性物质"标签

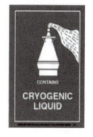

图3-66 "冷冻液化气体"标签

图3-67 "冷冻液化气体"标签粘贴示例

练一练

一件从英国运往德国的货物，装载在专用罐内，运输专用名称：Nitrogen, refrigerated liquid；货物净数量：100kg；

SHIPPER: Maclean Chemicals PLC 8 Old Kent Road London E.C.L England
CONSIGNEE: Chemimport Wiesengrund 6 D-50667 Koln 40 Germany

查阅相关工作手册，为这件货物粘贴所有合适的标记和标签。

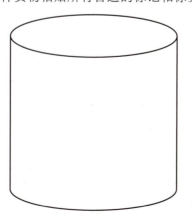

不管规定如何繁琐、严苛，其目的都是保障飞行安全，守护人民的生命财产安全

5."远离热源"标签（keep away from heat）

此标签提醒操作人员要使货物避免阳光直接照射，远离热源。盛装 4.1 项中的自反应物质和 5.2 项有机过氧化物的包装件和集合包装件（overpack），在使用危险性标签的同时，还必须（must）使用"远离热源"标签，见图 3-68 和图 3-69。

图 3-68 "远离热源"标签　　　　图 3-69 "远离热源"标签粘贴示例

6."放射性物质–例外包装件"标签（radioactive material, excepted package）

对于含有放射性物质的例外包装件，必须（must）粘贴"放射性物质 - 例外包装件"操作标签，见图 3-70。

7. 集装器标签（ULD）

除包装件及组合包装件上所有的标签外，每一个含有需要粘贴危险性标签的危险品集装器，都必须在集装器的表面清晰地标注该集装器内含有危险品。此识别标记必须附在集装器的标牌上，必须在标牌上明显标示所装危险品的危险性类 / 项别。集装器标牌需要 2 个，于对称的两个面上。卸下危险品后，必须立即从集装器上摘掉标牌。如图 3-71 所示。

若集装器内含有仅限货机运输的包装件时，在标牌上必须注明此集装器仅限货机运输。

图 3-70 "放射性物质 - 例外包装件"标签　　　图 3-71 集装器标签

8. 锂电池标签（lithium battery）

锂电池分为锂离子电池和锂金属电池。锂电池的放置方式有三种：安装在设备内、电池单独运输、与设备包装在一起。锂电池不同的类别、不同的放置方式及锂能量 / 锂含量不同，张贴的标记和标签不同，具体见表 3-10。

不管规定如何繁琐、严苛，其目的都是保障飞行安全，守护人民的生命财产安全

表3-10 锂电池标记和标签

电池类别	电池放置方式	UN编号	锂能量/锂含量	包装说明	标记和标签	每一个包装件限量
锂离子电池	安装在设备内	UN3481	电池芯＞20W·h 电池＞100W·h	PI967 Section Ⅰ		客机—5kg 全货机—35kg
			电池芯≤20W·h 电池≤100W·h	PI 967 Section Ⅱ *		客机—5kg 全货机—5kg
	电池单独运输	UN3480	电池芯＞20W·h 电池＞100W·h	PI965 Section ⅠA		客机—禁止 全货机—35kg
			电池芯≤20W·h 电池≤100W·h	PI965 Section ⅠB		客机—禁止 全货机—10kg
	与设备包装在一起	UN3481	电池芯＞20W·h 电池＞100W·h	PI966 Section Ⅰ		客机—5kg 全货机—35kg
			电池芯≤20W·h 电池≤100W·h	PI966 Section Ⅱ		客机—5kg 全货机—5kg

不管规定如何繁琐、严苛，其目的都是保障飞行安全，守护人民的生命财产安全

续表

电池类别	电池放置方式	UN编号	锂能量/锂含量	包装说明	标记和标签	每一个包装件限量
锂金属电池	安装在设备内	UN3091	电池芯＞1g 电池＞2g	PI970 Section I		客机—5kg 全货机—35kg
			电池芯≤1g 电池≤2g	PI 970 Section II *		客机—5kg 全货机—5kg
	电池单独运输	UN3090	电池芯＞1g 电池＞2g	PI968 Section IA		客机—禁止 全货机—35kg
			电池芯≤1g 电池≤2g	PI968 Section IB		客机—禁止 全货机—2.5kg
	与设备包装在一起	UN3091	电池芯＞1g 电池＞2g	PI969 Section I		客机—禁止 全货机—35kg
			电池芯≤1g 电池≤2g	PI 969 Section II		客机—5kg 全货机—5kg

不管规定如何繁琐、严苛，其目的都是保障飞行安全，守护人民的生命财产安全

查一查

图 3-72　危险品包装件实物图 1

根据所学的知识，查阅资料，结合图 3-72 这个危险品包装件标记和标签粘贴的实物图，你能总结出危险品标记和标签粘贴的一些通用要求吗？

_____

_____

_____

_____

用一用

图 3-73 ~ 图 3-78 所示的危险品包装件实物上的标记和标签粘贴是否合规？说出理由。

图 3-73　危险品包装件实物图 2

图 3-74　危险品包装件实物图 3

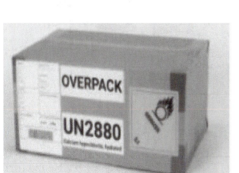

图 3-75　危险品包装件实物图 4

图 3-76　危险品包装件实物图 5

项目三　准备危险品托运

不管规定如何繁琐、严苛，其目的都是保障飞行安全，守护人民的生命财产安全

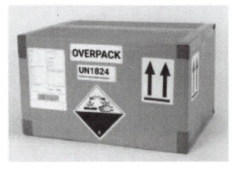

图 3-77　危险品包装件实物图 6

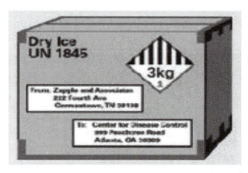

图 3-78　危险品包装件实物图 7

 练一练

空运一件净数量为 10L、品名为 Chloroprene, stabilized 的危险货物，装载在一个 UN 规格箱内，外面的 UN 规格标记为：

 4D/X20/S/19/NL/NNB135

SHIPPER: Kiwi export, Williamson Ave.99　1030 Auckland New Zealand
CONSIGNEE: Gallifrey Import, Cargo Road 13 Cardiff CF10, Wales, UK
查阅相关工作手册，为这件货物粘贴所有合适的标记和标签。

做一做

北京××货运代理有限公司收到一票危险货物，运往日本东京，货物 A：Benzonitrile，4L；货物 B：Acetaldehyde oxime，10L。拟预订中国国际航空股份有限公司客机航班舱位。货物组装打包工作已完成，现在公司员工小李需要查询相关工作手册，根据货物危险特性及危险品标签的粘贴要求，在货物的外包装上正确加贴所有合适的标签，并记录在任务 3.2 的

不管规定如何繁琐、严苛，其目的都是保障飞行安全，守护人民的生命财产安全工作任务单里。

任务评价

任务考核采取教师评价、小组评价和自我评价相结合的方式，其中教师评价占比60%，小组评价和自我评价各占20%。

学习成果评价单

基本信息	姓名		班级		学号	
	第　组组长		日期		总评成绩	
	内容	评分细则	自我评价	小组评价	教师评价	
核心技能考核	1.标注基本信息标记（25分）	无缺项、标注位置无误，得25分；有缺项或标注位置不正确，得5～24分；未完成不得分				
	2.标注特殊标记（15分）	无缺项、标注位置无误，得15分；有缺项或标注位置不正确，得4～14分；未完成不得分				
	3.粘贴危险性标签（15分）	无缺项、粘贴位置无误，得15分；有缺项或粘贴位置不正确，得4～14分；未完成不得分				
	4.粘贴操作性标签（20分）	无缺项、粘贴位置无误，得20分；有缺项或粘贴位置不正确，得5～19分；未完成不得分				
	5.对工作过程进行总结与反思（5分）	总结反思深刻、有独到见解得5分；流于形式得2分；未完成不得分				
素养考核	纪律情况（5分）	按时到岗，不早退（2分）				
		积极思考，回答问题（2分）				
		执行教师命令（1分）				
	职业道德（15分）	主动获取信息（1分）				
		主动与他人合作（1分）				
		主动帮助同学（1分）				
		主动展示学习成果（2分）				
		7S管理（2分）				
		操作细致、严谨、规范（4分）				
		心存敬畏，行有所止（4分）				
		合　计				

能力训练任务与情景模拟训练任务

能力训练任务

一、单选题

1.标有"keep away from heat"字样的标签是（　　）标签。

A.远离热源　　B.包装件向上　　C.深冷液化气体　　D.磁性物质

2.标有"cargo aircraft only"字样的标签是（　　）。

A.向上标签　　　　　　　　B.磁性物质标签

C. 深冷液化气体标签　　　　　　D. 仅限货机标签

3. 危险品包装件表面的信息告诉我们（　　）。

　A. 内装什么物品，有什么危险　　B. 该包装件符合什么包装标准

　C. 操作存储注意事项　　　　　　D. 以上 A、B、C 都对

4. 危险品的操作标签通常是（　　）形状的。

　A. 长方形　　　B. 圆形　　　C. 菱形　　　D. 三角形

5. 危险性标签通常是（　　）形状的。

　A. 长方形　　　B. 圆形　　　C. 菱形　　　D. 三角形

6. 危险物品包装件的标记和标签的责任人是（　　）。

　A. 托运人　　　B. 收货人　　　C. 承运人　　　D. 代理人

7. 贴有右面标签的物品是哪一类别的危险品？（　　）

　A. 2.1

　B. 2.2

　C. 2.3

　D. 2.4

8. 贴有右面标签的物品是哪一类别的危险品？（　　）

　A. 4.1

　B. 4.2

　C. 4.3

　D. 4

9. 右边这个危险品包装件上粘贴的标记标签有（　　）。

　A. 第 9 类磁性物质，远离热源

　B. 杂项危险品，环境危害物质

　C. 第 9 类磁性物质，仅限货机

　D. 杂项危险品，毒性物质

10. 粘贴了右边标记的货物属于（　　）。

　A. 4.3 项危险品

　B. 第 8 类危险品

　C. 第 9 类危险品

　D. 普通货物

11. 对于收运的深冷液化气体，托运人必须用箭头或向上标签标出包装件的直立方向，并在包装件的每一侧面或桶形包装件每隔（　　）度印上"KEEP UPRIGHT（保持直立）"。

　A. 90　　　　B. 120　　　　C. 180　　　　D. 360

12. 安装在设备中的锂离子电池，当按照包装说明第Ⅱ部分运输时，包装箱上应做（　　）。

　A. UN 规格包装标记　　　　　B. 基本标记

　C. 锂电池标记　　　　　　　　D. 9 类杂项危险品

13. 必须同时使用锂电池标记和第 9 类锂电池危险性标签的有（　　）。

　A. PI965 第Ⅰ A 部分　　　　　B. PI966 第Ⅱ部分

　C. PI965 第Ⅰ部分　　　　　　D. PI966 第Ⅰ部分

14. 对右面货物描述正确的是（　　）。

　A. 该货物只能装在货机上，不能装在客机上

　B. 该货物客货机都可以运输

　C. 该货物包装里有两种危险品

　D. 该货物的次要危险性是腐蚀性

15. 对于6.2项感染性物质，包装件上必须标注（　　）的姓名及电话。
A. 负责人　　　　　B. 收货人　　　　　C. 发货人　　　　　D. 承运人

16. 如右图所示两种向上操作标签，以下哪种说法是正确的（　　）。
A. 有不同含义　　　　　　　　　B. 标签大小不同
C. 用途不同　　　　　　　　　　D. 颜色不同，但作用相同

二、多选题

1. 危险品包装上应有的标记有（　　）。
A. 产品编号　　　　　　　　　　B. 运输专用名称
C. 收发货人姓名地址　　　　　　D. UN/ID 编号

2. 一个低温液体危险品包装件应具备的标签至少有以下的（　　）。

A.　　　　B.　　　　C.　　　　D.

3. 一个装有腐蚀性液体危险品的组合包装件上可能贴有以下哪些标签（　　）。

A.　　　　B.　　　　C.　　　　D.

4. 每一个危险品的标记的基本信息内容包括（　　）。
A. 物品的运输专用名称　　　　　B. 物品的 UN/ID 编号
C. 发货人及收货人详细姓名、地址　　D. 24小时紧急联系人电话

5. 下列说法正确的是（　　）。
A. 有限数量包装不需要包装规格标记
B. 每个包装件中所含干冰都要标注在包装上
C. "方向性箭头"标签必须粘贴在包装件相对的两个侧面
D. 盛装液体的危险品包装上都要粘贴"方向性箭头"的标签

三、判断题

1. 单个危险性标签必须折叠从而粘贴在包装件的两个面上。（　　）
2. 次要危险标签必须紧接着主要危险标签且与其粘在同一侧面。（　　）

不管规定如何繁琐、严苛，其目的都是保障飞行安全，守护人民的生命财产安全

3. 所有的危险品航空运输都要在外包装上标记毛重和净重。（   ）

4. 当两种或两种以上的危险品装在同一个外包装件内时，外包装件上必须标明各自相应的标记。（   ）

5. 危险货物标记上的文字必须使用英文，如始发国需要，亦可同时使用其他文字。（   ）

6. 磁性物质属于第9类，运输磁性物质必须要粘贴第9类危险性标签和磁性物质操作标签。（   ）

7. 如果包装件尺寸太小，允许将同一标签贴在包装件的两个侧面上。（   ）

8. 如果包装件的形状非正规，其表面无法粘贴标签，可以使用硬质的拴挂标签。（   ）

9. 危险品包装件尺寸不得太小，其表面必须有充分余地来粘贴所需的标签和标记。（   ）

10. "仅限货机"标签必须（must）与危险性标签粘贴在同一侧面。（   ）

11. 仅限货机标签必须使用在允许货机运输的危险品包装件，以及由于货物的净数量的限制只能用货机运输的包装件上。（   ）

12. 液体危险品的单一包装件、感染性物质、放射性物质和内包装件盛有120mL以下的易燃液体的包装件不需要使用"方向性箭头"标签。（   ）

13. 在装卸、仓储保管过程中要注意保持标签的完整。遇有脱落或辨认不清的，应根据货运单及时补齐。（   ）

14. "深冷液化气体"操作标签必须与非易燃无毒气体（2.2项）危险性标签同时使用。（   ）

15. 操作标签，既可以单独使用，也可以同危险性标签同时使用。（   ）

16. 托运人应保证在运输前，包装件外表面的任何污染已经清除。（   ）

17. 装有4.1项中的自反应物质和5.2项有机过氧化物的包装件，在使用适用的危险性标签的同时，必须使用远离热源操作标签。（   ）

18. 所有的操作标签都要和危险性标签粘贴在一起。（   ）

19. 航空公司人员应按照《危险品规则》要求，在危险品包装件上粘贴标记。（   ）

20. 含有油漆的例外数量包装件不需要粘贴易燃液体标签。（   ）

情景模拟训练任务

1. 净数量0.1L的UN1717物质使用有限数量危险品包装运输时需要粘贴哪些标记和标签？标注在下图上。

2. 运输5L包装等级为Ⅱ级的Alcohols, N.O.S.需要粘贴哪些标记和标签？标注在下图上。

不管规定如何繁琐、严苛，其目的都是保障飞行安全，守护人民的生命财产安全

3. 一件从英国运往德国的货物，运输专用名称：Ethyl chloroacetate；货物净数量：5L；货物有严密的内包装；拟用客机装载。

SHIPPER：Castle Chemicals PLC　　9 Windsor Street　　London W.C.3，England

CONSIGNEE：Valentin Gmbh　　D-80662　　Munchen　　Germany

请查阅工作手册，为该货物选用合适的 UN 规格包装，并粘贴所有合适的标记和标签。

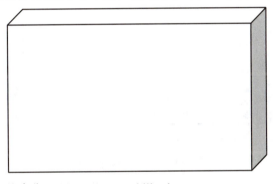

4. 空运危险货物的运输名称：Chloroprene, stabilized。

净数量：10L。

托运人名称：Kiwi export，地址：Willamson Ave.99　　1030 Auckland, New Zealand

收货人名称：Gallifrey import，地址：Cargo Road 13 Cardiff CF10, Wales, UK

货物装在一个印有如下字样 UN 规格箱里： 4D/X15/S/19/NL/NNB135

请查阅工作手册，为该货物粘贴所有合适的标记和标签。

5. 对一个危险品包装件进行运输，危险品的名称和数量如下所示，请查阅品名表信息，回答问题，并将包装件示意图上的信息补充完整。

危险品名称：Diethyldichlorosilane；数量：54L；将形成2个完全相同的包装件，每个包装件的毛

不管规定如何繁琐、严苛，其目的都是保障飞行安全，守护人民的生命财产安全

重为30kg。托运人和收货人的信息为：

SHIPPER:	CONSIGNEE:
Tai Chi Chemical	Asian Laboratory
3 kanda Mitoshiro Cho	88 New Mercury House
Chiyoda Ku	Fenwick Street
Tokyo, Japan	Hongkong, China

（1）经查，该物质的外包装可以使用纤维板箱，有一个纤维板箱的UN规格标记为：

 4G/X50/S/19/GB/NCG4319

根据已给定的信息判断此危险品是否能装入此箱。

（2）包装示意图如下，如果可以装入，请直接将其他标记和标签补充完整。

6. 以下的危险品被装入一个胶合板箱，将从Frankfurt空运至Singapore。整个包装件的毛重为25kg，货物的运输专用名称为Anisoyl chloride，该包装件中物质的净数量为20L。运输时的托运人和收货人信息如下：

托运人为：	收货人为：
Chemimport	Asia Chemicals Import Co. Ltd.
Verpackungsges GmbH	98 Penjuru Lane
D-60549 Frankfurt	Singapore 609198
Germany	Singapore

根据给定的信息在以下的包装件外部示意图上做出正确的标记和标签。

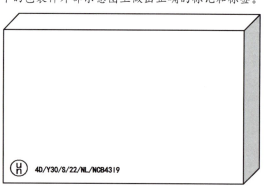

任务3.3　集合包装件的使用评定

任务目标

知识目标	能力目标	素养目标
1. 熟悉集合包装件的包装要求。 2. 掌握集合包装件标记、标签的粘贴方法。	1. 能根据危险货物的信息，查阅工作手册，判断货物是否可以组成集合包装件。 2. 能根据危险货物的信息，查阅工作手册，给集合包装件粘贴正确的标记、标签。	1. 强化安全意识和底线思维。 2. 培育敬畏生命、敬畏职责、敬畏规章的当代民航精神。 3. 养成细心严谨、一丝不苟的危险品操作习惯。

一、任务准备

北京××货运代理有限公司收到一票危险货物，运往日本东京，货物A：Benzonitrile，4L；货物B：Acetaldehyde oxime，10L。拟预订中国国际航空股份有限公司客机航班舱位。货物组装打包工作已完成，现在公司员工小李需要查询相关工作手册，根据货物的危险特性，参照危险品包装件组成集合包装件时应符合的要求，对这票货物是否组成集合包装件进行评定，并给集合包装件粘贴正确的标记、标签。

二、发布工作任务单

工作任务	集合包装件的使用评定			
姓名		班级		学号
任务描述	北京××货运代理有限公司收到一票危险货物，运往日本东京，货物A：Benzonitrile，4L；货物B：Acetaldehyde oxime，10L。拟预订中国国际航空股份有限公司客机航班舱位。货物组装打包工作已完成，现在公司员工小李需要查询相关工作手册，根据货物的危险特性，参照危险品包装件组成集合包装件时应符合的要求，对这票货物是否组成集合包装件进行评定，给集合包装件粘贴正确的标记、标签			
工作内容	1. 判断危险货物是否可以组成集合包装件			
	2. 给集合包装件粘贴正确的标记、标签			
任务总结与反思				

学一学

集合包装件（overpack）也称为合成包装件、组合包装件，是指为了运输和装载的方便，同一托运人将若干个符合危险品的包装、标记和标签要求的包装件合成一个作业单元，如图3-79所示。集合包装件中的每一个包装件都可以单独作为危险品包装件进行运输。

图3-79 组成集合包装件

集合包装件可能是一个坚硬的纤维板箱或纤维桶、木板箱、再生板箱，几个包装件捆绑在一起，也可能是捆绑在一起的几个包装件形成一个货盘等。

一、危险品集合包装件的包装要求

托运人必须保证在将危险品包装件组成集合包装件时应符合下列要求：

（1）相互可能产生危险反应的盛装不同物质的包装件，或根据DGR表9.3.A需要互相隔离的危险品包装件，不得组成集合包装件。

（2）集合包装件内各包装件必须正确包装，正确地做标记、贴标签且包装件不得有任何损坏或泄漏的迹象，并保证按照《危险品规则》要求做好各方面的运输准备工作。

（3）按照包装说明（PI）965和968第ⅠA部分或ⅠB部分准备的锂电池包装件，不允许与第1类（除1.4S）、2.1项、第3类、4.1项或5.1项危险品包装件放入同一个集合包装。

（4）集合包装件内各包装件上使用的运输专用名称、UN/ID编号、标记、标签以及特殊运送说明等都必须能从外部清楚识别或在集合包装件包装外表面重新进行复制。

二、集合包装件的标记

关于包装的标记之前已经进行了说明，对于集合包装件内的每件货物都要正确地标记。此外，对集合包装件的标记也有一定的规定：

（1）除非集合包装件内全部危险品的所有标记都明显可见（如图3-80所示），否则必须在集合包装件的外表面注明"集合包装件"、危险品标记、集合包装件内危险品包装件上的任何特殊操作说明。

（2）包装规格标记不可重新标注在集合包装件上面，因为"集合包装件"标记已表明内含的包装件符合要求的规格。

（3）当集合包装件中的危险品包装件含有限制数量危险品时，除非包装件上的限制数量标记是可见的，否则集合包装件外部必须也要有限制数量的标记。

图3-80 集合包装件

（4）当一票货物中包含一个以上集合包装件时，为便于识别、装载和通知，要求托运人在每个集合包装件上显示识别号码（可以是任何字母或数字的格式）以及必须标记集合包装件中含有的危险品的总数量及单位（如适用，毛重"G"）也必须加入到托运人申报单中。

（5）第 64 版 DGR 更新强调：含有固态二氧化碳的包装件放入 overpack 中，必须在 overpack 外表面标出干冰净数量。

三、集合包装件的标签

在集合包装件内的所有包装上使用的标签必须清晰可见，否则，应重新在集合包装件外部粘贴所有的标签，集合包装件内的同一类或项的危险品只需贴一种危险性标签。当集合包装件中含一端封闭的内装液体危险品的单一包装件时，则集合包装件上必须有方向箭头标记。

集合包装件的标记和标签粘贴示例如图 3-81 所示。

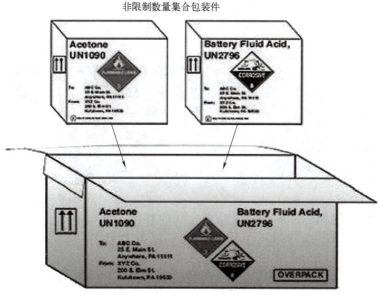

图 3-81　集合包装件标记和标签粘贴示例

练一练

（1）集合包装件内的每一个包装件要正确地包装、做标记、贴标签，并且没有任何损坏的迹象。（　　）

（2）对于封闭式集合包装件，里面的 UN 规格包装标记不需要重新标注在几个包装件外面，因为"集合包装件"标记已表明内含的包装件符合要求的规格。（　　）

（3）装有 4.1 项中的自反应物质和 5.2 项有机过氧化物的 overpack，在使用适用的危险性标签的同时，必须使用远离热源操作标签。（　　）

(4) 5.1 项和 6.1 项的危险品包装件可以组成集合包装件。（　　）

(5) 除了 UN 规格包装标记以外，集合包装件内各包装件上使用的标记、标签都必须清晰可见，否则必须在集合包装件外重新粘贴。（　　）

四、集合包装件标记与标签粘贴操作

在一个包装内装运三种危险品：

① Camphor oil（樟脑油），UN1130，净数量 30L；

② Butyronitrile（丁腈），UN2411，净数量 1L；

③ Magnesium（丙酸丁酯），UN1914，净数量 40L。

组成了一个集合包装件，在包装件外粘贴适用的标记和标签。

该集合包装件的标记与标签设计如图 3-82 所示。

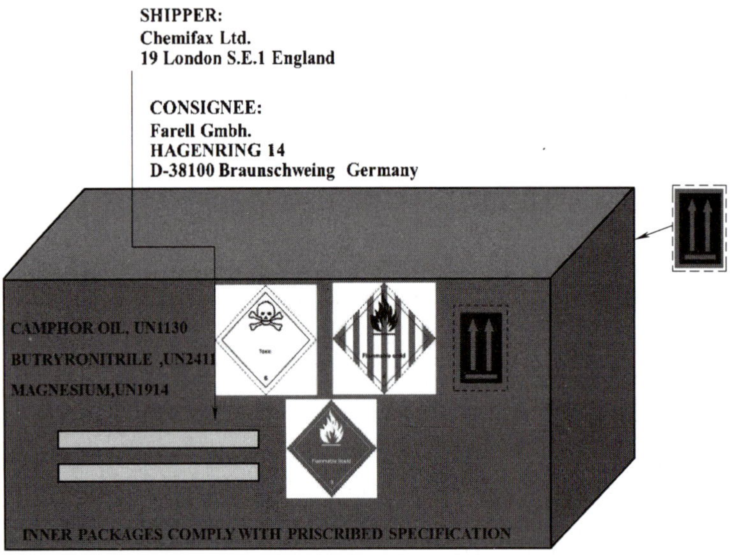

图 3-82 三种危险品组成的集合包装件标记与标签

练一练

一个托运人托运三个 UN 规格包装件：

包装件 A：UN 1130，Camphor oil；

包装件 B：UN 2411，Butyronitrile；

包装件 C：UN 1869，Magnesium。

托运人（SHIPPER）：Castle Chemicals PLC，9 Windsor Street London W.C.3 England

收货人（CONSIGNEE）：Valentin Gmbh，D-80662 Munchen Germany

请查阅工作手册，首先判断这三个包装件能否组合成一个集合包装件，然后在集合包装件上粘贴所有合适的标记标签。

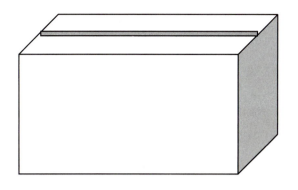

 做一做

北京××货运代理有限公司收到一票危险货物，运往日本东京，货物 A：Benzonitrile，4L；货物 B：Acetaldehyde oxime，10L。拟预订中国国际航空股份有限公司客机航班舱位。货物组装打包工作已完成，现在公司员工小李需要查询相关工作手册，根据货物危险特性，参照危险品包装件组成集合包装件时应符合的要求，对这票货物是否组成集合包装件进行评定，并给集合包装件粘贴正确的标记、标签，并记录在任务 3.3 的工作任务单里。

任务评价

任务考核采取教师评价、小组评价和自我评价相结合的方式，其中教师评价占比 60%，小组评价和自我评价各占 20%。

学习成果评价单

基本信息	姓名		班级		学号	
	第 组 组长		日期		总评成绩	
	内容	评分细则	自我评价	小组评价	教师评价	
核心技能考核	1.判断危险品是否可以组成集合包装件（15分）	判断正确，理由充分，得15分；判断不正确，不得分				
	2.给集合包装件粘贴标记、标签（60分）	无缺项、粘贴位置无误，设计美观，得50～60分；有缺项或粘贴位置不正确，得10～50分；未完成不得分				
	3.对工作过程进行总结与反思（5分）	总结反思深刻、有独到见解得5分；流于形式得2分；未完成不得分				
素养考核	纪律情况（5分）	按时到岗，不早退（2分）				
		积极思考，回答问题（2分）				
		执行教师命令（1分）				
	职业道德（15分）	主动获取信息（1分）				
		主动与他人合作（1分）				
		主动帮助同学（1分）				
		主动展示学习成果（2分）				
		7S 管理（2分）				
		操作细致、严谨、规范（4分）				
		心存敬畏，行有所止（4分）				
合 计						

安全无小事，责任重于山

任务 3.4　准备文件

任务目标

知识目标	能力目标	素养目标
1. 掌握危险品托运人申报单的结构及填写要求。 2. 掌握空运危险品时航空货运单的填写要求。	1. 对于给定的危险品，能根据 DGR 正确填写托运人危险品申报单，并会检查填写好的申报单是否正确。 2. 能根据危险品的信息，完整且准确地填写航空货运单上"操作说明"（Handling Information）和"货物的种类和数量"（Nature and Quantity of Goods）栏。	1. 树立零差错理念，追求零差错效果。 2. 培育敬畏生命、敬畏职责、敬畏规章的当代民航精神。 3. 养成细心严谨、一丝不苟的工作习惯。

一、任务准备

北京××货运代理有限公司收到一票危险货物，运往日本东京，货物 A：Benzonitrile，4L；货物 B：Acetaldehyde oxime，10L。拟预订中国国际航空股份有限公司客机航班舱位。货物组装打包工作已完成，并已在货物的外包装上粘贴好了标记和标签，现在公司员工小李需要查询相关工作手册，填写危险品托运人申报单和航空货运单等运输文件，备妥危险货物随附的运输文件。

二、发布工作任务单

工作任务	准备文件		
姓名		班级	学号
任务描述	北京××货运代理有限公司收到一票危险货物，运往日本东京，货物 A：Benzonitrile，4L；货物 B：Acetaldehyde oxime，10L。拟预订中国国际航空股份有限公司客机航班舱位。货物组装打包工作已完成，并已在货物的外包装上粘贴好了标记和标签，现在公司员工小李需要查询相关工作手册，填写危险品托运人申报单和航空货运单等运输文件，备妥危险货物随附的运输文件		
工作内容	1. 填写危险品托运人申报单		
	2. 填写航空货运单		
任务总结与反思			

案例链接

因瞒报锂电池，这家公司被重罚 108 万元

2017 年 1 月 3 日，一家名为 Woodioso Technology 的公司在给 UPS 托运的货物中，没有主动申报危险品，涉嫌故意瞒报货物中的 30 块危险品——锂离子电池，并提供了不实的包装记录和装运标识，以便通过瞒报将货物从香港机场空运到美国目的地。这批货物最终由位于肯塔基州路易斯维尔的货运处理中心的 UPS 员工发现并制止。

美国联邦航空管理局（FAA）表示，Woodioso Technology 公司故意瞒报，没有单独包装电池，这或将引发爆炸起火！因涉嫌违反危险品运输规则，Woodioso Technology 公司被美国联邦航空管理局（FAA）罚款 160500 美元（折合人民币约 108 万元）！相当于平均每瞒报一块电池罚款约 3.6 万元人民币！

正确填制危险品运输文件（transport documents）是安全运输的基本要求和必要保证。它的准确性和完整性是保证安全、及时、准确、高效地完成运输工作的基础。

在危险品运输过程中，多数情况下只需要准备危险品托运人申报单（DGD）和航空货运单，但在有些情况下，需要批准书和（或）豁免证明书等。

凡将危险品提交航空运输的人员应当向经营人提供正确并签字的危险品航空运输文件，运输文件中应当有危险品托运人的声明，完整正确地列明交运的危险品运输专用名称，表明危险品是按照 DGR 的规定进行分类、包装、加标记和贴标签的，并符合航空运输条件。

子任务 1　填写危险品托运人申报单

知识充电站

通常情况下，托运人在准备托运危险品时，应主动申报。托运人应按 IATA《危险品规则》（DGR）中的定义和分类，完整、正确地填写"危险品托运人申报单"（Shipper's Declaration for Dangerous Goods，DGD）（简称申报单）并按要求保留文件副本。在交运含有危险物品货物时，托运人必须做到：用正确的方法、格式填写"危险品托运人申报单"；填写的内容准确、清楚；确保在向经营人交运货物时申报单已签署；确保危险品的交运完全符合有关规则规定。

IATA 规定托运人需将申报单及其他文件至少保存 3 个月，而我国《民用航空危险品运输管理规定》中规定托运人必须将申报单及其他文件至少保留 24 个月。但并不是所有危险品都需要填写申报单。

以下情况托运人不需要填写申报单

① 例外数量的危险品；
② UN3373，生物物质，B 级；
③ UN2807，磁性物质；
④ UN1845，用作非危险品的制冷剂的固态二氧化碳；
⑤ UN3245，转基因生物，转基因微生物；
⑥ 符合包装说明 965～970 的第 II 部分的锂离子电池或锂金属电池；
⑦ 放射性物质例外包装件。

一、申报单的格式

国际航空运输协会（IATA）对申报单有统一的规格要求。申报单有两种格式，第一种是为手工填制设计的，第二种是为计算机填制设计的。在实践中，第一种用得更为广泛。这两种申报单均可由手工填写，也可用计算机填制。

IATA 的危险品托运人申报单究竟是什么样子的呢？我们扫码看看吧！

手工填制的申报单

计算机填制的申报单

二、填写申报单的一般原则

（1）国际运输时，申报单必须用英文填写，可附上另一种文字的准确译文。

（2）托运人必须按规定将填写并签字的两份申报单随同货物交给经营人。

（3）集中托运人应就每一托运人的含有危险品的货物向收运经营人提供单独的申报单。

（4）允许增加扩展页，扩展页的每一页都必须注明页码序号和总序号、货运单号码。

（5）申报单上除了"货运单号码""始发机场"和"目的地机场"这三项可由托运人、代理人填写，也可由收运航空公司填写或更改，其他项目只能由托运人或其代理人填写。因此，除了这三项，申报单上其他项目的更改或修正必须有托运人的签字，且该签字与文件上的签字一致，否则经营人不予接收。

三、申报单填写的具体要求

为了方便阅读，给申报单的各项编了顺序号，从 1 到 22，如图 3-83 所示。

（1）托运人（Shipper） 填写托运人的全称及地址。须和危险货物包装上标记的托运人（或发货人）一致。

（2）收货人（Consignee） 填写收货人的全称及地址。须和危险货物包装上标记的收货人一致。

（3）货运单号码（Air Waybill No.） 填写所对应的货运单号码。

（4）页数与总页数（Page…of…Pages） 填写第…页共…页。如无续表，应填写"第 1 页共 1 页"（Page 1 of 1 Pages）。

（5）提醒托运人必须按规定将填写并签字的两份申报单交给经营人。

（6）货物的机型限制：将"客机、货机均可"或"仅限货机"两项中的一项划掉，另一项保留。根据货物的包装说明来判断，如果这一票货物（哪怕是只有其中一种货物）使用了仅限货机的包装说明来包装，将"客机、货机均可"划掉；如果这一票货物都是使用客货机包装说明来包装的，将"仅限货机"划掉。

（7）始发站机场（Airport of Departure） 填写始发站机场或城市全称，不允许使用机场或城市的三字代码。

（8）到达站机场（Airport of Destination） 填写到达站机场或城市全称，不允许使用机场或城市的三字代码。

（9）提醒托运人不遵守 DGR 相关规定可能会受到相应的法律惩罚。

（10）危险品类型（Shipment type） 划掉"放射性"（RADIOACTIVE）字样表明该货物不含放射性物质。

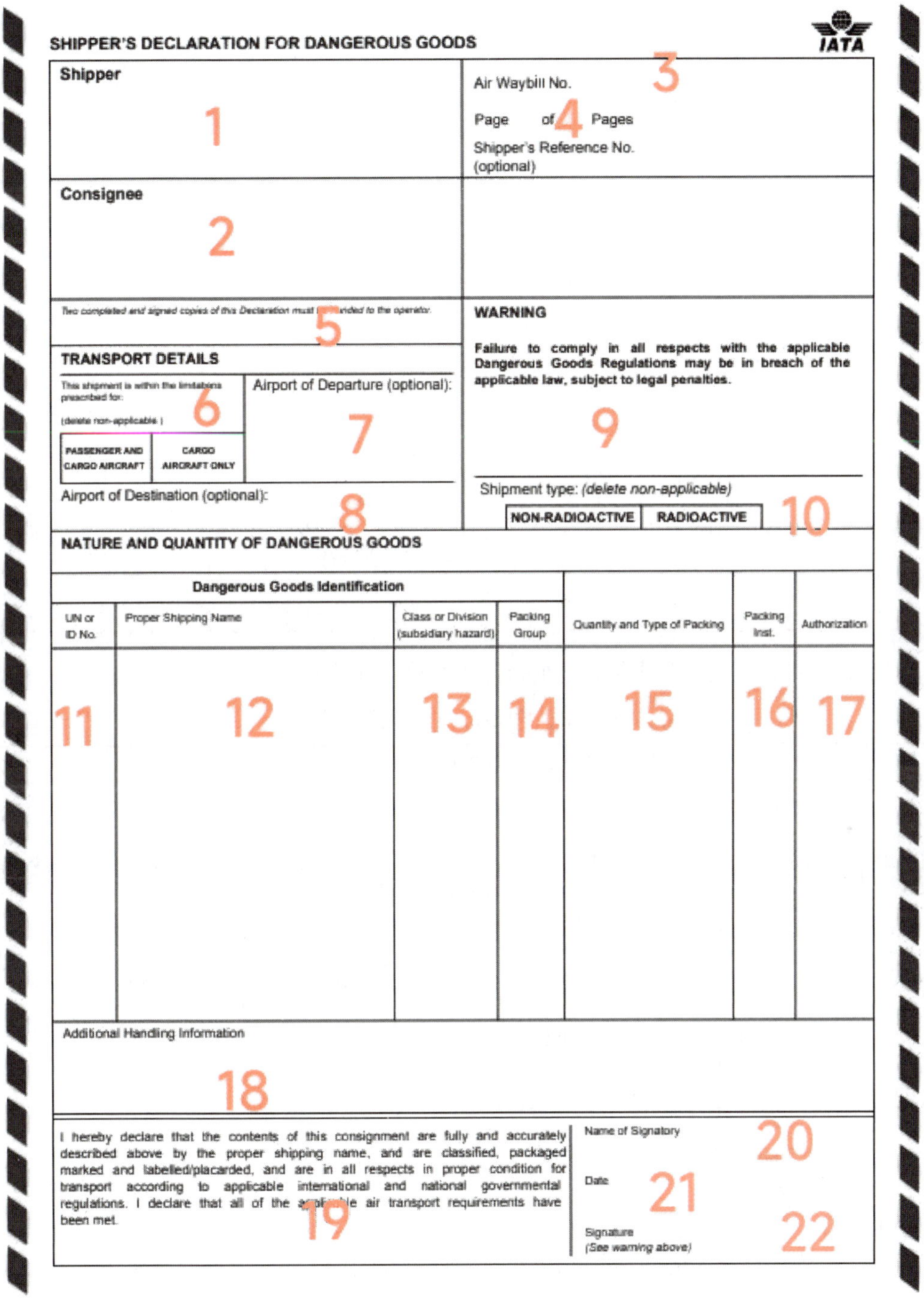

图 3-83 托运人危险品申报单

（11）UN or ID No. 填写危险品的 UN 编号或 ID 编号，数字前冠以"UN"或"ID"字样。

（12）Proper Shipping Name 填写运输专用名称，必要时补加技术名称。

（13）Class or Division 填写主/次要危险类别或项别号，如 8（3）。

（14）Packing Group 填写适用的包装等级。前面可冠以"PG"字样，如 PG Ⅱ。如货物没有包装等级，这一栏空着。

（15）Quantity and Type of Packing　填写包装件数量、包装类型和每一包装件所装危险品的净数量和单位，如果是毛重，还要在单位后跟上符号"G"。

① 当包装件内只有一种危险品时，例如4个纤维板箱，每箱装净数量10kg，应这样填写：4 Fibreboard boxes×10kg。

② 当两种或两种以上危险品放入同一外包装件时（合包），填写示范见表3-11。

表3-11　危险品申报单填写示范1

| NATURE AND QUANTITY OF DANGEROUS GOODS ||||||
| Dangerous Goods Identification ||| | | |
UN or ID No.	Proper Shipping Name	Class or Division (subsidiary hazard)	Packing Group	Quantity and Type of Packing	Packing Inst.	Authorization
UN2339	2-Bromobutance	3	II	2L	305	
UN2653	Benzyl iodide	6.1	II	2L	609	
UN2049	Diethylbenzene	3	III	5L	309	
				All packed in one wooden box Q=0.9		

③ 当使用集合包装（合成包装、组合包装）时，填写示范见表3-12。

表3-12　危险品申报单填写示范2

| NATURE AND QUANTITY OF DANGEROUS GOODS ||||||
| Dangerous Goods Identification |||| | |
UN or ID No.	Proper Shipping Name	Class or Division (subsidiary hazard)	Packing Group	Quantity and Type of Packing	Packing Inst.	Authorization
UN1203	Motor Spirit	3	II	1 Steel drum×4L	305	
UN1950	Aerosols	2.2（5.1）		1 Fibreboard box×5kg Overpack used	203	
UN1992	Flammable liquid, toxic, n.o.s（Ptrol, Carbon tetrachloride mixture）	3（6.1）	III	1 Fibreboard box×1L		Y343

（16）Packing Instruction（包装说明）　填入包装说明和限量包装说明号。

（17）Authorization（授权）　填写主管部门的批准和认可，视情况填写，如特殊规定为A1、A2、A4、A51、A81、A88、A99、A130、A190 或 A191时，应填入特殊规定序号。

（18）Additional Handling Information（附加操作信息）　填写其他有关的特殊操作说明，包括：

① 对于4.1项自反应物质和5.2项有机过氧化物，填写："Must be protected from direct sunlight, and all sources of heat and be placed in adequately ventilated areas"（必须避免阳光直射和远离热源，放置在通风良好的地方）。

② A级感染性物质，填写负责人姓名和电话。

③ 国家和经营人差异的一些特别要求，如有些国家要求在申报单中提供24小时联系电话：24-hour Number：+19051234567。

（19）保证声明。

（20）Name of Signatory（签署人） 填写签署人的姓名，可机打，也可盖章。

（21）Date（日期） 填写签署日期，如 1 January 2023。

（22）Signature(签字) 由填写申报单的托运人或托运人的委托代理人签字，与第（20）项必须一致，签字必须使用全称，可手写或盖章，但不得打印。而且签署人必须通过1.5节的培训要求才有资质签署申报单。如果是中国名字，要签中文，汉语拼音的名字是没有法律效力的。

申报单填写示范见表3-13。

表3-13　危险品托运人申报单填写示范3

SHIPPER'S DECLARATION FOR DANGEROUS GOODS

Shipper ABC Company 1000 High Street Youngville，Ontario，Canada	Air Waybill No.　800　1234　5686 Page 1 of 1 Pages Shipper's Reference No.（optional）			
Consignee CBA Lte 50 Rue de la Paix，Paris 75 006，France	For optional use For company logo Name and address			
Two completed and signed copies of this Declaration must be handed to the operator.	WARNING			
TRANSPORT DETAILS	Failure to comply in all respects with the applicable Dangerous Goods Regulations may be in breach of the applicable law, subject to legal penalties.			
This shipment is within the limitations prescribed for：（*delete non-applicable*） ~~PASSENGER AND CARGO AIRCRAFT~~　　CARGO AIRCRAFT ONLY	Airport of Departure: Youngville			
Airport of Destination： Paris，Charles de Gaulle	Shipment type：（*delete non-applicable*） NON-RADIOACTIVE　　　　~~RADIOACTIVE~~			

NATURE AND QUANTITY OF DANGEROUS GOODS						
Dangerous Goods Identification						
UN or ID No.	Proper Shipping Name	Class or Division（subsidiary hazard）	Packing Group	Quantity and Type of Packing	Packing Inst.	Authorization
UN1816 UN3226	Propyltrichlorosilane Self-reactive solid type D（Benzenesu phonyl hydrazide）	8（3） Div.4.1	Ⅱ	3 Plastic drums× 30L 1 Fibreboard box × 10kg	813 430	
	Paint Paints	3 3	Ⅱ Ⅲ	2 Fibreboard boxes × 4L 1 Fibreboard box × 30L	305 309	
UN1263 UN1263	Vehicle, flammable liquid powered	9		1 Automobile 1350 kg 1 Fibreboard box × 3kg	900 915	
UN3166	Chemical kits		Ⅱ	1 Wooden box 50 kg G	800	
UN3316 UN2794	Batteries, wet, filled with acid, electric storage	9 8				

Additional Handling Information	
The package containing UN3226 must be protected from direct sunlight, and all sources of heat and be placed in adequately ventilated areas. 24-hour Number：+19051234567	
I hereby declare that the contents of this consignment are fully and accurately described above by the proper shipping name, and are classified, packaged, marked and labelled /placarded, and are in all respects in proper condition for transport according to applicable international and national governmental regulations.I declare that all of the applicable air transport requirements have been met.	Name of Signatory 　　　　B.Smith Date 　　　　1 January　2023 Signature　B.Smith （*see warning above*）

练一练

工作实例（1）：下列货物准备使用20××年1月1日的货机运输，从加拿大的多伦多皮尔逊国际机场（Toronto Pearson）运往巴黎戴高乐国际机场（Paris, Charles de Gaulle）：

① Acetyl bromide，10个塑料桶，每个内装20L。

② Bromobenzene，外包装为5个纤维板箱，每个内装60L。

托运人：ABC Company, 1000 High Street Youngville, Ontario, Canada

收货人：CBA Lte, 50 Rue de la Paix, Paris 75 006, France

货运单号：800 1234 5686

作为公司的调度主管B.Smith先生，你需要完成危险品托运人申报单（表3-14）。

表3-14 危险品托运人申报单

SHIPPER'S DECLARATION FOR DANGEROUS GOODS

Shipper	Air Waybill No.				
	Page of Pages
	Shipper's Reference No.（optional）
Consignee	For optional use For company logo Name and address
Two completed and signed copies of this Declaration must be handed to the operator.	WARNING
TRANSPORT DETAILS	Failure to comply in all respects with the applicable Dangerous Goods Regulations may be in breach of the applicable law, subject to legal penalties.
This shipment is within the limitations prescribed for： （*delete non-applicable*）	Airport of Departure：

PASSENGER AND CARGO AIRCRAFT	CARGO AIRCRAFT ONLY		
Airport of Destination：	Shipment type：（*delete non-applicable*）		
	NON-RADIOACTIVE		RADIOACTIVE

NATURE AND QUANTITY OF DANGEROUS GOODS

	Dangerous Goods Identification					
UN or ID No.	Proper Shipping Name	Class or Division（subsidiary hazard）	Packing Group	Quantity and Type of Packing	Packing Inst.	Authorization

Additional Handling Information

I hereby declare that the contents of this consignment are fully and accurately described above by the proper shipping name, and are classified, packaged, marked and labelled /placarded, and are in all respects in proper condition for transport according to applicable international and national governmental regulations.I declare that all of the applicable air transport requirements have been met.	Name of Signatory
	Date
	Signature （*see warning above*）

工作实例（2）：下列货物准备使用20××年5月6日的货机运输，从加拿大的多伦多皮尔逊国际机场（Toronto Pearson）运往巴黎戴高乐国际机场（Paris, Charles de Gaulle）：

① Bromobenzene,4个塑料桶包装,每个内装 20L。
② Carbon trachloride,3个玻璃瓶包装,每个内装 1L。
两件货物装在一个纤维板箱内。
托运人:ABC Company, 1000 High Street Youngville, Ontario, Canada
收货人:CBA Lte, 50 Rue de la Paix, Paris 75 006, France
货运单号:800 1234 5688
作为公司的航运经理 A.Brown 先生,请你完成危险品托运人申报单(表 3-15)。

表 3-15 危险品托运人申报单

SHIPPER'S DECLARATION FOR DANGEROUS GOODS

Shipper	Air Waybill No. Page of Pages Shipper's Reference No.(optional)
Consignee	For optional use For company logo Name and address
Two completed and signed copies of this Declaration must be handed to the operator.	WARNING
TRANSPORT DETAILS	Failure to comply in all respects with the applicable Dangerous Goods Regulations may be in breach of the applicable law, subject to legal penalties.
This shipment is within the limitations prescribed for:(delete non-applicable) / Airport of Departure:	
PASSENGER AND CARGO AIRCRAFT / CARGO AIRCRAFT ONLY	
Airport of Destination:	Shipment type:(delete non-applicable)
	NON-RADIOACTIVE / RADIOACTIVE

NATURE AND QUANTITY OF DANGEROUS GOODS

Dangerous Goods Identification				Quantity and Type of Packing	Packing Inst.	Authorization
UN or ID No.	Proper Shipping Name	Class or Division (subsidiary hazard)	Packing Group			

Additional Handling Information

I hereby declare that the contents of this consignment are fully and accurately described above by the proper shipping name, and are classified, packaged, marked and labelled /placarded, and are in all respects in proper condition for transport according to applicable international and national governmental regulations.I declare that all of the applicable air transport requirements have been met.	Name of Signatory Date Signature (see warning above)

工作实例：(3) 下列货物准备使用 20×× 年 9 月 10 日的客机从上海浦东国际机场运输至英国伦敦：

① Methyl acetate，1 个玻璃瓶内装 0.5L。

② Phenyhydrazine，1 个塑料瓶内装 0.4L。

这两种限制数量危险品可装配在一起，装在一个胶合板箱里。

托运人：AAA Chemicals，100 Jiahong Road Shanghai，China

收货人：H.Robinson CO.Ltd，549 Kingsbury Road London NW9 9 EN，England

货运单号：781-123456957

作为公司的航运经理 A.Brown 先生，请你完成危险品托运人申报单（表 3-16）。

表 3-16　危险品托运人申报单

SHIPPER'S DECLARATION FOR DANGEROUS GOODS

Shipper	Air Waybill No.
	Page of Pages
	Shipper's Reference No.（optional）
Consignee	For optional use
	For company logo
	Name and address

Two completed and signed copies of this Declaration must be handed to the operator.	WARNING
TRANSPORT DETAILS	Failure to comply in all respects with the applicable Dangerous Goods Regulations may be in breach of the applicable law, subject to legal penalties.

This shipment is within the limitations prescribed for：（delete non-applicable）		Airport of Departure：
PASSENGER AND CARGO AIRCRAFT	CARGO AIRCRAFT ONLY	

Airport of Destination：	Shipment type：（delete non-applicable）	
	NON-RADIOACTIVE	RADIOACTIVE

NATURE AND QUANTITY OF DANGEROUS GOODS

Dangerous Goods Identification				Quantity and Type of Packing	Packing Inst.	Authorization
UN or ID No.	Proper Shipping Name	Class or Division (subsidiary hazard)	Packing Group			

Additional Handling Information

I hereby declare that the contents of this consignment are fully and accurately described above by the proper shipping name, and are classified, packaged, marked and labelled /placarded, and are in all respects in proper condition for transport according to applicable international and national governmental regulations.I declare that all of the applicable air transport requirements have been met.	Name of Signatory
	Date
	Signature （see warning above）

做一做

北京××货运代理有限公司收到一票危险货物,运往日本东京,货物A:Benzonitrile,4L;货物B:Acetaldehyde oxime,10L。拟预订中国国际航空股份有限公司客机航班舱位。货物组装打包工作已完成,并已在货物的外包装上粘贴好了标记和标签,现在公司员工小李需要查询相关工作手册,正确填写危险品托运人申报单,并记录在任务3.4的工作任务单里。

子任务 2　填写航空货运单

知识充电站

空运危险货物也要填写航空货运单(Air Waybill,AWB),其他项目的填写要求跟空运普货时填写的航空货运单相同,只有"操作说明"(Handling Information)和"货物种类和数量"(Nature and Quantity of Goods)这两栏有特别的要求,所以在这里我们只学习这两处的填写方法,分成空运需要填写申报单的危险货物和空运不需要填写申报单的危险货物这两种情况来分别学习。

 学一学

一、空运需要填写申报单的危险货物

(1)航空货运单的"货物种类和数量"(Nature and Quantity of Goods)栏

可直接在"货物种类和数量"栏中填写其运输专用名称或"化学品Chemicals"的字样。

(2)航空货运单"操作说明"(Handling Information)栏

① 对客机与货机均可运输的危险品,应在"操作说明"栏内注明"危险品见随附的托运人申报单(DANGEROUS GOODS AS PER ATTACHED SHIPPER'S DECLARATION OR DANGEROUS GOODS AS PER ATTACHED DGD)",可简写成DG AS PER ATTACHED DGD。具体见表3-17。

表3-17　航空货运单填写示范1

操作说明 Handling Information
危险品见随附的托运人申报单
DANGEROUS GOODS AS PER ATTACHED SHIPPER'S DECLARATION OR DANGEROUS GOODS AS PER ATTACHED DGD

件数 No.of Pieces RCP	毛重 Gross Weight			货物种类和数量(包括尺寸或体积) Nature and Quantity of Goods(Incl. Dimensions or Volume)
				化学品 Chemicals

② 对仅限货机运输的危险品，应在"操作说明"栏内注明"仅限货机运输（CARGO AIRCRAFT ONLY/CAO）"。具体见表3-18。

表3-18　航空货运单填写示范2

操作说明 Handling Information		
危险品见随附的托运人申报单——仅限货机运输 DANGEROUS GOODS AS PER ATTACHED SHIPPER'S DECLARATION—CARGO AIRCRAFT ONLY/CAO		
件数 No.of Pieces RCP	毛重 Gross Weight	货物种类和数量（包括尺寸或体积） Nature and Quantity of Goods（Incl. Dimensions or Volume）
		化学品 Chemicals

③ 若一票货物同时含有危险品和非危险品，还应在"操作说明"栏内注明危险品货物的件数，可简写成：×PACKAGES DG AS PER ATTACHED DGD（×为件数）。

练一练

工作实例（1）：某托运人空运了25件油井设备（Oil well equipment），根据航空公司的隐含危险品表，钻探和油井设备中可能隐含有危险品。经鉴定，其中有5件属于危险货物。填写航空货运单的"操作说明"栏（表3-19）。

表3-19　航空货运单（部分）

操作说明 Handling Information						
件数 No.of Pieces RCP	毛重 Gross Weight					货物种类和数量（包括尺寸或体积） Nature and Quantity of Goods（Incl. Dimensions or Volume）
25						油井设备 Oil well equipment

工作实例（2）：下列货物准备使用20××年1月1日的货机运输，从加拿大的多伦多皮尔逊国际机场（Toronto Pearson）运往巴黎戴高乐国际机场（Paris, Charles de Gaulle）：

① Acetyl bromide，10个塑料桶，每个内装20L。

② Bromobenzene，外包装为5个纤维板箱，每个内装60L。

托运人：ABC Company，1000 High Street Youngville，Ontario，Canada

收货人：CBA Lte，50 Rue de la Paix，Paris 75 006，France

货运单号：800 1234 5686

根据这些信息，填写航空货运单（表3-20）的"操作说明"（Handling Information）和"货物种类和数量"（Nature and Quantity of Goods）栏。

表3-20　航空货运单（部分）

操作说明 Handling Information						
件数 No.of Pieces RCP	毛重 Gross Weight					货物种类和数量（包括尺寸或体积） Nature and Quantity of Goods（Incl. Dimensions or Volume）

二、空运不需要填写申报单的危险货物

(1) 在不需要填写申报单的危险品中（UN3373 和例外数量危险品除外），在货运单的"货物种类和数量"（Nature and Quantity of Goods）栏必须显示：

① UN/ID 编号（磁性物质不需要）；
② 运输专用名称；
③ 包装的件数（托运货物内只有一个包装件除外）；
④ 每个包装件净数量——只针对 UN1845（固态二氧化碳）。

练一练

工作实例：空运 2 箱冻鱼，每箱使用了 5kg 固态二氧化碳（UN1845）作制冷剂。填写航空货运单（表 3-21）的"货物种类和数量"（Nature and Quantity of Goods）栏。

表 3-21 航空货运单（部分）

操作说明 Handling Information					
件数 No.of Pieces RCP	毛重 Gross Weight				货物种类和数量（包括尺寸或体积）Nature and Quantity of Goods（Incl. Dimensions or Volume）

(2) 运输例外数量危险品，在货运单的"货物种类和数量"（Nature and Quantity of Goods）栏必须显示：

① "DANGEROUS GOODS IN EXCEPTED QUANTITIES"；
② 包装的件数（托运货物内只有一个包装件除外）。

练一练

工作实例：某人托运了一个牙科工具包（dental kit）（图 3-84），查品名表，满足例外

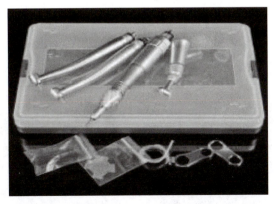

图 3-84 牙科工具包

数量危险品的运输要求，按照例外包装件的要求包装好后采用例外数量危险品的方式进行运输，如何填写航空货运单（表 3-22）的"货物种类和数量"栏？

表 3-22 航空货运单（部分）

操作说明 Handling Information

件数 No.of Pieces RCP	毛重 Gross Weight				货物种类和数量（包括尺寸或体积） Nature and Quantity of Goods （Incl. Dimensions or Volume）

（3）对于 UN3373，只需在货运单"货物种类和数量"栏中注明运输专用名称"Biological substance，category B"和"UN3373"字样。具体见表 3-23。

表 3-23 航空货运单填写示范 3

操作说明 Handling Information

件数 No.of Pieces RCP	毛重 Gross Weight				货物种类和数量（包括尺寸或体积） Nature and Quantity of Goods（Incl. Dimensions or Volume）
					Biological substance，category B UN3373

（4）根据 PI965～970 第Ⅱ部分运输的锂电池的要求，必须在货运单上注明如"锂离子电池符合包装说明 965 第Ⅱ部分（Lithium ion batteries in compliance with section Ⅱ of PI 965）"。具体见表 3-24。

表 3-24 航空货运单填写示范 4

操作说明 Handling Information

件数 No.of Pieces RCP	毛重 Gross Weight				货物种类和数量（包括尺寸或体积） Nature and Quantity of Goods（Incl. Dimensions or Volume）
					Lithium ion batteries in compliance with section Ⅱ of PI 965

（5）非危险品。如果怀疑含有化学物品的某种物品或物质为危险物品，经鉴定却并不符合危险品各类或项的划分标准，该物品或物质应作为非限制性物品运输。在货运单的品名栏中应注有"Not Restricted"（非限制），表明已作过检查。具体见表 3-25。

表 3-25 航空货运单填写示范 5

操作说明 Handling Information					
件数 No.of Pieces RCP	毛重 Gross Weight			货物种类和数量（包括尺寸或体积） Nature and Quantity of Goods（Incl. Dimensions or Volume）	
				Paints Not Restricted	

做一做

北京××货运代理有限公司收到一票危险货物，运往日本东京，货物 A：Benzonitrile，4L；货物 B：Acetaldehyde oxime，10L。拟预订中国国际航空股份有限公司客机航班舱位。货物组装打包工作已完成，并已在货物的外包装上粘贴好了标记和标签，现在公司员工小李需要查询相关工作手册，正确填写航空货运单的"操作说明"（Handling Information）和"货物种类和数量"（Nature and Quantity of Goods）栏，并记录在任务 3.4 的工作任务单里。

任务评价

任务考核采取教师评价、小组评价和自我评价相结合的方式，其中教师评价占比 60%，小组评价和自我评价各占 20%。

学习成果评价单

基本信息	姓名		班级		学号	
	第 组 组长		日期		总评成绩	
	内容	评分细则	自我评价	小组评价	教师评价	
核心技能考核	1. 正确填写申报单（50 分）	每错一项倒扣 5 分，每错一个单词扣 1 分，扣完为止				
	2. 正确填写货运单（25 分）	每错一项倒扣 5 分，每错一个单词扣 1 分，扣完为止				
	3. 对工作过程进行总结与反思（5 分）	总结反思深刻、有独到见解得 5 分；流于形式得 2 分；未完成不得分				
素养考核	纪律情况（5 分）	按时到岗，不早退（2 分）				
		积极思考，回答问题（2 分）				
		执行教师命令（1 分）				
	职业道德（15 分）	主动获取信息（1 分）				
		主动与他人合作（1 分）				
		主动帮助同学（1 分）				
		主动展示学习成果（2 分）				
		7S 管理（2 分）				
		操作细致、严谨、规范（4 分）				
		心存敬畏，行有所止（4 分）				
合 计						

能力训练任务与情景模拟训练任务

能力训练任务

一、将下列运输文件中的英文术语翻译成中文

1. Shipper＿＿＿＿＿＿＿＿＿＿＿＿　2. Consignee＿＿＿＿＿＿＿＿＿＿＿＿

3. Air Waybill No.＿＿＿＿＿＿＿＿　4. CARGO AIRCRAFT ONLY＿＿＿＿＿

5. Airport of Departure＿＿＿＿＿＿　6. Airport of Destination＿＿＿＿＿＿

7. NON-RADIOACTIVE＿＿＿＿＿＿　8. Proper Shipping name＿＿＿＿＿＿

9. Handling Information＿＿＿＿＿＿

二、单选题

1. 危险品托运人申报单的英文全称为（　　）。

    A. Cargo Manifest　　　　　　　　B. Shipper's Declaration for Dangerous Goods

    C. Airway Bill　　　　　　　　　　D. NOTOC

2. 危险品托运人申报单的作用是（　　）。

    A. 如实向承运人提供有关危险品的信息

    B. 结算危险品运费的单据

    C. 向机长告知危险品的相关信息

    D. 检查危险品的各方面操作以判断是否可以收运

3. 如果危险品仅限货机，必须在航空货运单操作信息栏上注明（　　）。

    A. Attached DGD　　　　　　　　　B. Chemicals

    C. Cargo Aircraft Only　　　　　　　D. Dangerous Goods

4. 有关危险品托运人申报单的说法，不正确的是（　　）。

    A. 特殊规定为 A2 时要在批准栏中注明相关批准证明

    B. 两种或两种以上危险品装入同一外包装时要注明 Q 值

    C. 4.1 项中的自身反应物质要在附加操作信息栏中注明远离热源等注意事项

    D. 固体二氧化碳也需要注明 Q 值

5. 有关托运人危险品申报单的说法，不正确的是（　　）。

    A. 申报单上除了"货运单号码""始发机场"和"目的地机场"这三项可由托运人、代理人填写，也可由收运航空公司填写或更改，其他项目只能由托运人或其代理人填写

    B. 如果一票货物中哪怕只有其中一种货物使用了仅限货机的包装说明来包装，也要将申报单中"客机、货机均可"这一项划掉

    C. 运输例外数量的危险品也需要填写申报单

    D. 我国《民用航空危险品运输管理规定》中规定托运人必须将申报单至少保留 24 个月

三、判断题

1. 托运的每票危险品货物，托运人都必须填写"危险品托运人申报单"。（　　）

2. 托运用作非危险品制冷剂的干冰不需要填写"危险品托运人申报单"。（　　）

3. 托运人可以在危险品托运人申报单签字栏使用打印版的签名。（　　）

4. 填写危险品托运人申报单和航空货运单都是托运人的责任。（　　）

5. 国内航班的危险品托运人申报单可以用中文填写。（　　）

6. 危险品托运人申报单既可以手工填写，也可以使用机器打印。（　　）

7. 危险品托运人申报单上的始发地机场栏和目的地机场栏可以填写三字代码。（　　）

8. 更改或修正过的申报单是不可接受的，除非更改或修正处由托运人签字，且该签字与文件上的签字一致。（　　）

9. 国际运输时，危险品托运人申报单应用英文填写，也可以在英文后面附上另一种文字的准确译文。（　　）

10. 经营人的职责是准确识别、分类、包装和做标志、贴标签，填写危险品运输文件及提供24小时联络方式。（　　）

11. 托运人的职责是识别、分类、包装、加标记、贴标签、提交正确填制的运输文件。（　　）

12. 危险品托运人申报单又叫航空货运单，两者实质是一样的。（　　）

13. 干冰用作非危险品的制冷剂，托运人不需要填写申报单。（　　）

14. 托运人在托运危险品时，应主动申报，填写申报单。（　　）

15. 危险品托运人申报单不可以由代理人填写。（　　）

情景模拟训练任务

1. 下列货物准备使用202×年9月10日的货机从长沙黄花国际机场运往成田国际机场。

货物信息：UN2814，货物品名：Infectious substance, affecting humans（Dengue Virus Culture）；采用感染性物质专用包装，净重50g。使用了2kg干冰作制冷剂。该货物和制冷剂一起装在一个UN规格纤维板箱内。

托运人：AAA Biological company, 345 Lugu Road Changsha Hunan, China

收货人：BBB CO.Ltd., 2-11 Chuo-ku Honchibacho Chiba, Japan

货运单号：781-123458937

作为公司的航运经理A.Brown先生，请你完成托运人申报单。

SHIPPER'S DECLARATION FOR DANGEROUS GOODS

Shipper		Air Waybill No. Page of Pages Shipper's Reference No.（optional）	
Consignee		For optional use For company logo Name and address	
Two completed and signed copies of this Declaration must be handed to the operator.		WARNING	
TRANSPORT DETAILS		Failure to comply in all respects with the applicable Dangerous Goods Regulations may be in breach of the applicable law, subject to legal penalties.	
This shipment is within the limitations prescribed for：（delete non-applicable）		Airport of Departure：	
PASSENGER AND CARGO AIRCRAFT	CARGO AIRCRAFT ONLY		
Airport of Destination：		Shipment type:（delete non-applicable）	
		NON-RADIOACTIVE	RADIOACTIVE
NATURE AND QUANTITY OF DANGEROUS GOODS			

续表

Dangerous Goods Identification				Quantity and Type of Packing	Packing Inst.	Authorization
UN or ID No.	Proper Shipping Name	Class or Division (subsidiary hazard)	Packing Group			

Additional Handling Information

I hereby declare that the contents of this consignment are fully and accurately described above by the proper shipping name, and are classified, packaged, marked and labelled /placarded, and are in all respects in proper condition for transport according to applicable international and national governmental regulations. I declare that all of the applicable air transport requirements have been met.	Name of Signatory Date Signature (*see warning above*)

2. 下列货物准备使用202×年12月10日的货机从上海浦东国际机场运输至英国伦敦，Benzonitrile，10个玻璃瓶每个内装2L，外包装为UN胶合板箱。

托运人：ABC Chemicals, X016 Jinshan District, Shanghai, China

收货人：H.Robinson Co.Ltd., 549 Kingsbury Road London NW9 9 EN, England

货运单号：781-12345675

（1）完成包装件上必需的标记与标签。

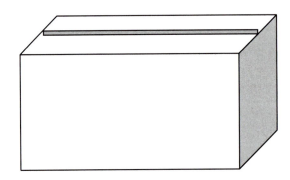

（2）作为ABC化工厂出口部经理的J.Anderson先生，你需要完成托运人申报单。

SHIPPER'S DECLARATION FOR DANGEROUS GOODS

Shipper	Air Waybill No. Page of Pages Shipper's Reference No.（optional）
Consignee	For optional use For Company logo Name and address

续表

Two completed and signed copies of this Declaration must be handed to the operator.

TRANSPORT DETAILS		WARNING
This shipment is within the limitations prescribed for: (*delete non-applicable*)	Airport of Departure:	Failure to comply in all respects with the applicable Dangerous Goods Regulations may be in breach of the applicable law, subject to legal penalties.
PASSENGER AND CARGO AIRCRAFT / CARGO AIRCRAFT ONLY		
Airport of Destination:		Shipment type: (*delete non-applicable*) NON-RADIOACTIVE / RADIOACTIVE

NATURE AND QUANTITY OF DANGEROUS GOODS

Dangerous Goods Identification				Quantity and Type of Packing	Packing Inst.	Authorization
UN or ID No.	Proper Shipping Name	Class or Division (subsidiary hazard)	Packing Group			

Additional Handling Information

I hereby declare that the contents of this consignment are fully and accurately described above by the proper shipping name, and are classified, packaged, marked and labelled/placarded, and are in all respects in proper condition for transport according to applicable international and national governmental regulations. I declare that all of the applicable air transport requirements have been met.	Name of Signatory
	Date
	Signature (*see warning above*)

（3）完成航空货运单"操作信息"与"货物种类与数量"栏的填写。

Handling Information

No.of Pieces RCP	Gross Weight	Rate Class	Chargeable Weight	Rate/Charge	Total	Nature and Quantity of Goods (Incl. Dimensions or Volume)

3. 以下2种危险物质被装入一个纤维板箱，将从 Frankfurt 空运至 Singapore。整个包装件的毛重为6kg。

物质名称：Pentanes；内包装：1个玻璃瓶，0.5L。

物质名称：Phenyhydrazine；内包装：3个玻璃瓶，每瓶0.5L。

（1）根据以上信息，完成下面的航空货运单中"操作信息"栏与"货物种类与数量"栏的填写：

Handling Information

No.of Pieces RCP	Gross Weight	Rate Class	Chargeable Weight	Rate/Charge	Total	Nature and Quantity of Goods (Incl. Dimensions or Volume)

安全无小事，责任重于山

（2）更正下列托运人申报单中的错误：

SHIPPER'S DECLARATION FOR DANGEROUS GOODS

Shipper Chemiport Verpackungsges Gmb H D-60549 Frankfurt Germany	Air Waybill No. 160-12345705 Page of Pages Shipper's Reference No.（optional）
Consignee Asia Chemicals Import co.Ltd. 98 Penjuru Lane Singapore 609198 SINGAPORE	For optional use For company logo Name and address
Two completed and signed copies of this Declaration must be handed to the operator.	WARNING
TRANSPORT DETAILS	Failure to comply in all respects with the applicable Dangerous Goods Regulations may be in breach of the applicable law, subject to legal penalties.

This shipment is within the limitations prescribed for: （delete non-applicable）		Airport of Departure： Singapore
PASSENGER AND CARGO AIRCRAFT	CARGO AIRCRAFT ONLY	

Airport of Destination： Frankfurt	Shipment type：（delete non-applicable）	
	NON-RADIOACTIVE	RADIOACTIVE

NATURE AND QUANTITY OF DANGEROUS GOODS

Dangerous Goods Identification				Quantity and Type of Packing	Packing Inst.	Authorization
UN or ID No.	Proper Shipping Name	Class or Division（subsidiary hazard）	Packing Group			
1265	Pentanes	3		0.5L	351, I	
2572	Phenyhydrazine	6.1		0.5L×3	654, II	

Additional Handling Information

I hereby declare that the contents of this consignment are fully and accurately described above by the proper shipping name, and are classified, packaged, marked and labelled /placarded, and are in all respects in proper condition for transport according to applicable international and national governmental regulations.I declare that all of the applicable air transport require ments have been met.	Name of Signatory Date Signature （see warning above）

（3）以下的外包装件表面可能存在一些错误和遗漏，请更正或增补。

Shipper:
Chemiport
Verpackungsges GmbH
D-60549 Frankfurt
GERMANY

Consignee:
Asia Chemicals Import Co. Ltd.
98 Penjuru Lane
Singapore 609198
SINGAPORE

4D/Z30/S/22/DE/NCB1234

4.（1）改正以下托运人申报单中所有的错误：

SHIPPER'S DECLARATION FOR DANGEROUS GOODS

Shipper Tai Chi Chemical 3 Kanda Mitoshiro Cho Chiyoda Ku Tokyo，Japan	Air Waybill No. 160-12345705 Page of Pages Shipper's Reference No.（optional）
Consignee Asian Laboratory 88 New Mercury House Fenwick Street Hong Kong，China	For optional use For company logo Name and address

Two completed and signed copies of this Declaration must be handed to the operator.	WARNING
TRANSPORT DETAILS	Failure to comply in all respects with the applicable Dangerous Goods Regulations may be in breach of the applicable law，subject to legal penalties.

This shipment is within the limitations prescribed for:（*delete non-applicable*）		Airport of Departure：
PASSENGER AND CARGO AIRCRAFT	CARGO AIRCRAFT ONLY	NRT

Airport of Destination： HKG	Shipment type：（*delete non-applicable*）	
	NON-RADIOACTIVE	RADIOACTIVE

NATURE AND QUANTITY OF DANGEROUS GOODS

Dangerous Goods Identification				Quantity and Type of Packing	Packing Inst.	Authorization
UN or ID No.	Proper Shipping Name	Class or Division（subsidiary hazard）	Packing Group			
1767	Diethyldichlorosilane	3		2 Fibreboard ×27L	813，Ⅱ	

Additional Handling Information

I hereby declare that the contents of this consignment are fully and accurately described above by the proper shipping name，and are classified，packaged，marked and labelled /placarded，and are in all respects in proper condition for transport according to applicable international and national governmental regulations.I declare that all of the applicable air transport requirements have been met.	Name of Signatory T.Kimury
	Date
	Signature T.Kimury （*see warning above*）

（2）以下外包装为（1）题中所给两个外装件中的一个，请纠正标记和标签的错误。

任务 3.4 能力训练任务与情景模拟训练任务参考答案

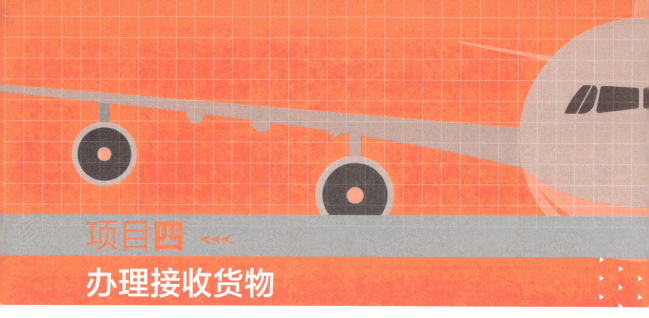

项目四

办理接收货物

  任务目标

知识目标	能力目标	素养目标
1. 了解禁运或经豁免可以运输的危险货物的规定。 2. 熟悉隐含危险品的识别方法。 3. 掌握危险货物的收运流程和收运操作。	1. 能判断收运的货物是否是禁运货物。 2. 能判断收运的货物中是否夹带、瞒报或藏匿危险品。 3. 会正确使用危险品收运检查单检查和收运危险货物。	1. 培养爱岗敬业、热爱民航行业的意识，树立职业荣誉感。 2. 培育敬畏生命、敬畏职责、敬畏规章的当代民航精神。 3. 树立严谨科学的专业精神和团结协作的工作作风。

一、任务准备

北京××货运代理有限公司收到一票危险货物，运往日本东京，货物 A: Benzonitrile, 4L；货物 B: Acetaldehyde oxime, 10L。拟预订中国国际航空公司客机航班舱位。托运人已完成了货物托运的准备工作，将向航空公司交运，国航工作人员启动货物收运程序，办理接收货物。

二、发布工作任务单

工作任务	办理接收货物				
姓名		班级		学号	
任务描述	北京××货运代理有限公司收到一票危险货物，运往日本东京，货物 A: Benzonitrile, 4L；货物 B: Acetaldehyde oxime, 10L。拟预订中国国际航空股份有限公司客机航班舱位。货物组装打包工作已完成，并已在货物的外包装上粘贴好了标记和标签，填妥了运输文件，危险货物也已运到首都国际机场，准备向航空公司交运，国航工作人员启动货物收运程序，办理接收货物				

		续表
工作内容	1. 检查确认是否是禁运的或经豁免可以运输的货物	
	2. 检查确认是否含有隐含的危险品	
	3. 检查是否存在未申报危险物品的迹象	
	4. 使用危险品收运检查单对货物的文件、包装、标记和标签等逐项进行全面的检查，填写危险品收运检查单	
任务总结与反思		

三、工作流程

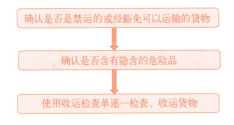

扫码看新闻
机场货站加强春运期间危险品运输管理工作

知识充电站：

危险品的收运是安全空运危险品的重要环节之一。在危险品运输过程中，办理接收货物是经营人（或承运人）的责任。

危险品收运工作应严格遵守运输过程中适用的国家法律，政府的有关规定、命令或要求，以及承运人的有关规定。收运人员应按照IATA《危险品规则》和经营人危险品运输手册的有关规定进行检查，严格按照收运条件、要求和收运程序进行操作。

托运人将危险品的包装件或合成包装件提交航空运输前，必须保证对所托运的危险品正确地进行分类、包装、加标记、贴标签，提交正确填制并签字的危险品运输文件。禁止以非危险品品名托运危险品。

一、危险品收运条件

（1）货物收运人员必须按照《民用航空危险品安全运输管理规定》、IATA《危险品规则》及ICAO《危险品航空安全运输技术细则》的规定接受培训。

（2）危险品收运人员必须确认托运人所有办理托运手续和签署危险品运输文件的人已按规定要求接受了相关危险品运输的训练，并在托运时出示训练合格的证明。收运人员必须要求托运人完成危险品申报单的填写，并签字盖章。

（3）在收运危险品的包装件、集合包装件时必须对其进行检查，确定包装件上已有正确的标记与标签且包装件无渗漏或其他破损的迹象时，方可收运；否则不予收运。

对于要求使用 UN 规格包装的危险品，其包装检查还必须符合以下要求：

① 使用单位所选用的包装容器应有商检机构签发的"货物包装性能检验结果单"（可由"货物包装性能检验结果单"上注明的包装使用人在复印件上加盖公章）。使用进口的包装容器或使用国外收货人自备的包装容器，须附有生产国主管部门认可的检验机构出具的包装性能检验证书，证明包装容器符合 IATA《危险品规则》（DGR）的要求。

② 经营人凭商检机构出具的"货物运输包装使用鉴定结果单"（正本）承运，同时"货物运输包装使用鉴定结果单"的检验依据栏内，必须体现 IATA《危险品规则》（DGR）、《民用航空危险品安全运输管理规定》、ICAO《危险品航空安全运输技术细则》（TI）等其中的一个，并按航空运输主管部门规定进行包装查验并封识，如发现货物或包装与检验鉴定结果证单不相符时，不得承运。

③ 当同一份使用鉴定结果单的货物需分批发运时，由收运人员在单证正本的"分批运输记录栏"逐批登记核销后，复印一份留底后，将原单证退回发货单位下次继续使用，货物全部运输完毕或有效期满，单证由经营人收存。

④ 在收运航空公司交运的转关危险货物时，应按中国民用航空局有关规定和国际民用航空组织有关要求办理，并应认真查验危险货物包装和标识等是否符合 IATA《危险品规则》（DGR）的要求。不符合规定者不得收运。

⑤ 空运进出口压力容器（不含喷雾器和小型气体容器）、感染性物质、放射性物质和军事危险货物包装容器的检验和管理按国家有关规定进行。

（4）集合包装件（或合成包装件、组合包装件）及其他包装件的收运条件。

① 根据 DGR 表 9.3.A"不相容危险品隔离表"，不需隔离的含有危险品的包装件可以组成集合包装件。

② 除非集合包装件内所有包装件的标记都明显可见，否则"集合包装件"（overpack）字样、运输专用名称、UN/ID 编号、每件危险品的详细操作说明、（必要时）其他包装标记以及包装使用标签等都必须重新标注和粘贴在集合包装件的外面。包装件规格标记不需要重新标注在集合包装件上。

（5）收运感染性物质应做好行程安排，无论采取何种方式都必须通过快速的行程进行运输。如需转运，必须采取相应的预防措施，确保特别照顾、快速作业和对中转过程的监管。

（6）收运 4.1 项自反应物质和 5.2 项有机过氧化物时，应使相应的包装件或集装器必须屏蔽直射阳光，远离一切热源并存储于通风良好的区域，包装件上应贴有远离热源的作业标签。

二、危险品收运程序

在收货场所、营业场所的明显位置张贴告示牌、隐含危险品及严禁普货夹带危险品的宣传画

图 4-1 提醒托运人主动申报的宣传画

（见图 4-1），提醒托运人主动申报，如实填写货物品名，严禁普货夹带危险品。

经营人须对收货人员提供必需的培训，收运人员必须持证上岗，确保收运人员在收运的过程中能识别未申报或隐含的危险品。

（1）所有办理危险品运输的托运人及代理人都必须符合 IATA《危险品规则》（DGR）规定的相应资质。

（2）托运人或其代理人应如实填写一式两份危险品托运人申报单（DGD），签字盖章，并对所申报内容的正确性负责。

（3）货物收运人员按货物的性质执行危险品或非危险品的接收程序。

① 如托运人主动申报运输的是危险货物，收运人员在 IATA《危险品规则》（DGR）4.2 部分品名表中查找货物品名，如品名表列明则按危险品处理。

② 在不能确定物品的品名或性质的情况下，货物收运人员必须让托运人到经营人认可的危险物品鉴定检测机构做危险性检测，确定其物理和化学性质及成分，并区分货物。鉴定结果证明货物为非危险品时，在航空货运单上注明其包装内物品不具有危险性，按普货收运。如果经鉴定为危险品，按危险货物的要求收运。

③ 对怀疑是危险品的物质，必须让托运人提供详细的资料说明，能够准确地掌握物质的性质，确认为非危险品的情况下，按非危险品进行运输。否则按第②条处理。

④ 发现托运人在交运的货物中有伪报、瞒报品名运输危险品或在普货中夹带、藏匿运输危险品，收货人员应立即上报部门值班经理，及时通报托运人和机场公安部门，并连人带物一并移交机场公安部门进行处理。

> **注意**：安全无小事，危险品运输需严格规范工作流程，杜绝虚报、瞒报！

（4）确认货物为危险品后，收运人员按照当年有效的危险品收运检查单逐项进行检查。只要托运人危险品申报单及其他相关文件、包装、标记、标签等有一项不符合要求，拒绝收运。由托运人重新准备后再交运，收运人员再次对货物的包装及各项业务文件重新进行检查。只有经过检查完全符合规定且完全具备收运条件的危险品方可收运。

（5）危险品入库前，托运人及其代理人应提前与经营人的收运人员联系，由收运人员协调安排专用安检通道过检。过检入库后，单证组以信息沟通单形式通知理货组，将危险品及时放入危险品库存放。

（6）检查后，经营人应留存危险品检查资料至少 24 个月，包括危险品收运检查单、危险品托运人申报单、货运单（或其复印件）、托运书、鉴定报告书、机长通知单等资料。

任务 4.1 识别禁止空运的危险货物

一、识别在任何情况下都禁止航空器运输的危险品

有些危险品危险性过大，禁止空运。如在正常的运输状态下，易爆炸，易发生危险性反应，易起火或易产生导致危险的热量，易散发产生危险的毒性、腐蚀性或易燃性气体或蒸气的物质，禁止航空运输。

在 IATA《危险品规则》（DGR）中列出了任何情况下都不能航空运输的危险品，例如大多数爆炸品。这些物质被列在《危险品规则》的危险品品名表中，没有 UN 编号并用轻体字体现，在 G、H、I、J、K、L 栏里写有"Forbidden"（禁运）字样的均属禁运危险品。如表 4-1 所示。

表 4-1 危险品品名表示例 8

UN/ID No.	Proper Shipping Name/Description	Class or Div. (Sub. Risk)	Hazard Label(s)	PG	EQ See 2.6	Passenger and Cargo Aircraft				Cargo Aircraft Only		S.P. See 4.4	ERG Code
						Ltd Qty							
						Pkg Inst	Max Net Qty/Pkg	Pkg Inst	Max Net Qty/Pkg	Pkg Inst	Max Net Qty/Pkg		
A	B	C	D	E	F	G	H	I	J	K	L	M	N
1001	**Acetylene, dissolved**	2.1	Flamm. Gas		E0	Forbidden	Forbidden	Forbidden	Forbidden	200	15kg	A1	10L
	Acetylene (liquefied)					Forbidden	Forbidden	Forbidden	Forbidden	Forbidden	Forbidden		

二、经豁免可以航空运输的禁运危险品

有些禁止航空运输的危险品，在非常紧急的情况下或当其他运输方式不合适时，或完全遵守规定的要求但违背公众利益时，有关国家可以豁免有关禁运的规定而航空运输某些禁运的危险品。这些经豁免、批准的危险货物附了完整的豁免、批准文件也可以运输。

在品名表里体现在：有 UN 编号，在 G、H、I、J、K、L 栏里写有"Forbidden"（禁运）字样，特殊规定 M 栏内有 A1、A2 等，如表 4-2 所示。

表 4-2 危险品品名表示例 9

UN/ID No.	Proper Shipping Name/Description	Class or Div. (Sub. Risk)	Hazard Label(s)	PG	EQ See 2.6	Passenger and Cargo Aircraft				Cargo Aircraft Only		S.P. See 4.4	ERG Code
						Ltd Qty							
						Pkg Inst	Max Net Qty/Pkg	Pkg Inst	Max Net Qty/Pkg	Pkg Inst	Max Net Qty/Pkg		
A	B	C	D	E	F	G	H	I	J	K	L	M	N
1001	**Acetylene, dissolved**	2.1	Flamm. Gas		E0	Forbidden	Forbidden	Forbidden	Forbidden	200	15kg	A1	10L
3512	**Adsorbed gas, toxic, N.O.S.** *	2.3			E0	Forbidden	Forbidden	Forbidden	Forbidden	Forbidden	Forbidden	A2	2P

做一做

北京××货运代理有限公司收到一票危险货物，运往日本东京，货物 A：Benzonitrile，4L；货物 B：Acetaldehyde oxime，10L。拟预订中国国际航空股份有限公司客机航班舱位。托运人已完成了货物托运的准备工作，将向航空公司交运，国航工作人员启动货物收运程序，办理接收货物。检查确认该货物是否是禁运或经豁免可以运输的货物，并记录在项目四的工作任务单里。

任务 4.2　识别隐含危险品

经营人（或承运人）有时会遇到在接收普通货物和行李时，从名称或包装上看与危险品无关，但其中可能含有危险品的情况。一些使用泛指名称如药品、家庭用品、野营设备、牙科仪器等来申报运输品名的货物，在货物内可能含有腐蚀性物质、易燃液体（如汽油）、易燃固体（如树脂）等。比如药品中可能含有符合各危险品标准的物质，特别是放射性材料、易燃固体、氧化性物质、有机过氧化物、毒性或腐蚀性物质。这些危险品使用泛指品名时很具有迷惑性。这些危险品如果按照普通货物、行李或随身物品收运，将会威胁航空运输安全。这样的危险品通常称为隐含危险品。

在日常航空运输中危害最大的往往是隐含危险品。为了防止未申报的危险品装上飞机，防止携带禁止携带的危险品乘机，货物或行李收运人员应了解笼统描述的货物或行李中可能含有危险品。

一、辨别隐含危险品的方法

1. 通过货物外包装上危险品的标记、标签或 GHS 标签判断

某一包装件上带有一个或多个 DGR 表 B.4.A（GHS）中的菱形图标时，表明包装件内可能含有危险品，但有些图标表明物质仅在供应和使用中存在危险（图 4-2）。必要时，应从托运人处获取相关说明。

例如，图 4-3 所示的货物外包装贴有三个 GHS 标签（分别是健康危害、腐蚀、有毒），高度疑似是航空运输中的危险品。经检测，该货物为第 8 类腐蚀性物质，UN3267，需要按

图 4-2　GHS 标签

图 4-3　带菱形图标的危险品包装件

危险品的要求收运。

2. 通过查阅隐含危险品表进行判断

货物收运人员收运货物时应询问托运人运输货物的品名，并仔细检查，确定其属性后，方可进行操作。如有任何怀疑，均不得轻易放过。必须认真核对托运人提供的品名、货物和文件，可参考项目一中的表 1-3 "隐含危险品的危险性及图例"进行对比，识别隐含危险品。对于出现的异常情况，及时向部门经理汇报。

练一练

(1) 按普通货物申报的物品可能隐含有危险品，下列物品中，最可能隐含危险品的是（　　）。

A. 书　　　　　　B. 服装　　　　　　C. 仪器　　　　　　D. 皮鞋

(2) 牙科器械最可能隐含什么危险品？（　　）

A. 干冰　　　　　B. 磁性物质　　　　C. 汞　　　　　　　D. 毒性物质

(3) 电冰箱最可能隐含有液化气体和（　　）。

A. 氨溶液　　　　B. 氧化剂　　　　　C. 爆炸品　　　　　D. 磁性物质

(4) 下面哪一类物品中可能含有危险品？（　　）

A. 服装　　　　　B. 健康的活体动物　C. 雪崩救援包　　　D. 报纸杂志

(5) 下列哪些物品具有隐含的危险性：①野营用具；②经营人物资；③旅客行李；④诊断标本

A. 全是　　　　　B. ①②③　　　　　C. ①②④　　　　　D. ②③④

3. 通过航空货物安检识别危险品

安检人员也是查处危险品、违禁品等的主力军。他们利用航空货物安检设备、检测仪等识别货物中可能有的危险品。航空货物安检程序一般为先进行单证审核，再结合 X 射线机检查，必要时辅以开箱包检查与爆炸物探测器检查。安检人员对托运人提交的航空货物交运凭证进行审核，看填写内容是否符合交运标准，以初步判定货物是否符合安全检查要求。对运输凭证检查无误后，可通过 X 射线机检查，通过比对实际托运的货物与申报情况是否相符，查看图像中有无可疑物品，从而对货物进行进一步判断。发现可疑情况时，要求将托运人及其代理人所交运的货物打开箱包进行进一步检查。如在安检过程中发现有违规交运的危险品及违禁品，应第一时间上报，由安检现场值班领导与托运人办理暂存手续，将物品放置于指定的暂存区。必要时移交机场公安部门处理。

案例链接

首都机场安保公司安检员查获助燃剂

为确保各项工作平稳运行，首都机场安保公司持续提升员工安全意识，强化员工业务技能，加大对航空货物邮件的检查力度，成功在航空货物邮件中查获助燃剂 1 袋。

2023 年 3 月 10 日 10：35，货运安检员在执行开机任务时，在图像中发现疑似不明粉末的图像，本着"六个必开检"的原则，开机员协同开包员及货运代理人对该货物进行联合检查,确认该可疑物品为1袋助燃剂。安检员立即控制此货物及货运代理人,并迅速将此情况进行上报。最终,此事被移交机场货运派出所处理。

首都机场安检温馨提示:助燃剂属于易燃危险品,如果发生泄漏,会对人和环境造成一定的危害,对民航安全造成威胁。因此,请您在办理货物托运时注意提前做好筛选,规范运输,以免对您和他人造成损失。

(资料来源:中国网)

二、隐含危险品的预防措施

(1)航空公司在收运行李、货物、邮件等时应使用收运检查单,以防止隐含危险品。

(2)对所列品名中可能含有危险品的货物,在收运时向托运人详细询问,必要时要求托运人到经营人认可的危险物品鉴定检测机构对其所托运的货物进行空运鉴定,鉴定机构会出具"航空运输条件鉴别报告书"(Identification and Classification Report for Air Transport of Goods)。如果经鉴定是某类危险品,则按该类危险货物的要求收运。

(3)仔细检查货物,并适当抽样开箱检查,避免托运人瞒报、误报、藏匿或夹带危险品。

(4)在旅客行李或收运货物中,对其中的物品是否含有危险品存有质疑的,安检人员需要反复查验。在无法判定的情况下,尽量不予收运。

(5)如货物含有隐含危险品品名的,应按照危险品物品的分类定义检验托运物品,如托运人证实或经安检检查该货物不含有任何危险品,则必须在航空货运单上声明该货物不具有危险性,在货运单品名栏填写"不受限制"("Not Restricted")的字样。

练一练

机场货站收到某国际物流公司交运的货物,如图4-4~图4-7所示,作为货物收运人员:
(1)识别其中可能隐含的危险性。
(2)收到这些货物后,如何处理?

图4-4 小型车辆

图4-5 冷冻胚胎

遵规范，查隐患；控风险，保安全

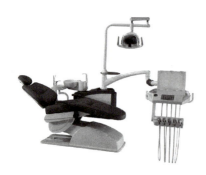

图 4-6　牙医设备

图 4-7　高尔夫球车

做一做

北京××货运代理有限公司收到一票危险货物，运往日本东京，货物 A：Benzonitrile，4L；货物 B：Acetaldehyde oxime，10L。拟预订中国国际航空股份有限公司客机航班舱位。托运人已完成了货物托运的准备工作，将向航空公司交运，国航工作人员启动货物收运程序，办理接收货物。检查确认这票货物中有无隐含的危险品，并记录在项目四的工作任务单里。

拓一拓

哪些货物空运时需要提供"航空运输条件鉴别报告书"？

任务 4.3　审查文件和包装件

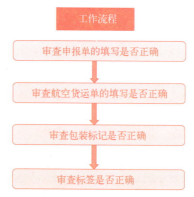

工作流程
↓
审查申报单的填写是否正确
↓
审查航空货运单的填写是否正确
↓
审查包装标记是否正确
↓
审查标签是否正确

为了检查运输文件及危险品包装件是否符合要求，收运人员必须使用危险品收运检查单。收运检查单包括了危险品运输的所有步骤，以确保在包装件、集合包装件、货物集装器上正确地标记和加标签，正确地填制危险品托运人申报单和航空货运单，以及按 IATA《危险品规则》（DGR）的有关要求正确地收运。

危险品收运检查单分为3种：非放射性物质检查单、放射性物质检查单和检查无须填写申报单的干冰检查单，其中第一种用得最多。

IATA《危险品规则》（DGR）第64版发布了2023危险品收运检查单，让我们一起来看看吧！

码上看
2023 非放射性物质检查单（英文版）
2023 放射性物质检查单（英文版）
2023 固态二氧化碳检查单（英文版）

一、危险品收运检查单的格式

1. 非放射性物质检查单

2023
非放射性物质检查单（中文版）

下列所推荐的检查单意指在始发站核查装运的货物。
在所有项目检查完毕之前不得收运或拒运货物。
下列各项内容是否正确？
托运人危险物品申报单

货运单号：	始发地：	目的地：

是 否＊ 不适用

1. 两份英文申报单及按 IATA 要求的格式填写。只有当托运人的声明数据以电子方式提交时，此问题才可表示为不适用。
[8.1.1，8.1.2，8.1.6.12]　□ □ □
2. 托运人和收货人的全称及地址［8.1.6.1，8.1.6.2］　□ □
3. 如无货运单号码，填上［8.1.6.3］　□
4. 填写总页数。只有当托运人的声明数据以电子方式提交时，
此问题才可表示为不适用。[8.1.6.4]　□ □ □
5. 删除不适用的"航空器类型"[8.1.6.5]　□
6. 如无始发站或目的站的机场或城市的全名，填上［8.1.6.6，8.1.6.7］　□
7. 删除"放射性"字样［8.1.2.5.2，8.1.6.8］　□ □

识别

8. UN 或 ID 编号，"UN"或"ID"前缀于编号[1.6.9.1，第1步]　□ □
9. 运输专用名称如有星号的，在括弧内填上其技术名称［8.1.6.9.1，第2步］　□ □
10. 类别或项别，如第1类，还需填上其配装组［8.1.6.9.1，第3步］　□ □
11. 次要危险性紧接着类别或项别号码填写在括号内［8.1.6.9.1，第4步］　□ □
12. 包装等级［8.1.6.9.1，第5步］　□ □

数量及包装类型

13. 包装件数量及类型［8.1.6.9.2，第6步］　□ □
14. 每一个包装件的数量和计量单位（适用的净重或毛重"G"）［8.1.6.9.2，第6步］　□ □
15. 对第1类（爆炸品），净数量，还需补充带单位的净质量［8.1.6.9.2，第6步］　□ □
16. 如不同种类的危险品包装在同一个外包装内，下列原则是否遵守：
16.1—根据9.3.A 表的可相容性　□ □
16.2—内装有6.2项危险品联合国规格包装件［5.0.2.11（c）］　□ □
16.3—"All packed in one（包装类型描述）"（"所有危险品在同一类型的
包装件内"）[8.1.6.9.2，第6（f）步］　□ □

续表

16.4—计算"Q"值不能大于1［5.0.2.11（g）和（h）；2.7.5.6；8.1.6.9.2，第6（g）步］ □ □ □

17. 集合包装件：
17.1—根据9.3.A表的可相容性［5.0.1.5.1和5.0.1.5.3］ □ □ □
17.2—标明"Overpack used"（"使用集合包装件"）字样［8.1.6.9.2，第7步］ □ □ □
17.3—如果使用一个以上的集合包装件，显示识别标记和危险品总数量［8.1.6.9.2，第7步］ □ □ □

包装说明

18. 包装说明编号［8.1.6.9.3，第8步］ □ □ □
19. 根据第ⅠB部分运输的锂电池，"ⅠB"字样须附在包装说明后面［8.1.6.9.3，第8步］ □ □ □

批准

20. 如果涉及的特殊规定是A1，A2，A4，A5，A51，A81，A88，A99，A130，A176，A191，A202，A212，A224，A225，A331，注明该特殊规定的编号［8.1.6.9.4，第9步］ □ □ □

21. 表示附有政府批准文件的，应附有一份英文的文件，以及其他条款中的附加
许可条件［8.1.6.9.4，第9步］ . □ □

其他操作说明

22. 对4.1项自反应物质及其相关物质、5.2项有机过氧化物或感染可控的PBE样品、烟火（UN0336和UN0337）以及黏稠易燃液体，应有强制性的声明［8.1.6.11］ □ □ □

23. 托运人的姓名、签字的日期及托运人签字［8.1.6.13，8.1.6.14，8.1.6.15］ □ □ □
24. 修正或改动后的托运人签字［8.1.2.6］ □ □ □

货运单

25. 在"操作说明"栏中填上"DANGEROUS GOODS AS PER ATTACHED SHIPPER'S DECLARATION"
或"DANGEROUS GOODS AS PER ATTACHED DGD"
（"危险品如所附托运人申报单"）［8.2.1（a）］ □ □ □
26. 如适用，填上"Cargo Aircraft Only"或"CAO"（"仅限货机"）［8.2.1（b）］ □ □ □
27. 如包括非危险物品，填上危险品的件数［8.2.2］ □ □ □

包装件及集合包装件

28. 包装件必须符合包装说明并且没有任何损坏或渗漏［9.1.3（i）］ □ □ □
29. 包装符合包装说明 □ □ □
30. 交付的包装件或合成包装件的件数与包装类型必须与托运人申报单上的件数
及包装类型相同［9.1.3］ □ □

标记

31. 对联合国规格包装件，它们的标记是否符合6.0.4和6.0.5的要求 □ □ □
31.1—符号和规格代码 □ □
31.2—X、Y或Z是否与包装等级/包装说明一致 □ □
31.3—未超过最大毛重（固体、内包装或IBCS）［SP A179］ □ □
31.4—塑料圆桶、方形桶及IACS在允许使用的范围之内［5.0.2.15］ □ □
31.5—感染性物质包装件标记［6.5.3.1］ □ □
32. UN或ID编号［7.1.4.1（a）］ □ □
33. 所要求的运输专用名称，包括技术名称［7.1.4.1（a）］ □ □
34. 托运人及收货人的全称及地址［7.1.4.1（b）］ □ □
35. 除非内含物相同，超过一个包装件的所有类别的危险品（ID8000和第7类除外）在
包装上标记净重或跟有"G"的毛重（如适用）［7.1.4.1（c）］ □ □
36. 固体二氧化碳（干冰）包装件上标注净重［7.1.4.1（d）］ □ □
37. 6.2项感染性物质负责人的姓名及电话号码［7.1.4.1（e）］ □ □
38. 包装说明202，所要求的特殊标记［7.1.4.1（f）］ □ □
39. 限制数量包装标记［7.1.4.3］ □ □
40. 环境污染物质标记［7.1.5.2］ □ □
41. IB部分锂电池标记［7.1.5.5］ □ □

标签

42. 根据4.2危险品品名表D栏，每个包装件必须粘贴主要危险标签［7.2.3.1，7.2.6］ □ □

续表

43. 根据4.2危险品品名表D栏，次要危险标签应紧接着主要危险标签粘贴［7.2.3.1，7.2.6.2.3］	□	□ □
44. 仅限货机标签［7.2.4.2，7.2.6.3］	□	□ □
45. 在相对的两面粘贴"方向性"标签，如适用［7.2.4.4］	□	□ □
46. 粘贴"冷冻液化气体"标签，如适用［7.2.4.3］	□	□ □
47. 粘贴"远离热源"标签，如适用［7.2.4.5］	□	□ □
48. 上述所有标签须正确粘贴并除去无关的标记与标签［7.1.1，7.2.1］	□	□ □

集合包装件

49. 内部包装件所使用的标记和危险性及操作标签必须清晰可见或在集合包装件外面再次粘贴［7.1.7.1，7.1.2.7，7.2.7］　□　□　□
50. 如果内部包装件上所有的标记和标签都不可见，标注"Overpack"［7.1.7.1］　□　□　□
51. 如果使用一个以上的集合包装件，显示识别标记和危险品总数量［7.1.7.3］　□　□　□

一般情况

52. 符合国家及经营人的差异［2.8］　□　□　□
53. 对"仅限货机"的货物，所有航段都必须由货机载运　□　□　□

意见：

检查者：

地点：＿＿＿＿＿＿＿＿＿＿签字：

日期：＿＿＿＿＿＿＿＿＿＿时间：

＊如任何栏填写时出现"否"，不得收运此货物，将一份已填好的此表副本交给托运人。

2. 干冰收运检查单

2023
干冰（固态二氧化碳）检查单（中文版）
（当不需要有托运人申报单时用）

检查单是为了能正确收运所有的危险品而必备的，下面的这份检查单是为了帮助托运人和经营人在接受干冰或含有干冰的非危险品时所提供的。

下列各项内容是否正确？

文件

货运单号：	始发地：	目的地：

是　否＊　不适用

在货运单中的"货物数量及品名栏"或运输备用记录中是否包含以下内容？［8.2.3］

1. "UN1845"　□　□
2. "固态二氧化碳"或"干冰"的字样　□　□
3. 干冰的包装件件数　□　□
4. 干冰的净重（kg）　□　□

国家和经营人差异

5. 符合国家和经营人差异　□　□　□

注：下面的问题不适用于含有干冰的集装器

6. 每个包装件中干冰的重量小于或等于200kg[4.2]　□　□

包装件和合成包装件

7. 交付的干冰的包装件件数是否与货运单上所显示的件数一致　□　□
8. 包装件未损坏和泄漏　□　□
9. 包装件符合包装说明954并有释放气体的通气孔　□　□

标记和标签

10. 标有"UN1845"［7.1.4.1（a）］　□　□
11. "Carbon dioxide, solid（固态二氧化碳）"或"Dry ice（干冰）"的字样［7.1.4.1（a）］　□　□

续表

12. 托运人和收货人的全称和地址［7.1.4.1（b）］		□	□
注：标注在包装件上的托运人和收货人的全称和地址可以和货运单上的不同。			
13. 每一件包装件内干冰净重［7.1.4.1（d）］		□	□
14. 粘贴第9类标签［7.2.3.9］		□	□
15. 除去无关的标记和标签［7.1.1（b）；7.2.1（a）］	□	□	□
集合包装件			
16. 内部包装件所使用的标记和危险性及操作标签必须清晰可见或在集合包装件外面再次粘贴［7.1.7.1，7.2.7］	□	□	□
17. 如果内部包装件上所有的标记和标签都不可见，标注"Overpack"[7.1.7.1]		□	□
18. 集合包装件里固态二氧化碳（干冰）的总净重[7.1.7.1]		□	□

意见：

检查者：

地点：＿＿＿＿＿＿＿＿＿签字：

日期：＿＿＿＿＿＿＿＿＿时间：

＊如任何栏填写时出现"否"，不得收运此货物，将一份已填好的此表副本交给托运人。

二、收运检查单的使用方法

收运人员必须依照危险品收运检查单逐项进行检查。图4-8所示为航空公司货物收运人员正在使用收运检查单对危险货物进行检查。

对于收运检查单中的每一项所提出的信息，如果托运人提交的货物符合IATA《危险品规则》（DGR）中相应的规定，则在"是"（"YES"）栏中作标记，即得到肯定回答；反之，则在"否"（"NO"）栏中作标记，即得到否定回答；如果该项目的问题与所交运的货物不相符，应在"不适用"（"N/A"）栏中作标记，但这不是否定的回答。

（1）当表中所有的项目没有检查完时，不得收运。

图4-8 货物收运人员正在使用收运检查单对危险货物进行检查

（2）只要危险品托运人申报单及其他相关文件、包装、标记、标签等有一项问题得到否定的回答，就应拒绝收运。在"意见"（"COMMENTS"）栏中，应该清楚地解释拒收的原因。

（3）如果拒绝收运，应将危险品托运人申报单和危险品收运检查单各一份随附给货物退给托运人。退回的危险品托运人申报单不得重新使用。托运人对于不符合要求的文件或货物包装可重新进行准备。

 练一练

工作实例：某机场货站收运了一件危险品，小组内进行分工，分别模拟扮演托运人和收运人员，货物收运人员使用非放射性物质检查单对该包装件实物及其填写的相关单据进行检查，并填写收运检查单。如发现问题，应如何处理？托运人针对检查出来的问题纠正错误。

（1）包装件实物

Date	17 January 23
Proper Shipping Name	Propyltrichlorosilane
UN Number	UN1816
Net Quantity	5L
Type of Packing	UN 4G specification fibreboard box
From	Sydney，NSW, Australia
To	Paris，France
Routing and Operator	Sydney to Tokyo by Qantas（QF）
	Tokyo to Paris by Air France（AF）
	The Shipment has been booked with QF and AF
Aircraft Type	Both flight are operated as cargo aircraft

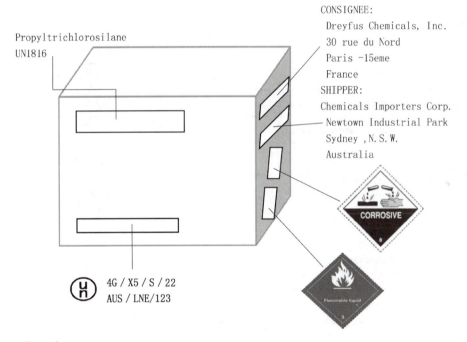

（2）货运单

Handling Information	
DANGEROUS GOODS AS PER ATTACHED SHIPPER'S DECLATATION	
	SCI
	Nature and Quantity of Goods （Incl. Dimensions or Volume）
	Chemicals

（3）托运人危险品申报单

Shipper	Air Waybill No. 777 1234 5675
Newtown Industrial Park Sydney，N.S.W. Australia	Page 1 of 1 Pages Shipper's Reference No.（optional）

续表

Consignee Dreyfus Chemicals, Inc. 30 rue du Nord Paris -15eme France		For optional use For company logo Name and address	
Two completed and signed copies of this Declaration must be handed to the operator.		WARNING Failure to comply in all respects with the applicable Dangerous Goods Regulations may be in breach of the applicable law, subject to legal penalties.	
TRANSPORT DETAILS			
This shipment is within the limitations prescribed for: (delete non-applicable)		Airport of Departure: Sydney	
PASSENGER ANDCARGO AIRCRAFT	~~CARGO AIRCRAFT ONLY~~		
Airport of Destination Paris		Shipment type: (delete non-applicable)	
		NON-RADIOACTIVE	~~RADIOACTIVE~~

NATURE AND QUANTITY OF DANGEROUS GOODS

Dangerous Goods Identification				Quantity and Type of Packing	Packing Inst.	Authorization
UN or ID No.	Proper Shipping Name	Class or Division (subsidiary Risk)	Packing Group			
UN1816	Propyltrichlorosilane	8(3)	Ⅱ	1 Fibreboard box × 10kg	813	

Additional Handling Information
24 Hour emergency number: +33(0)123456789

I hereby declare that the contents of this consignment are fully and accurately described above by the proper shipping name, and are classified, packaged, marked and labelled/placarded, and are in all respects in proper condition for transport according to applicable international and national governmental regulations. I declare that all of the applicable air transport requirements have been met.	Name of Signatory 　　　　　Joe.Smith Date 　　　　17 January 2023 Signature　　Joe.Smith (see warning above)

 做一做

北京××货运代理有限公司收到一票危险货物，运往日本东京，货物A：Benzonitrile，净含量4L；货物B：Acetaldehyde oxime，净含量10L。拟预订中国国际航空股份有限公司客机航班舱位。托运人已完成了货物托运的准备工作，将向航空公司交运，国航工作人员启动货物收运程序，办理接收货物。使用危险品收运检查单，对货物的文件、包装、标记、标签等进行详细的检查，填好收运检查单，收运货物。并记录在项目四的工作任务单里。

任务评价

任务 4.1～任务 4.3 考核采取教师评价、小组评价和自我评价相结合的方式，其中教师评价占比 60%，小组评价和自我评价各占 20%。

学习成果评价单

基本信息	姓名		班级		学号	
	第 组 组长		日期		总评成绩	
	内容	评分细则		自我评价	小组评价	教师评价
核心技能考核	1. 检查确认是否是禁运的或经豁免可以运输的货物（5分）	检查方法正确，判断准确得5分，错误不得分				
	2. 检查确认是否含有隐含的危险品（20分）	检查方法正确，判断准确得20分，错误不得分				
	3. 使用收运检查单对货物的文件和包装件进行检查收运（50分）	检查流程清楚，操作规范，检查结果准确，得45～50分；对文件和包装件的检查，每错一处扣10分，扣完为止				
	4. 对工作过程进行总结与反思（5分）	总结反思深刻、有独到见解得5分；流于形式得2分；未完成不得分				
素养考核	纪律情况（5分）	按时到岗，不早退（2分）				
		积极思考，回答问题（2分）				
		执行教师命令（1分）				
	职业道德（15分）	主动获取信息（1分）				
		主动与他人合作（1分）				
		主动帮助同学（1分）				
		主动展示学习成果（2分）				
		7S 管理（2分）				
		操作细致、严谨、规范（4分）				
		心存敬畏，行有所止（4分）				
合 计						

能力训练任务与情景模拟训练任务

能力训练任务

一、单选题

1. 收运时发现危险品包装件上的危险性标签粘贴错误，谁应该对此承担责任。（ ）
   A. 托运人　　　　　　　　　　　　B. 航空公司
   C. 安检机构　　　　　　　　　　　D. 航空公司或地面服务代理人

2. 在危险品运输中，属于托运人责任的是（ ）。
   A. 填制危险品申报单　　　　　　　B. 填制机长通知单
   C. 做收运检查单　　　　　　　　　D. 做装载舱单

遵规范，查隐患；控风险，保安全

3. 保证正确的识别、分类、包装、加标记、贴标签，并提交真实准确的危险品运输文件是（　　）的法律责任。

A. 托运人　　　　　　　　　　　　B. 航空公司

C. 安检机构　　　　　　　　　　　D. 航空公司或地面服务代理人

4. 危险品收运人员在收运危险品时，应使用（　　）对危险品包装件和运输文件逐一检查和核对。

A. 危险品申报单　　　　　　　　　B. 危险品收运检查单

C. 航空货运单　　　　　　　　　　D. 机长通知单

5. 12度红酒是（　　）。

A. 第3类危险品　　　　　　　　　B. 非限制性物品

C. 第9类危险品　　　　　　　　　D. 易燃液体

6. 以下不属于隐含的危险品的典型例子是（　　）。

A. 紧急航材（AOG）　　　　　　　B. 飞机零备件/飞机设备

C. 呼吸器、野营用具、汽车和汽车零部件　　D. 裸露的雷管、弹药

7. 冷冻水果和蔬菜中可能含有的危险品是（　　）。

A. 锂电池　　　　　　　　　　　　B. 干冰

C. 水银温度计　　　　　　　　　　D. 以上都有

8. 在任何情况下都禁止用航空器运输的危险品，是因为其在正常运输条件下，会有（　　）等危险性。

A. 易爆炸

B. 易起火或者易产生导致危险的热量

C. 易散发危险性的毒性、腐蚀性或易燃性气体

D. 以上全部都有

9. 潜水设备中可能含有的危险品不包括（　　）。

A. 强光潜水灯　　　　　　　　　　B. 氧气瓶

C. 背心气瓶　　　　　　　　　　　D. 野外救援照明弹

10. 化学氧气发生器安装在飞机上并达到适航标准，称其为（　　）。

A. AOG航材　　　　　　　　　　　B. 紧急备件

C. 经营人资产中的危险品　　　　　D. 集运货物

二、多选题

1. 在危险品运输中，属于航空公司责任的有（　　）。

A. 确保员工完成危险品培训　　　　B. 使用检查单收运危险品

C. 报告危险品运输事件　　　　　　D. 通知机长危险品信息

2. 在危险品运输中，属于航空公司责任的有（　　）。

A. 填制危险品申报单　　　　　　　B. 填制航空货运单

C. 做收运检查单　　　　　　　　　D. 做装载舱单

3. 探险设备里可能隐含有（　　）。

A. 照明弹　　　B. 干冰　　　C. 汽油　　　D. 固体酒精

4. 危险品收运检查单分为以下几种：（　　）。

A. 非放射性物质检查单　　　　　　B. 放射性物质检查单

C. 干冰检查单　　　　　　　　　　D. 危险品托运人申报单

5. 下列哪种按普通品名申报的货物可能有隐含的危险品（　　）。

A. 野营用具　　　　B. 冷冻水果　　　　C. 呼吸器　　　　D. 潜水设备

6. 下列物品中可能含有危险品的是（　　）。

A. 牙科器械　　　　B. 家用电器　　　　C. 冷冻坯胎　　　D. 潜水设备

7. 下列物品中可能含有危险品的是（　　）。

A. 汽车零备件　　　B. 呼吸器　　　　　C. 蓄电池　　　　D. 冻鱼

8. 下列物品中可能含有危险品的是（　　）。

A. 诊断标本　　　　B. 探险设备　　　　C. 药品　　　　　D. 仪器

9. 下列（　　）是隐含危险品。

A. 野营用具，可能含有易燃液体

B. 演出、电影、舞台与特殊效果的设备，可能含有易燃物质

C. 普通的鲜花

D. 药品，可能含有符合危险品任何标准的物品

三、判断题

1. 贴有 GHS 菱形图标的包装件内可能含有危险品。（　　）

2. 如果对某一化学物质的性质不确定，可以由托运人或代理人委托被航司认可的鉴定机构出具货物运输条件鉴定报告，作为接收该物质的依据。（　　）

3. 隐含危险品只有在旅客的行李中才可能出现。（　　）

4. 冷冻水果和蔬菜中可能含有危险品。（　　）

5. 危险品收运检查单上如有任意一项或几项结果为"否"，则该危险品不得收运。（　　）

6. 货物收运人员必须经过培训，有能力辨别检查出以普通货物形式申报的隐含危险品。（　　）

7. 在托运人使用笼统描述申报的货物中，可能隐含有某些危险品，而这些危险品可以作为普通货物进行运输，无需填写危险品申报单。（　　）

8. 经营人公司资产中的一些物品和物质可能归类为危险品，安装在飞机上时不受危险品手册的限制，而在运输过程中，必须按照危险品办理运输。（　　）

9. 经营人物资中可能含有危险品，但是，为满足适航要求而安装在飞机上或在飞机上使用或出售时，不受 DGR 限制。（　　）

10. 可以用客机运输的危险品一定可以用货机运输。（　　）

11. 啤酒属于酒精类，需要作为易燃液体，按照危险品运输。（　　）

12. 承运人在飞机上配备的酒精类消毒产品，属于经营人物资中的危险品。（　　）

情景模拟训练任务

1. 机场货站收到某国际物流公司交运的下列货物，如图 4-9～图 4-12 所示，作为货物收运人员：（1）请识别其中可能隐含的危险品。（2）收到这些货物后，如何处理？

图 4-9　管道疏通剂

图 4-10　潜水设备

遵规范，查隐患；控风险，保安全

图 4-11　割草机

图 4-12　化学实验设备

2. 某机场货站收运了一件危险品，小组内进行分工，分别模拟扮演托运人和收运人员，货物收运人员使用非放射性物质收运检查单，对该包装件实物及其填写的相关单据进行检查，填写收运检查单。托运人针对检查出的问题纠正错误。

（1）托运人危险品申报单

SHIPPER'S DECLARATION FOR DANGEROUS GOODS

shipper 　　**Nan Fang Chemicals** 　　**356 Xiamen Lu. St.** 　　**Guangzhou** 　　**P.R. China**		Air Waybill No. **00000000004** Page **1** of **1** Pages Shipper's Reference Numbers（optional）	
Consignee 　　**Castalugi Corporation** 　　**97 Via Veneto** 　　**Rome** 　　**Italy**		For optional use For company logo Name and address	
Two completed and signed copies of this Declaration must be handed to the operator		WARNING	
TRANSPORT DETAILS		Failure to comply in all respects with the applicable Dangerous Goods Regulations may be in breach of the applicable law, subject to legal penalties.	
This shipment is within the limitations prescribed for：（*delete non-applicable*）	Airport of Departure： **Rome**		
~~PASSENGER AND CARGO AIRCRAFT~~	CARGO AIRCRAFT ONLY		
Airport of Destination 　　　　**Guangzhou**		Shipment type：（*delete non-applicable*）	
		NON-RADIOACTIVE	~~RADIOACTIVE~~
NATURE AND QUANTITY OF DANGEROUS GOODS			

Dangerous Goods Identification				Quantity and Type of Packing	Packing Inst.	Authorizat-ion
UN or ID No.	Proper Shipping Name	Class or Division（subsidiary hazard）	Packing Group			
UN2618	**Vinyltolunes, stabilized**	3	355	6L		

Additional Handling Information

I hereby declare that the contents of this consignment are fully and accurately described above by the proper shipping name, and are classified, packaged, marked and labeled /placarded, and are in all respects in proper condition for transport according to applicable international and national governmental regulations.I declare that all of the applicable air transport requirements have been met.	Name of Signatory 　　　　　　**Alex** Date 　　　　　　**Jan 11 2023** Signature　　　**Alex** （*see warning above*）

（2）货运单

No.of Pieces RCP	Gross Weight	Rate Class	Chargeable Weight	Rate/Charge	Total	Nature and Quantity of Goods (Incl. Dimensions or Volume)
Handling Information DANGEROUS GOODS AS PER ATTACHED DGD							
1	22					

（3）包装件实物

项目四　能力训练任务与情景模拟训练任务参考答案

项目五

接收旅客和机组人员行李

📚 任务目标

知识目标	能力目标	素养目标
1. 熟悉表 2.3.A 的使用。 2. 掌握识别行李中隐含危险品的方法和操作要点。 3. 掌握电动轮椅、野营炉、干冰等特种行李的收运要求。 4. 掌握"特种行李机长通知单"的填写。	1. 会查阅并使用旅客、机组人员携带危险品的规定表。 2. 能识别不同情况下的行李中可能隐含的危险品，正确进行行李收运工作。 3. 会正确收运电动轮椅、野营炉、干冰等特种行李。 4. 会正确填写"特种行李机长通知单"。	1. 培养良好的服务意识和出色的沟通能力。 2. 培育敬畏生命、敬畏职责、敬畏规章的当代民航精神。 3. 培养正确面对困难、压力与挫折的能力，培养积极进取、乐观向上和健康平和的心态。

一、任务准备

某日 9∶00，南航地面服务人员尹伊正在长沙黄花国际机场内为旅客办理值机。旅客刘小姐准备携带以下行李乘机前往上海：①一瓶容量为 300mL 的喷发胶；②一支个人医用水银温度计；③一台 iPad；④一块额定容量为 20000mA·h、电压为 3.7V 的充电宝；⑤一瓶 500mL 自家酿制的蒸馏酒；⑥两盒自发热米饭；⑦一瓶标称容量为 150mL 的化妆水；⑧一支 150mL 牙膏。组内分工，三人一个小组，模拟旅客特殊行李收运和安检的情景，分析旅客刘小姐的行李里携带了哪些危险品，并按照行李收运程序和方法，对其办理行李安检和行李托运给出相关建议。将行李安检、收运的过程通过视频的形式完整地录制下来。

二、发布工作任务单

工作任务	接收旅客和机组人员行李				
姓名		班级		学号	
任务描述	某日9:00，南航地面服务人员尹伊正在长沙黄花国际机场内为旅客办理值机。旅客刘小姐准备携带以下行李乘机前往上海：①一瓶容量为300mL的喷发胶；②一支个人医用水银温度计；③一台iPad；④一块额定容量为20000mA·h、电压为3.7V的充电宝；⑤一瓶500mL自家酿制的蒸馏酒；⑥两盒自发热米饭；⑦一瓶标称容量为150mL的化妆水；⑧一支150mL牙膏。组内分工，三人一个小组，模拟旅客特殊行李收运和安检的情景，分析旅客刘小姐的行李里携带了哪些危险品，并按照行李收运程序和方法，对其办理行李安检和行李托运给出相关建议。将行李安检、收运的过程通过视频的形式完整地录制下来					
工作内容	识别旅客行李中的危险品和可能隐含的危险品，按照行李收运程序和要求正确完成旅客行李的收运工作					
任务总结与反思					

三、工作流程

案例链接

因旅客携带违禁品导致的空难

1980年8月19日，沙特阿拉伯航空163号班机由巴基斯坦卡拉奇经沙特阿拉伯首都利雅得飞往吉达。该机在利雅得国际机场起飞后即报告货舱起火。最后飞机虽成功折返，但已被大火吞噬，机上301人无一生还。图5-1所示为空难事故现场。

事后火灾调查人员在飞机的残骸中发现了两个明令禁止带上飞机的丁烷炉。很可能是乘客偷偷将丁烷炉带上飞机，并使用了它，最终造成飞机起火。造成这么多人死亡的空难的原因有很多，但机场的行李收运和安全检查人员难辞其咎，由于疏于管理，竟然让乘客将违禁品带上飞机。

对安全隐患零容忍！请您牢牢记住并遵守

图 5-1　被熊熊大火吞噬的飞机

学一学

除非是在 IATA《危险品规则》（DGR）2.3.2.6～2.3.5 中提到的危险品，无论交运行李、手提行李或随身携带行李，旅客和机组人员都不得携带危险品，包括放射性物质例外包装件。

许多日常用品都被视为危险品，而其中很多是生活必需的，由旅客或机组人员随身携带、作为交运行李或作为手提行李时都必须进行相应控制，通常情况是对其数量进行控制。尽管这些危险品的数量很少，但是为了保障安全，旅客、机组人员必须严格遵守关于行李中的危险品的运输规定。

IATA《危险品规则》（DGR）提供了关于旅客、机组人员携带危险品的处理要求，列在表 2.3.A 中。2023 年 1 月 1 日开始生效的第 64 版《危险品规则》（DGR）表 2.3.A 详见项目一中的表 1-5。不同国家、不同航空承运人可能有比《危险品规则》（DGR）表 2.3.A 中更严格的要求。很多航空承运人为了方便工作人员使用，根据公司的《危险品操作手册》编制了短小精悍的旅客和机组人员携带危险品的限制的速查表，值机人员可以随时带在身边，供行李收运工作中随时查阅。

行李中危险品的收运工作应严格遵守国际航协《危险品规则》（DGR）、相关国家适用的规定以及有关承运人的规定。对不符合相关规定的含有危险品的行李不予收运。除了 IATA 的规定，我国民航局也出台了若干个关于旅客和机组人员携带危险品的有关规定，如《旅客和机组携带危险品的航空运输规范》（MH/T 1030—2018）、《民航旅客禁止随身携带和托运物品目录》和《民航旅客限制随身携带或托运物品目录》等。扫一扫下面的二维码了解一下吧！

《旅客和机组携带危险品的航空运输规范》

《民航旅客禁止随身携带和托运物品目录》

《民航旅客限制随身携带或托运物品目录》

任务 5.1　正确使用"表 2.3.A 旅客与机组人员携带危险品的规定"

扫一扫
扫码看微课
识别旅客和机组携带的危险品行李
（第 1～2 类）

扫一扫
扫码看微课
识别旅客和机组携带的危险品行李
（第 3～5 类）

扫一扫
扫码看微课
识别旅客和机组携带的危险品行李
（第 6～8 类）

扫一扫
扫码看微课
识别旅客和机组携带的危险品行李
（第 9 类）

　　旅客和机组人员个人携带含危险品的行李乘机，不同的行李有不同的处理要求。作为行李收运人员，查阅项目一中的"表 2.3.A 旅客与机组人员携带危险品的规定"（表 1-5），正确处理下列情况。

（1）下列哪些物品无须得到航空公司工作人员的批准就可以随身携带登机？（　　）

A. 智能手机　　　　　　　　　B. 笔记本电脑

C. 酒精浓度 8% 的啤酒　　　　D. 个人自用的水银温度计

（2）下列哪些物品需要得到航空公司工作人员的批准，才可以携带乘机？（　　）

A. 一件装有干冰的行李　　　　B. 电动轮椅

C. 1.4S 体育用弹药　　　　　　D. 气象局官员携带的水银气压计

（3）下列哪些属于危险品的行李禁止旅客携带？（　　）

A. 胡椒喷雾剂　　　　　　　　B. 泰瑟枪

C. 酒精浓度 75% 的白酒　　　　D. 1.4S 体育用弹药

（4）某旅客行李中携带了额定能量为 80W·h（瓦·时）的电子设备，请问可以采取以下哪些携带方式？（　　）

A. 手提　　　　　　　　　　　B. 托运

C. 随身携带　　　　　　　　　D. 禁止携带

（5）旅客可携带以下哪些酒精饮料乘机？（　　）

A. 酒精浓度 8% 的啤酒一箱（500mL×7 瓶）

B. 酒精浓度 52% 的白酒一瓶（500mL）

C. 酒精浓度 75% 的白酒一瓶（500mL）

D. 酒精浓度 12% 的葡萄酒一瓶（750mL）

（6）下面这些物品中，旅客和机组人员只能随身携带乘机，不能托运的有：_____

_____

需要航空公司同意才能携带乘机的有：_____

旅客和机组人员禁止随身携带和托运乘机的有：_____

旅客和机组人员只能托运，不能随身携带乘机的有：_____

需要通知机长才能携带乘机的有：_____

①60W·h的充电宝一块；②1kg干冰；③一支医用水银温度计；④40%、500mL白酒一瓶；⑤一部手机（50W·h）；⑥电子烟；⑦一支气象局用水银温度计；⑧笔记本电脑（85W·h）；⑨75% 500mL酒精一瓶；⑩催泪瓦斯；⑪160W·h的充电宝一块；⑫10部手机（50W·h）；⑬20块充电宝（60W·h）；⑭助行器（锂电池驱动）；⑮胡椒喷服器。

学一学

我国关于携带酒精饮料乘机的规定比IATA《危险品规则》（DGR）要求更严格。

根据中国民航局的规定，旅客和机组人员不应随身携带酒精饮料登机，候机楼隔离区或机上购买的免税品除外，条件是有购物凭证且经安全检查确认无疑。

在我国，酒精饮料可作为托运行李交运，每个容器不超过5L，必须在零售包装内：

（1）酒精浓度小于或等于24%的含酒精饮料，托运数量不受限制；

（2）酒精浓度在24%～70%（含70%）的含酒精饮料，每人交运净数量不超过5L；

（3）酒精浓度大于70%的含酒精饮料，旅客和机组人员不应作为行李携带。

扫码看新闻
机场安检在旅客行李中发现水银血压计

扫一扫
扫码看微课
旅客和机组人员携带锂电池行李的乘机指南

学一学

消费类电子产品是锂离子电池的主要应用领域之一，如手机、摄像机、平板电脑、智能手表、智能手环等，充电宝则更是常见的备用电源之一。值机人员或安检人员在日常工作中每天都会碰到旅客和机组人员携带这些个人电子产品或备用电源乘机，需要根据"表2.3.A旅客与机组人员携带危险品的规定"判断这些个人电子产品或备用电源中的锂含量或额定能量是否符合要求。通常这些电子产品或备用电源上标注的是额定容量，比如一块额定容量为20000mA·h的充电宝。而"表2.3.A旅客与机组人员携带危险品的规定"中标注的是锂含量为多少克或锂电池的额定能量为多少瓦·时（W·h）。如何将锂电池上标注的额定容量换算成锂含量或额定能量呢？

锂电池的锂含量和额定能量的计算方法：

（1）"锂含量"是指锂金属电池的阳极上具有的锂金属的量。计算方法是以0.3乘以额定容量（A·h）。

例如：某锂电池的额定容量是800mA·h（800毫安·时），则其"锂含量"为$0.3 \times 800 \div 1000 = 0.24$（g）。

（2）锂离子电池的额定能量的计算方法是以电压乘以额定容量（A·h）。

例如：某锂离子电池的电压为2.4V（2.4伏特），额定容量是5000mA·h（5000毫安·时），则其额定能量为$2.4 \times 5000 \div 1000 = 12$（W·h）（12瓦·时）。

（3）如果备用电源上同时标注了电压、额定容量和额定能量，以公式计算的结果为准。

当然，旅客和机组人员携带的个人电子产品或备用电源是否符合要求还要根据承运人的相关要求来决定。

练一练

一位旅客携带了两块充电宝，标注的输出电压为 4.7V，容量为 20000mA·h，作为旅客服务人员，需要计算充电宝的额定功率。

用一用

小王从小就有走四方的梦想，尽管 18 岁确诊了进行性肌营养不良症，渐渐不能行走，但这没能影响她那颗奔赴远方的心。新疆一直是小王心心念念的圣地，她住在广东，离新疆超过 4000km，坐飞机是最为便捷的出行方案。但她遇到了一个问题，因为要携带呼吸机，她特意去买了可以给呼吸机移动充电的锂电池（见图 5-2），标称容量为 24000mA·h，标称电压为 3.7V。不过这块电池真的可以带上飞机吗？

图 5-2　呼吸机移动电池

扫码看案例
乘客托运行李中违规夹带的充电宝自燃，造成航班紧急备降

看一看

当下智能手机已经完全融入日常生活，"机不离手"成为很多人的常态，而充电宝就成了出行时必备的"续命神器"。坐飞机允许带充电宝，是中国民航实事求是地从旅客需求出发的人性化管理的体现。然而，充电宝却是不折不扣的危险品。近年来由充电宝冒烟、自燃引发的航空安全事件时有发生。

由于充电宝存在的潜在风险，民航旅客需要了解并遵守相关的规定。扫码了解关于携带充电宝乘机的一些常识和规定吧！

扫一扫
坐飞机带充电宝，这些常识要知道

任务 5.2　识别行李中隐含危险品

 案例链接

值机员未发现内装普通行李的危险品纸箱包装上的标记，误将行李托运
旅客×××乘坐航班托运行李，误用标识盛放电动牙刷的纸箱装运行李，值机

对安全隐患零容忍！请您牢牢记住并遵守

员在办理乘机手续时，对旅客摆放在传送带的行李位置可能存在目测盲区，并未严格按照收运程序仔细检查行李的外包装，导致未能及时发现纸箱上的锂电池标记和标记上出现的UN编号等危险性提示（见图5-3），误将行李托运。行李通过安检后进入行李分拣区，被分拣人员识别发现。发现后其及时联系值机部门，迅速找到旅客的联系方式，询问旅客行李内装物品，得知为衣物。在排除其危险性后，将行李按照反向流程退回值机柜台交还旅客，要求旅客重新更换包装，重新打包行李并再次托运。

图 5-3　有危险性标记的电动牙刷纸箱

学一学

一、识别行李中隐含危险品的方法

客运值机人员、安检人员等旅客服务人员必须经过培训，按照收运程序收运旅客的行李，并有能力辨别、检查出看似普通的行李中的隐含危险品（图5-4）。

图 5-4　识别隐含的危险品

为了避免未经申报的危险品被装上航空器，防止旅客在其行李中携带不允许携带的危险品，在怀疑行李中可能含有危险品时，工作人员应从旅客那里证实行李中所装运的物品。航空经营人可以采取多种措施来有效识别未申报的危险品，以确保旅客和航行的安全。

可以从下面几个方面来识别旅客和机组携带行李中隐含的危险品。

1. 必须告知旅客禁止携带、托运的物品的信息

为使旅客能有效地获得危险品运输信息，知晓航空运输中关于危险品的限制要求，旅客服务人员应在旅客办理乘机手续的柜台附近摆设醒目的行李禁运和限运通告牌，张贴宣传海报，加大危险品安全运输知识的宣传力度，提醒旅客自觉遵守危险品航空运输的规定。

中国民航科学技术研究院中国民航危险品运输管理中心等机构设计、制作了关于危险品

的宣传海报，如禁止携带危险品乘机、携带锂电池或充电宝安全乘机指南、民用航空危险品运输法规公告、提醒旅客主动申报及隐含危险品表等。还可以通过广播或电子屏幕的形式告知旅客禁止携带、托运的物品的信息，全方位地告知旅客，让旅客清楚地了解哪些物品是危险品，以及如何正确申报危险品。

民用航空危险品运输法规公告

提醒旅客主动申报

2. 借助危险品操作速查手册来识别

旅客服务人员可以借助航空公司提供的危险品操作速查手册中所列的典型的隐含危险品表进行比对，识别旅客和机组人员携带的行李中是否隐含危险品。典型的隐含危险品的危险性及图例详见项目一中的表1-3。

扫一扫
码上看：中国东方航空危险品操作速查指南

3. 特征识别法

根据旅客的职业、爱好、习惯等特征来识别。乘机登记人员可以根据旅客的不同情况和所运行李的特点，凭经验有侧重地询问旅客有关问题。

（1）如明确知道旅客是医生，就应该有侧重点地询问行李中是否携带有"医疗用品/设备"。"医疗用品/设备"中可能含有符合危险品任何标准的物品，特别是易燃液体、易燃固体、氧化性物质、有机过氧化物、毒性物质、腐蚀性物质或锂电池。

（2）如旅客是摄影师，就应该有侧重点地询问行李中是否携带有"摄影器材/设备"。"摄影器材/设备"中可能含有符合危险品任何标准的物品，尤其是发热装置、易燃液体、易燃固体、氧化性物质、有机过氧化物、腐蚀性物质或锂电池。

（3）对于病人、野营者、徒步旅行者、探险爱好者、登山运动员，询问其是否携带有煤气罐、氧气瓶、照明弹、野营炉或液体燃料等。

（4）对于射击运动员，询问其是否携带有弹药，所携带弹药的包装、数量等是否符合有关规定。

（5）对于商业销售代表，询问其是否携带有化学药品或气溶胶制品等。

4. 根据旅客的行李包装上是否有危险品标记、标签或GHS标签来识别

当旅客服务人员注意到旅客行李包装上有危险品标记、标签和菱形的GHS标签时，一定要持有合理的怀疑态度，证实旅客行李包装内的物品是否有危险品。

5. 通过安全检查人员对旅客的行李进行安全检查来识别

航空公司通过加强对旅客的安全检查，包括用安全检查仪器检查或开箱包检查等方式，来判断旅客携带的行李中是否含有危险品。安检人员应该根据旅客的行为和表情来判断行李中是否有可疑物品，并对可疑物品进行检查。此外，航空公司还可以采用先进的安全技术，如X射线安检仪、红外线安检仪等，来有效识别行李中未申报的危险品。

对安全隐患零容忍！请您牢牢记住并遵守

二、旅客行李中携带的危险品的收运检查程序

在值机的实际工作中，值机人员可以利用航空公司制作的防止隐含危险品行李收运检查单（见表5-1）来对旅客行李中携带的危险品进行收运检查。如果行李中夹带了不能随身携带也不能托运的物品，应直接向旅客说明情况，并要求旅客取出，到货运处申请办理货物运输手续；如果旅客托运行李中夹带国家明确规定禁止运输的危险品，值机人员或代理单位相关人员应拒绝收运，并立即通知安全检查及公安部门的人员处理；托运行李在经机场安全检查人员确认可安全放行后，值机人员或代理单位相关人员方可将行李牌及相关证件交给旅客或代办人。

表 5-1　防止隐含危险品行李收运检查单

序号	检查内容
1	要求旅客出示有效身份证件
2	对旅客进行危险品提示
3	核实确认旅客没有在手提行李或随身、托运行李中携带禁止或限制运输的危险品，并对怀疑可能含有禁止或者限制运输的危险品内容寻求进一步的核实
4	不得作为行李运输的危险品（如旅客携带航司《危险品运输手册》、IATA《危险品规则》2.3 及中国民航局的相关要求规定禁止携带的物品，告知旅客不得携带）
5	需经航司批准托运，允许作为托运行李运输的危险品（对于旅客行李中含有航司《危险品运输手册》、IATA《危险品规则》2.3 及中国民航局的相关要求规定禁止手提或随身但作为行李托运有限定条件的物品，需告知旅客不可手提或随身携带及可托运标准，对不符合标准的情况不予办理）
6	需经航司批准同意，允许作为手提行李、随身物品运输的危险品（对于旅客行李中含有航司《危险品运输手册》、IATA《危险品规则》2.3 及中国民航局的相关要求规定禁止作为行李托运且手提或随身有限定条件的物品，需告知旅客禁止托运及可手提或随身携带标准，对不符合标准的情况不予办理）
7	需经航司批准同意，允许作为托运行李或手提行李、随身物品运输的危险品（对于旅客行李中含有航司《危险品运输手册》、IATA《危险品规则》2.3 及中国民航局的相关要求规定手提、随身或作为行李托运有限定条件的物品，需告知旅客可携带标准，对不符合标准的情况不予办理）
8	充电宝、锂电池（如旅客携带充电宝、锂电池，地面服务代理单位需对实物额定能量、锂含量进行计算，需符合航司《危险品运输手册》、IATA《危险品规则》2.3 及中国民航局的相关要求规定）
9	外包装检查（带有危险品标记和标签的包装禁止作为行李的外包装物。如行李包装带有此类标记和标签，地面服务代理单位提示旅客去掉、覆盖标记和标签或重新更换包装件后，方可按照行李流程办理过检）
10	其他

　　假如一名旅客携带危险品去参加一个会议，并且是这次旅行的唯一目的，该危险品也是不允许作为行李运输的。

　　在接收行李物品时如有疑问，必须及时报告值班领导，最好把有疑问的物品留下，而不要冒危及飞行安全和触犯法律的风险。

论一论

日常生活中的很多物品可能存在危险，常见的有发胶、化妆品、电池等，还有一些危险品隐含在一些看似不危险的物品之中。隐藏在旅客乘机行李中的危险品不可小觑。由于不了解相关规定，旅客违规携带、托运危险品的情况时有发生。

我们一起来讨论一下：怎样预防旅客行李中隐含危险品。

扫一扫
扫码看微课
值机人员对旅客隐含危险品行李的识别和预防

练一练

（1）某日，值机柜台前来了一对背着大背包的情侣旅客，目测应该是徒步旅行者。经询问得知，他们准备乘机到某地进行徒步旅行。作为行李收运人员应如何处理？小组内分工合作，分别模拟旅客和值机人员，圆满完成这次行李收运工作，并以小视频的形式记录下来。

（2）一位旅客想要携带一个标有第3类危险品标签的纸盒登机（见图5-5）。作为值机人员：

图5-5　标有第三类标签的纸盒

① 你会怀疑纸箱里装的是什么呢？

② 如果旅客解释里面装的都是衣物，你觉得必须采取什么措施呢？

③ 经检查发现盒内装有一些油基的漆料（可燃的）。据这名旅客说，他这次出差就是为了把"样品"带过去，所以不带这些东西实在不行。你觉得必须采取什么措施呢？

任务 5.3　几种特殊行李的收运

 学一学

一、收运电动轮椅/助行器

电动轮椅作为一种辅助工具，对我们来说并不陌生。不管是对老人还是残疾人，低速电动轮椅已经成为他们日常代步的工具，见图5-6。

根据所装电池的不同，电动轮椅/助行器可分为三大类：

（1）锂电池驱动的电动轮椅/助行器；

（2）密封型湿电池、镍氢电池或干电池驱动的电动轮椅/助行器；

扫一扫
扫码看微课
值机人员对旅客电动轮椅行李的收运示范

图 5-6　电动轮椅

（3）非密封型湿电池驱动的电动轮椅/助行器。

湿电池中含有盐酸等第 8 类腐蚀性物质，镍氢电池属于空运中的危险品干电池，被列入第 9 类危险品，锂电池也是第 9 类危险品。因此，IATA《危险品规则》（DGR）对电动轮椅/助行器的收运提出了具体的要求，而航空公司等对电动轮椅/助行器的收运也是有明确规定的。

关于电动轮椅/助行器的收运，IATA《危险品规则》第 64 版有了新要求。

针对装有电池的轮椅/助行器（见 2.3.2.2～2.3.2.4 部分）进行了明确说明：当助行器的设计不能提供足够的保护以防止电池损坏时，才需要将电池拆卸。明确了轮椅/助行器上携带电池的条件：

（1）装有锂电池的电动轮椅/助行器　需要提前向经营人提出交运申请，只能作为托运行李运输，必须通知机长装载位置。如电池不能得到有效的保护，而电池又可拆卸，则必须将电池拆卸下来。电池的额定能量不得超过 300W·h。如果必须由两块电池驱动，则其中任何一块电池的额定能量不得超过 160W·h。同时，可再携带一块额定能量不超过 300W·h 或两块额定能量分别不超过 160W·h 的备用电池。拆卸下来的电池和备用电池应在客舱内携带。

（2）装有非密封型湿电池的电动轮椅/助行器　必须保证在处理、装载和放置时电池一直处于直立的状态，否则电池需要拆卸单独运输。这是因为非密封型湿电池在运输法规里是第 8 类腐蚀性物质，需要按照危险品要求进行相应包装并加贴"腐蚀性物质"标签及"向上"标签，以防电池液渗漏到货板或货舱内。必须通知机长装有电池的电动轮椅（或助行器）或取出的电池的装载位置。

（3）装有密封型电池的电动轮椅/助行器　由经营人批准可以作为托运行李运输时，其电池不得接通，电极要绝缘，以防止意外短路，并把电池紧固在电动轮椅或助行器上。如电池不能得到有效的保护，而电池又能取下，则必须取下。被取下的电池必须装入坚固的硬质包装容器在货舱内运输。必须通知机长装有电池的电动轮椅（或助行器）或取出的电池的装载位置。

为了便于操作装有湿电池的电动轮椅/助行器，可使用标签来帮助识别是否已经去除电动轮椅/助行器中的电池（见图 5-7）。此标签分两部分，左边部分粘贴在电动轮椅/助行器上，表明是否已经取出电池（将"attached"字样划去，表示电池已取出）；右边部分来识别电池（贴在卸下的电池上），同时可保证电

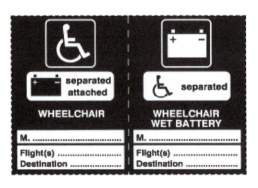

图 5-7　电动轮椅/助行器标签

池和电动轮椅／助行器能够相对应。

关于电动轮椅／助行器，不同航空公司有不同的收运条件和要求，建议旅客提前向航空公司查询现行规定。扫码了解一下《厦门航空电动轮椅和常见含锂电池的电子设备运输规范》。

扫一扫
《厦门航空电动轮椅和常见含锂电池的电子设备运输规范》

 做一做

甲是一名腿部有残疾的残疾人，平时靠一辆电动轮椅代步。2023年6月1日，他购买了厦门航空从长沙飞往上海的一趟航班的机票。购票前，他通过电话与厦门航空客服询问和沟通了轮椅运输事宜。他本人携带一个随身小包登机，包里有手机、充电宝、数码相机、零食等物品，而轮椅也要随机前往上海。

当日，甲提前来到长沙黄花国际机场办理登机手续。值机人员经过仔细询问和检查，了解到这辆轮椅的右边搭载了一块 $24V \times 12A \cdot h$ 的锂电池，且电池不可拆卸。

（1）作为厦门航空的值机人员，判断甲的行李中有哪些危险品？应分别如何处理？

（2）如果这辆轮椅的锂电池可以拆卸，根据《厦门航空电动轮椅和常见含锂电池的电子设备运输规范》应该如何正确收运该电动轮椅？

学一学

二、收运野营炉及装有易燃液体的燃料容器

 案例链接

机场安检查获野营燃油炉

安检员在对石家庄—重庆航班进行检查时，发现一名旅客托运的行李中有疑似盛放易燃液体的容器的特征图像，随即对该行李进行重点检查。最终，在该名旅客托运的行李中查出野营用加热燃油炉两个，且炉内燃油为满瓶状态。

依据《民航旅客禁止随身携带和托运物品目录》的规定，该燃油炉内灌装有易燃液体，是禁止随身携带和托运的物品。安检员向旅客解释后，旅客将该物品自弃。

（资料来源：中国民航网）

学一学

经过经营人批准，野营炉及装有易燃液体的燃料容器在采取相应的消除危险措施后，可作为托运行李运输。

野营炉及其燃料容器必须排空所有的易燃液体。为避免危险，作为行李运输的野营炉的燃料容器必须已排空燃料 1h 以上，并打开盖子至少 6h，以使残留的燃料得以蒸发；或把

对安全隐患零容忍！请您牢牢记住并遵守

烹饪油倒入燃料容器，以此将残留燃料的闪点提高至易燃液体的闪点之上，然后倒空燃料容器。随后，必须将燃料容器的盖子上紧，用诸如纸巾等吸附材料包裹，并将其放到聚乙烯袋或等效袋中；必须密封塑料袋的顶部，或用松紧带或细绳扎紧。

扫码看案例
海航值机人员细心化解安全隐患，避免危险品托运上机

在什么情况下旅客和机组人员可以在行李中携带野营炉？

三、行李中含有给非危险品作制冷剂的干冰

经过经营人批准，用于不受《危险品规则》限制的鲜活易腐品保鲜的干冰，每位旅客携带量不得超过 2.5kg，可以作为手提或托运行李，但包装要留有释放二氧化碳气体的通气孔。每件托运行李必须标注"干冰"或"固体二氧化碳"及其净重，或标明其数量小于或等于 2.5kg。经营人可在行李包装外拴挂干冰行李牌，见图 5-8。

图 5-8　干冰行李牌

扫一扫
码上看动画
客运收运干冰三部曲

带有干冰的行李如何收运呢？让我们一起来看看中国民航局航空安全委员会办公室主宣的系列宣传小视频吧。

一位旅客在深圳机场乘机时带了一箱荔枝，内置 2kg 的干冰用于保鲜。荔枝和干冰装在一个密封的硬质泡沫箱内。作为值机人员，应如何处理？

旅客携带电子烟乘机

随着电子烟的流行，越来越多的人选择使用电子烟来满足吸烟需求。然而，对于那些经常乘坐飞机的人来说，他们可能会疑惑，电子烟是否可以携带上飞机呢？

根据国际民航组织（ICAO）的规定，电子烟被视为电子设备，而不是烟草制品。因此，大多数航空公司允许旅客携带电子烟上飞机，但有一些限制和要求需要遵守。

问题一：电子烟可以放行李内托运吗？

不可以。因为电子烟的电池可能有引发火灾或爆炸的风险，因此需要在客舱内进行监控和控制。所以，电子烟必须置于手提行李中或随身携带，禁止托运。电子烟中锂电池的额定能量应不超过 100W·h 或锂含量不超过 2g。

问题二：飞机上可以吸食电子烟吗？

不可以。仅限旅客或机组人员为个人自用携带，不允许在机上使用或充电，并且必须单独保护防止意外启动。

为了避免不必要的麻烦和延误，建议旅客在乘坐飞机前提前了解航空公司的规定。不同的航空公司可能会有一些细微的差别，因此在预订机票之前，可以查阅相关信息或咨询航空公司，以确保电子烟能够顺利携带上飞机。

扫码看案例

飞机上吸电子烟，多名旅客被首都机场警方行政处罚

任务 5.4　填写"特种行李机长通知单"

学一学

当收运了含有危险品的行李后，值机人员或代理单位人员应作好详细的记录，并在旅客登机前，向机长和其他机组人员提供相应的信息：填写"特种行李机长通知单"，并在飞机起飞前尽早与航班的责任机长进行交接。"特种行李机长通知单"一式三联：第一联：填写人联（白联）；第二联：监装负责人联（红联）；第三联：机长联（黄联）。

收运了以下特种行李需要填写"特种行李机长通知单"：

（1）含有危险品的行李：

① 政府气象局代表携带的水银温度计或气压计；

② 电动轮椅（湿电池驱动）；

③ 电动轮椅（锂电池驱动）；

④ 其他，如医用氧气瓶。

（2）其他特种物品：

① 动物；

② 导盲犬、助听犬；

③ 枪支。

"特种行李机长通知单"的格式见表 5-2。

对安全隐患零容忍！请您牢牢记住并遵守

表 5-2 "特种行李机长通知单"的格式

特种行李机长通知单

SPECIAL BAGGAGE NOTIFICATION TO CAPTAIN

航班号： Flight No.：	日期： Date：	飞机注册号： Aircraft Registrations：	始发站； Departure Station：	经停站： Via：	目的站 Arrival Station：
旅客姓名： Passenger Name：			座位号： Seat No：	件数： Pieces：	重量： Weight：	行李牌号： Baggage No.：

危险品 /DANGEROUS GOODS：

品名和应急代码（Contents & ERG Codes） □政府气象局代表携带的水银温度计或气压计 (Mercury barometer or thermometer carried by a representative of government weather bureau or similar agency) ·················8L □电动轮椅（湿电池驱动）(Wheelchair powered by wet battery) ………8L □电动轮椅（锂电池驱动）(Wheelchair powered by lithium battery) ·················12FZ 其他（Other）	装载信息 /Loading Information		
	箱板号/ULD ID	装载位置/Position	更改后的装载位置/Changed Position
	附加说明 /Supplementary Information □客舱内（Cabin Baggage） □托运行李（Checked Baggage）		
	批准或豁免 /Authorization		

其他特种物品 /OTHER SPECIAL GOODS：

□动物（Live Animal） □导盲犬、助听犬（Service Dog） □枪支（Gun）	附加说明 /Supplementary Information □客舱内（Cabin Baggage） □托运行李（Checked Baggage）	装载信息 /Loading Information	
		箱板号 /ULD ID	装载位置 /Position

温度要求 /Temperature Requirement	□加温要求 /Heating Requirement for___℃（指定温度范围 /Specify） □降温要求 /Cooling Requirement for___℃（指定温度范围 /Specify）

填写人签字： Prepared By：	监装负责人签字： Loading Supervisor Signature：	机长签字： Captain's Signature：

第一联：填写人联（白联）；第二联：监装负责人联（红联）；第三联：机长联（黄联）

2023 年 8 月 26 日，一名气象局官方工作人员 ××× 乘坐从长沙飞往沈阳的 CZ8523 航班，旅客自己主动申报行李中有一根气象用水银气压计，旅客服务人员应如何正确收运？如需要，请填写"特种行李机长通知单"。

根据本项目"任务准备"中的相关信息，某日 9:00，南航地面服务人员 ×× 在长沙黄花国际机场内为旅客办理值机。旅客刘小姐准备携带以下行李乘机前往上海：①一瓶容量为 300mL 的喷发胶；②一支个人医用水银温度计；③一台 iPad；④一块额定容量为 20000mA·h、电压为 3.7V 的充电宝；⑤一瓶 500mL 自家酿制的蒸馏酒；⑥两盒自发热米饭；

⑦一瓶标称容量为 150mL 的化妆水；⑧一支 150mL 牙膏。组内分工，三人一个小组，模拟旅客特殊行李收运和安检的情景，分析旅客刘小姐的行李里携带了哪些危险品，并按照行李收运程序和方法，对其办理行李安检和行李托运给出相关建议。将行李安检、收运的过程通过视频的形式完整地录制下来，并记录在项目五的工作任务单里。

拓一拓
码上看
民航小知识：警惕您行李中的危险品

 任务评价

任务 5.1～任务 5.4 考核采取教师评价、小组评价和自我评价相结合的方式，其中教师评价占比 60%，小组评价和自我评价各占 20%。

学习成果评价单

基本信息	姓名		班级		学号	
	第 组 组长		日期		总评成绩	
	内容	评分细则	自我评价	小组评价	教师评价
核心技能考核	1. 使用"表 2.3.A 旅客与机组人员携带危险品的规定"（30 分）	能熟练、无误地使用，得 30 分；不太熟练，偶有错误，得 10～29 分；有多处错误不得分			
	2. 识别行李中隐含危险品（20 分）	能准确无误识别行李中隐含的危险品，得 20 分；偶有错误，得 5～19 分；有多处错误不得分			
	3. 几种特殊行李的收运（15 分）	能准确无误收运电动轮椅/助行器、野营炉、干冰等特殊行李，操作规范，收运准确，得 15 分；偶有错误，得 5～14 分；有多处错误不得分			
	4. 填写"特种行李机长通知单"（10 分）	每错一处扣 2 分，扣完为止			
	5. 对工作过程进行总结与反思（5 分）	总结反思深刻、有独到见解得 5 分；流于形式得 2 分；未完成不得分			
素养考核	纪律情况（5 分）	按时到岗，不早退（2 分）			
		积极思考，回答问题（2 分）			
		执行教师命令（1 分）			
	职业道德（15 分）	主动获取信息（1 分）			
		主动与他人合作（1 分）			
		主动帮助同学（1 分）			
		主动展示学习成果（2 分）			
		7S 管理（2 分）			
		操作细致、严谨、规范（4 分）			
		心存敬畏，行有所止（4 分）			
合 计					

能力训练任务与情景模拟训练任务

📋 能力训练任务

一、单选题

1. 旅客和机组人员携带的危险品需要得到经营人同意的有（　　）。
   A. 干冰
   B. 额定能量在 100～160W·h 的个人自用消费品电子设备
   C. 雪崩救援背包
   D. 全部都有

2. 可以作为随身行李的是（　　）。
   A. 备用锂电池
   B. 打火机的备用充填燃料罐
   C. 带有压缩气体或液化气体的野营炉填料
   D. 带有钢瓶的野营炉

3. 请指出以下哪些物品在采用航空运输时，需要得到经营人的许可（　　）。
   A. 安全火柴　　B. 啤酒　　C. 芬必得（药）　　D. 运动子弹

4. 一块锂离子电池的标称电压为 3.5V，标称电容量为 18000mA·h，请问这块锂离子电池的额定功率是多少？（　　）
   A. 6300W·h　　B. 63W·h　　C. 630W·h　　D. 6.3W·h

5. 根据 DGR，旅客携带的充电宝的额定能量为 20W·h，理论上每人最多可以带（　　）块。
   A. 10　　B. 15　　C. 20　　D. 25

6. 根据 DGR，某人携带 iPad 乘机，额定能量为 26W·h，理论上他可以同时携带（　　）台（不需要经营人批准的前提下）。
   A. 5　　B. 10　　C. 15　　D. 20

7. 旅客携带便携式电子设备乘机时，锂电池的额定能量最大不得超过（　　）W·h。
   A. 160　　B. 130　　C. 100　　D. 200

8. 旅客携带的便携式电子设备中的锂电池额定能量超过（　　）W·h，需要主动向航空公司工作人员申报并获得批准。
   A. 100　　B. 130　　C. 160　　D. 200

9. 一位旅客咨询"是否可以携带自家酿制的蒸馏酒乘机"，请问如何答复？（　　）
   A. 不可以
   B. 可以，只要包装完好
   C. 可以，只要不超过 5L
   D. 可以，只要酒精体积浓度小于 70%

10. 某旅客行李中有一支个人自用的水银温度计，请问可以采取以下哪种携带方式？（　　）
    A. 托运　　B. 手提　　C. 手提、托运均可　　D. 禁止携带

11. 从电动轮椅上取下来的密封型湿电池（其电解液属于第 8 类"腐蚀性物质"）可以采取以下哪种携带方式？（　　）
    A. 托运　　B. 手提　　C. 手提、托运均可　　D. 禁止携带

12. 从电动轮椅上取下来的锂电池可以采取以下哪种携带方式？（　　）
    A. 手提　　B. 托运　　C. 手提、托运均可　　D. 禁止携带

13. 旅客携带装在救生衣内的非易燃气瓶时，可以携带几个备用气瓶？（ ）
   A. 1   B. 2   C. 3   D. 4
14. 旅客交运的装有锂电池（不可拆卸）的电动轮椅，其锂电池的额定能量可以是（ ）。
   A. 305W·h   B. 159W·h   C. 87W·h   D. 以上都对
15. 根据CAAC规定，下列关于锂电池在旅客或机组行李中运输的说法中，哪个说法是正确的？（ ）
   A. 备用锂电池允许放入托运行李中，无须航空公司同意
   B. 一块额定能量为120W·h的备用锂离子电池无须航空公司批准，可以放入手提行李中带上飞机
   C. 个人手机的备用电池必须单个做好保护，并只能作为手提行李运输
   D. 充电宝在机上可以使用
16. 旅客和机组人员携带危险品，需要在运输前通知机长的有（ ）。
   A. 以锂电池为驱动电源的电动轮椅   B. 水银气压计
   C. 医用氧气瓶   D. 全部都有
17. 旅客携带一辆锂电池驱动的电动轮椅，电池可拆卸，卸下的电池额定容量不能超过（ ）。
   A. 100W·h   B. 300W·h   C. 160W·h   D. 无限制
18. 旅客携带一块便捷式电子设备的备用电池，电压为3.8V，额定容量为12000mA，该电池（ ）。
   A. 可以作为手提行李   B. 可以作为托运行李
   C. 可以随身携带   D. 禁止运输
19. 根据DGR的规定，旅客最多可携带化妆品（如香水）的总数量是（ ）。
   A. 350mL   B. 1000mL   C. 2000mL   D. 500mL
20. 智能行李箱中的电池可以拆卸，如果其是交运行李，必须卸下电池，并把卸下的电池带入客舱，电池的能量必须小于（ ）。
   A. 2.7W·h   B. 3.7W·h   C. 80W·h   D. 100W·h

二、多选题

1. 下列属于旅客或机组人员禁止携带的物品是（ ）。
   A. 内装锂电池或烟火材料等危险品的公文箱
   B. 致残器具（使人丧失能力的装置），如梅斯毒气、胡椒喷雾器等
   C. 液氧装置
   D. 现金箱、现金袋
2. 含有溢漏型电池的电动轮椅，在操作中无法做到以直立方式装载、放置、固定和卸机，那么应采取哪些措施？（ ）
   A. 事先征得承运人同意，做好安排   B. 卸下电池
   C. 电池装入坚固的硬质包装中   D. 通知机长轮椅或已包装电池的装载位置
3. 根据DGR的规定，旅客携带酒精饮料乘机时，需要满足哪些规定？（ ）
   A. 需使用原零售包装，且包装完好   B. 酒精体积浓度不超过70%
   C. 单个容器的体积不超过5L   D. 每人总携带量不超过5L
4. 以下哪些措施能预防托运行李隐含危险品（ ）。
   A. 办理值机时对旅客进行危险品提示
   B. 所有行李必须通过安检机

C. 在办理行李托运时，检查行李外包装是否有危险品标识

D. 航空公司加强对旅客服务人员关于危险品知识的培训

5. 根据DGR的规定，旅客可携带以下哪些酒精饮料乘机？（　　）

A. 酒精浓度8%的啤酒一箱（500mL×6瓶）

B. 酒精浓度52%的白酒一瓶（500mL）

C. 酒精浓度75%的白酒一瓶（500mL）

D. 酒精浓度12%的葡萄酒一瓶（750mL）

6. 当旅客托运锂电池电子设备时，航空公司工作人员必须提醒旅客做好托运设备的哪些事项？（　　）

A. 设备要完全关闭　　　　　　　B. 设备要做好防损坏保护

C. 设备要做好防意外启动措施　　D. 设备不可以是休眠状态

7. 当旅客携带锂电池电子设备的备用电池时，航空公司工作人员必须提醒旅客做好哪些措施？（　　）

A. 防止电池外部短路的保护措施　B. 防止电池被压变形的保护措施

C. 只能放入手提行李　　　　　　D. 只能放入托运行李

8. 当旅客携带锂电池电子设备的备用电池时，对备用电池采取以下哪些措施是正确的？（　　）

A. 单独放入电池包装盒中　　　　B. 单独放入绝缘袋中

C. 用绝缘胶布粘住裸露的电极　　D. 与钥匙、化妆品等一起放入手提包中

9. 下列哪些物品无须得到航空公司工作人员的批准就可以携带乘机？（　　）

A. 个人自用的一台智能手机　　　B. 一台笔记本电脑

C. 酒精浓度8的啤酒　　　　　　D. 个人自用的一支水银温度计

10. 下列哪些物品需要得到航空公司工作人员的批准，才可以携带乘机？（　　）

A. 用于保鲜的干冰　　　　　　　B. 电动轮椅

C. 1.4S体育用弹药　　　　　　　D. 电子烟

三、判断题

1. 旅客携带了一块锂电池充电宝，其外壳上标注信息如下："额定容量20000mA·h，标称电压6V"。携带该充电宝乘机需要航空公司批准。（　　）

2. 航空公司应当提供信息，告知旅客危险品运输的相关规定。（　　）

3. 航空公司应当制订措施防止行李、货物、邮件以及机上供应品中隐含危险品。（　　）

4. 《危险品规则》中允许旅客携带危险品的规定不适用于机组人员。（　　）

5. 除非另有规定，允许放入手提行李中的危险品也是允许随身携带的。（　　）

6. 某旅客行李中携带了一瓶（500mL）酒精体积浓度为75%的白酒，根据规定，可以携带乘机。（　　）

7. 旅客托运笔记本电脑时，必须确保设备完全关闭，不可以是休眠状态。（　　）

8. 旅客的便携式电子设备的备用锂电池，只能放在手提行李中。（　　）

9. 某旅客携带一纸箱锂电池销售样本，电池数量总计25块，每块电池的额定能量都不超过100W·h（瓦·时），该旅客在没有获得航空公司工作人员的批准下，可以携带这箱锂电池乘机。（　　）

10. 在飞行过程中，可以使用充电宝给手机充电。（　　）

11. 某旅客携带额定能量为130W·h的电动遥控玩具乘机，不需要向航空公司工作人员申报并获得批准。（　　）

12. 某旅客因身体原因，携带了一台便携式制氧机（POC），锂电池的额定能量是80W·h。该旅客可以携带这台便携式制氧机乘机。（   ）

13. 某旅客行李中有4盒电子香烟，5支一盒，每支电子香烟的额定能量都不超过100W·h，该旅客可以携带这4盒电子香烟乘机。（   ）

14. 某旅客欲乘坐南航（北京—广州）航班，可以将其防漏型电池（其电解液属于第8类腐蚀性物质）驱动的电动轮椅带入客舱。（   ）

15. 运输装有锂电池的电动轮椅，必须通知机长安有电池的电动轮椅的装载位置或者已被取下并被包装好的电池的装载位置。（   ）

16. 对于已经取下电池的电动轮椅，也应该按照危险品来进行运输。（   ）

17. 旅客携带的锂电池驱动的电动轮椅，如果电池不能得到有效的保护且电池能够从电动轮椅上取下，那么必须卸下电池并将取下的锂电池带入客舱。（   ）

18. 备用／零散电池，包括锂电池、防漏型电池、镍氢电池和干电池。便携式装置所用电池只允许放入手提行李中。（   ）

19. 备用／零散电池中的密封型电池必须电压不得超过12V，并且额定能量不得超过100W·h；每人携带数量不超过2块。（   ）

20. 啤酒属于酒精饮料，需要作为易燃液体按照危险品运输。（   ）

21. 已关机的笔记本电脑可以作为托运行李运输。（   ）

22. 配备锂电池的行李箱（智能行李箱），当行李箱中的锂电池不可拆卸，且锂金属电池的锂金属含量超过0.3g或锂离子电池的额定能量超过2.7W·h，则禁止携带。（   ）

23. 配备锂电池的行李箱（智能行李箱），当行李箱中的锂电池不可拆卸，且锂金属电池的锂金属含量小于0.3g或锂离子电池的额定能量小于2.7W·h，则既可以交运也可以作为手提行李。（   ）

24. A和B两人一同前往某地参加射击比赛，每人携带2kg弹药，B可以将其弹药交由A合成一个包装携带。（   ）

25. 野营用具和已装过易燃液体的空容器可以作为交运行李运输。但需确保容器已经被彻底排空以消除危险。需经营人批准，作为托运行李运输。（   ）

情景模拟训练任务

1. 如今，航空出行已经成为越来越多人的选择。但是乘坐飞机也有很高的安保要求，很多旅客不了解如何规范携带随身物品乘机。作为在广州白云国际机场工作的旅客服务人员，碰到旅客提出的下列问题应该如何回答呢？

（1）我酷爱电子产品，外出坐飞机时会带一些由锂电池供电的物品，如手机、掌上电脑、笔记本电脑、移动打印机、GPS系统、MP3播放器等。有问题吗？

（2）我还有疑问，带了这么多电子产品，我如何携带足够的充电宝呢？

（3）我的孩子发烧了，需要带一支水银温度计观察体温变化，怎么带呢？

（4）我胆子小，外出旅行喜欢携带防身喷雾（胡椒喷雾），可以登机吗？

（5）我烟不离手，乘坐飞机时是否可以携带火柴、打火机或点烟器？

（6）电子烟无需明火引燃，应该可以随便带吧？

（7）我吃不惯外面的饭菜，这次出去旅游随身携带了自热米饭和方便小火锅。我又不在飞机上吃，只是带上飞机应该没啥问题吧？

（8）酒逢知己千杯少！走，咱整一箱二锅头飞机上喝！

2. 在旅客携带的下列行李中，可能会含有何种危险品？
(1) 舞台特殊效果设备　　　　　　(2) 露营装备
(3) 冷冻食品　　(4) 潜水设备　　(5) 无人陪伴的行李

3. 了解我们身边的危险品——香水

什么？经常往身上喷的香水居然是危险品！

香水有什么危险性呢？我们坐飞机，能将香水直接带上飞机吗？有什么要求？

4. 榴莲是一个让人爱恨交加的存在。有些人觉得榴莲是世界上最美味的水果，有些人却觉得其恶臭难忍，甚至会有窒息的感觉。因为榴莲的怪味，给航空运输带来了不少的麻烦。

了解一下国内航空公司关于旅客行李中携带榴莲的处理方式。

5. 近年来，各种口味的冰淇淋月饼越来越受欢迎。中秋节前夕，旅客丁晴准备携带两盒冰淇淋月饼登机，每盒里面都放了350g干冰作制冷剂。作为行李收运人员，需要了解干冰的危害，对这位旅客的行李进行正确的收运。

6. 关于行李中酒精饮料的收运，我国有比IATA更严格的要求。某旅客乘坐南航航班从成都前往上海，行李中携带了一箱（500mL×6瓶）54%白酒（未拆封）和4瓶装在矿泉水瓶里的自家酿制的米酒。请查阅我国民航局关于酒精饮料空运的规定，按照收运规定和程序正确完成这次行李收运任务。

7. 某出港航班，旅客全部登机并关闭舱门后，一位旅客告诉乘务长他的托运行李中有一块充电宝。乘务长将这一情况报告了机长，请问机长应如何处置？

8. 乘务长发现某旅客携带了一台影视摄像机进客舱，经询问，锂电池的额定能量是200W·h。乘务长将这一情况报告了机长，请问机长应如何处置？

项目五　能力训练任务与情景模拟训练任务参考答案

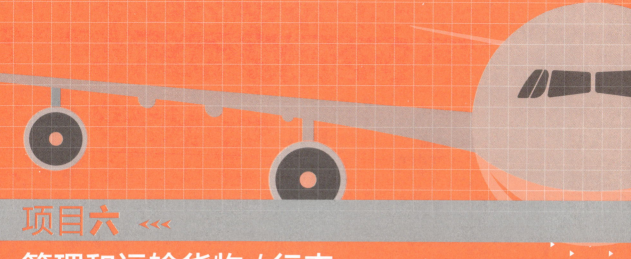

项目六
管理和运输货物 / 行李

任务目标

知识目标	能力目标	素养目标
1. 掌握危险品计划装载中存储、隔离、码放等要求。 2. 掌握"特种货物机长通知单"的填写要求。 3. 掌握危险品的装载要求。	1. 能进行不同性质的危险品的存储、码放、隔离等工作。 2. 能正确签发"特种货物机长通知单"。 3. 会根据不同的情况正确进行危险品的装载工作。	1. 培养爱岗敬业、吃苦耐劳的优秀品质。 2. 培养民航工匠等当代民航精神。 3. 树立严谨科学的专业精神和团结协作的工作作风。

一、任务准备

　　北京××货运代理有限公司收到一票危险货物,运往日本东京,货物 A:Benzonitrile,4L;货物 B:Acetaldehyde oxime,10L。预订了中国国际航空股份有限公司客机航班舱位。托运人将货物运到了首都国际机场,国航工作人员办理接收了货物。货物已打单入库,现需对收运的危险品做好存储、预载等工作,填好"特种货物机长通知单",将货物和收运的行李装上飞机,运输至目的地。

二、发布工作任务单

工作任务	管理和运输货物 / 行李				
姓名		班级		学号	
任务描述	北京××货运代理有限公司收到一票危险货物,运往日本东京,货物 A:Benzonitrile,4L;货物 B:Acetaldehyde oxime,10L。预订了中国国际航空股份有限公司客机航班舱位。托运人将货物运到了首都国际机场,国航工作人员办理接收了货物。货物已打单入库,现需对收运的危险品做好储存、预载等工作,填好"特种货物机长通知单",将货物和收运的行李装上飞机,运输至目的地				

工作内容	1. 计划装载，考虑储存、码放、隔离等要求	
	2. 签发"特种货物机长通知单"	
	3. 将危险货物装上飞机	
任务总结与反思		

三、工作流程

案例链接

瓦卢杰航空 592 号班机空难

1996 年 5 月 11 日，美国 VALUJET 航空公司的 592 号班机从迈阿密国际机场到亚特兰大的途中因违规放置危险物品导致引燃轮胎，继而烧断了控制电缆，飞机失去了控制。该航班坠毁于佛罗里达州的大沼泽地中，事故导致机上 110 人全部罹难。

起火原因：货舱内有隐瞒申报的危险品——114 瓶"氧气发生器"，该"氧气发生器"包装和放置不当，起飞后由于振动而升温爆炸并引起火灾。2000 年 8 月，美国联邦法官做出判决，要求 Sab 科技维修公司（托运人）对此事故赔偿 1100 万美元。

592 号航班事故的恶劣后果也引发了美国航空监管机构的大地震：美国运输部部长、美国联邦航空管理局（FAA）局长接连辞职。

事故发生后，美国联邦航空管理局做出了回应，规定所有商业客机的货舱都必须安装烟雾探测器和自动灭火器，并且加强了禁止在飞机上携带危险货物的规定。

任务 6.1 计划装载

作为危险品，完成出港收货后，不能与普通的货物和行李一同存放，必须要临时存放于存储专用区、存储专用库或指定暂存区内，并由专人负责管理。要求危险品货物临时存放从业人员必须具备高度的责任心和安全意识，应当接受符合其履行岗位职责要求的危险品培训并评估合格，熟练掌握相应类/项别的危险品货物存放及应急响应的相关知识，并熟悉发生公共航空危险品运输事件时的应急响应以及信息报送方式。

扫一扫
码上看：《危险品货物航空运输临时存放管理办法》

知识充电站：

一、确定存储要求

1. 存储场所要求

（1）在存储专用区、存储专用库以及指定暂存区内划分不同的区域，按照《危险品航空安全运输技术细则》及相关行业标准中有关隔离的规定分类/项别存放危险货物。

（2）配备安全作业设施设备和应急处置设施设备，并定期检测、维护，使其处于良好状态，确保正常可用。

（3）配备必要的防护用品，并确保防护用品可以有效使用。

（4）在存储场所的明显位置张贴危险性标识图、"禁止吸烟""禁止明火"等标识和出现紧急情况时的应急处置措施和信息报送方式等信息。

扫一扫
码上看：《危险品货物航空运输存储场所安全管理规范》

2. 存储一般要求

（1）应按要求对危险品进行收运检查，确保符合航空运输要求后方可在储存场所进行存储。

（2）除汽车、发动机、磁性材料等大件危险品货物以及含有危险品货物的集装器外，禁止露天存储。含有危险品货物的集装器可存储在露天指定暂存区，但是存放时间不应超过24h。

（3）危险品货物在其他指定暂存区的存储时间不应超过48h。

（4）除应急处置需要外，禁止在存储场所内进行打开包装、分装改装、物流加工、取样等作业。

（5）装有多类/项危险品货物的拖斗或集装器应存储在存储场所的指定区域。

3. 几种危险品存放的特殊要求

（1）压缩气体钢瓶　压缩气体钢瓶可以直立放在瓶架上，也可以平放在干燥的地面上，但不可倒置。气体钢瓶在平放时，必须用三角木卡牢，以免滚动。多个钢瓶存放时，钢瓶的首尾朝向要一致，并应避免将瓶口指向人多的地方。库房温度高于35℃时，应采取降温措施。

（2）自反应物质与有机过氧化物的包装件　自反应物质与有机过氧化物的包装件必须避免阳光直射，应放在远离任何热源且通风良好的地方。

（3）放射性物质的包装件　Ⅱ级-黄色和Ⅲ级-黄色的放射性物质包装件、合成包装件及集装器，无论在什么地方摆放，每一堆货物的总运输指数不得超过50。任意两堆货物之间的距离至少保持6m。

（4）深冷液化气体中液氮罐的存储：

① 液氮罐必须保持直立、箭头向上；

②液氮罐数量较多时，如果放置于密封空间内，应注意通风，以防窒息。

（5）毒性物质和感染性物质　毒性物质和感染性物质不能与动物、饲料或食品等货物混在一起存放。

（6）干冰或用干冰作为制冷剂的货物　干冰或用干冰作为制冷剂的货物存储时，应避免阳光直射，远离所有热源，存储在通风透气的区域；如存储在冷库中，操作时应注意通风。

二、确定码放要求

（1）在搬运、码放危险品包装件的过程中，无论是采用人工操作还是采用机械操作，都必须做到轻拿、轻放，严防撞击、重压、拖拽、倒置和侧放。贴有"向上"标签的包装件在所有操作过程中都不能倒置。装有液体危险品的单一包装件如有顶端封口，即使单一包装件有侧面封口，也必须保证顶端封口朝上码放和装载。

（2）操作单件超过50kg的危险品货物时，应当根据需要使用相应的设施设备完成装卸、码放等工作，避免由于操作不当造成危险品货物破损、泄漏或跌落。

（3）所有危险品严禁直接放置在地面，且一个托盘只能放一票危险品，危险品标签朝外。

（4）危险品入库时，应按照危险品存放标识按区隔离存放，并保证性质相抵触（不相容）的危险品的托盘以不小于2m的间距放置于危险品仓库中，装有危险品货物的拖斗或集装器存储时相互之间应至少保持50cm的距离。严禁不按分区要求混放危险品，同时按IATA DGR表9.3.A危险品隔离表（见项目三任务3.1里的表3-7）隔离存放。

（5）入库的危险品应按照包装件的危险性及操作标记、标签进行码放，标记、标签应朝外，以便查看。码放时还应遵循大不压小、重不压轻、木箱或金属包装不压纸箱的原则。按照危险品包装件上的提示操作，如"不可倒置""小心轻放""不可重叠"等，并且要保证危险品放置整齐、重心稳固、不易掉落。一般情况下，货物码放的高度不宜超过同类货物4层或3m高。

危险品货物码放如图6-1所示。

图6-1　危险品货物码放图

三、存储期间工作人员巡视检查要求

（1）危险品进库时，理货员必须与危险品仓库管理员做好交接登记手续（包括单号、进出库时间、包装、件数等）。

（2）危险品进出库时，如发现货物有破损、泄漏等异常情况，必须在危险品出入库交接记录本上特别注明，并按危险品应急处置预案处理。

（3）危险品仓库每天进行两次日常巡检并做好登记。巡检内容包括：危险品的存储是否按其不同类/项别分别放置在不同的仓库中或不同的区域内，危险品包装是否有破损、泄漏、自燃等异常情况，消防设备是否完好，灭火物质如沙土是否需要补充，仓库温度，仓库是否有漏雨的迹象，照明监控设备是否完好，是否有老鼠痕迹，周边是否有烟火等。如有异常情况立刻上报。

（4）在危险品仓储期间，《危险品航空安全运输技术细则》要求货物的标记和标签不得被包装的任何部分或随附品或任何其他标签或标记掩盖或遮蔽。当巡查中发现危险品包装件的标记或标签已丢失、脱落或难以辨认时，必须按照危险品运输文件上的内容补贴相应的标记和标签。

（5）危险品应按规定操作，分类存储，防止包装件破损。当发现包装件渗漏、破损时，不得发运并应做好记录，同时按危险品应急处置预案处理。

四、确定隔离要求

为了避免性质相抵触的危险品包装件在偶然漏损时发生危险的化学反应，必须在存储和装载时对它们进行隔离。

（1）性质相抵触的危险品的隔离要求　见 DGR 表 9.3.A 危险品隔离表，具体见项目三表 3-7。

性质相抵触的危险品包装件在任何时候不得相互接触或处于相邻位置。在实际操作中，性质相抵触的危险品包装件要装入不同的货舱、不同的集装箱或集装板，或用普通货物隔开。

性质相抵触的危险品包装件装在集装板上或在货舱内散装的情况下，可采用如下两种方式中的任何一种隔离：

① 将两种性质抵触的危险品包装件分别用尼龙带固定在集装板或飞机货舱板上，两者的间距至少 1m，如图 6-2 所示。

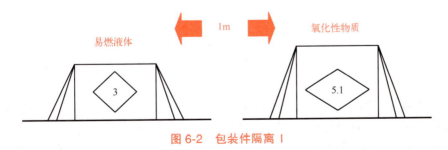

图 6-2　包装件隔离 I

② 用普通货物包装件将性质互相抵触的两个危险品包装件隔开，两者的间距至少 0.5m，如图 6-3 所示。

有些危险品与一些特种货物也不相容，对这些物品的装载预防措施如表 6-1 所示。

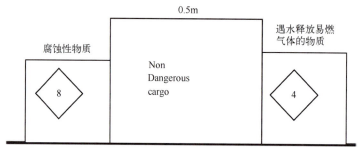

图 6-3 包装件隔离 2

表 6-1 危险品和其他特种货物的隔离

货物	类别		
	毒性和感染性物质	Ⅱ级和Ⅲ级放射性物质	干冰和深冷液化气体
	6	7	9/2.2
活体动物	×	↔	◁▷
孵化蛋（种蛋）		↔	◁▷
未曝光底片		↔	
食品或其他可食用物质（鱼、海鲜、肉）	×		

注：1. × 表示不可以装载于同一货舱。

2. ↔ 表示需要最短的距离隔离。放射性物质与活体动物、未曝光底片的最小隔离距离参看 DGR 9.3.14.2 及 DGR 9.3.F；放射性物质Ⅱ级 - 黄色和Ⅲ级 - 黄色包装件、合成包装件和货物集装器必须与活体动物分隔，运输时间小于 24h，最小间隔距离为 0.5m，运输时间大于 24h，最小间隔距离为 1m。

3. ◁▷ 表示需要物理方法隔离。

（2）第 6 类危险品货物与其他货物的隔离　毒性物质或感染性物质和要求贴次要危险"毒性"（toxic）标签的物质不得与活体动物、种子、种蛋、饲料、食品等装载于同一货舱内，以下两种情况除外：①毒性物质或感染性物质和要求贴次要危险"毒性"（toxic）标签的包装件装载在一个封闭的集装器内，而食品装载在另一个封闭的集装器内；②毒性物质或感染性物质和要求贴次要危险"毒性"（toxic）标签的包装件与以上货物分别装在不同的集装板上，而且集装板在货舱内不得相邻放置。

练一练

（1）性质相抵触的危险品在仓库中储存时应有 2m 以上的间隔距离。（　　）

（2）危险品储存时，危险品标记和标签应处于易见位置，桶不得卧堆，桶口朝上或按标签指示方向放置。（　　）

（3）装有液体的单一包装方形桶，顶端有封口，侧面靠下也有封口，可以将这个方形桶保持顶端朝上码放，也可以将有封口的那个侧面保持朝上码放。（　　）

（4）危险品操作中要防止撞击、振动、摩擦、翻滚，做到小心轻放，轻装轻卸。（　　）

（5）危险品仓库工作人员在巡检时发现一票危险品货物的标签不见了，可以找出该票货物的托运人危险品申报单，根据上面提供的信息重新张贴标签。（　　）

（6）在露天指定暂存区的危险品货物存储时间不得超过 24h，在其他指定暂存区的危险

品货物存储时间不得超过 48h。（　　）

（7）装有液体危险品的单一包装件如同时有顶端封口和侧面封口，必须保证侧面封口朝上码放和装载。（　　）

（8）有两个危险品包装件，一个装的是第 3 类易燃液体，一个装的是 5.1 项氧化性物质，这两个危险品包装件在装载时不需要隔离。（　　）

（9）危险品仓库入库了图 6-4 所示的货物，须放置在避免阳光直射、远离任何热源且通风良好的地方。（　　）

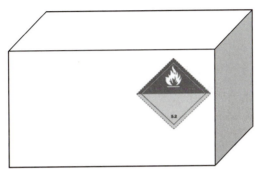

图 6-4　危险品货物示例 1

（10）图 6-5、图 6-6 所示的危险品货物在仓库里储存时不需要满足隔离要求，可以相邻放置。（　　）

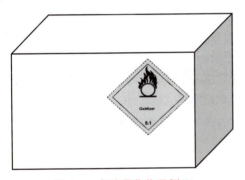 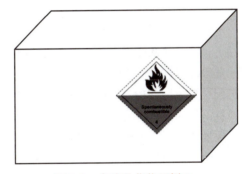

图 6-5　危险品货物示例 2　　　　　　　　图 6-6　危险品货物示例 3

（11）以下货物装载在集装板上，需要确定其隔离要求，哪些做法是正确的？（　　）

A.
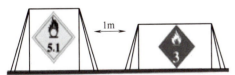

B.

C.

D.
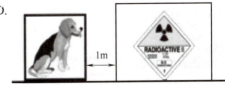

做一做

北京××货运代理有限公司收到一票危险货物，运往日本东京，货物 A：Benzonitrile，4L；货物 B：Acetaldehyde oxime，10L。预订了中国国际航空股份有限公司客机航班舱位。托运人将货物运到了首都国际机场，国航工作人员办理接收了货物。货物已打单收运，按照危险品的装卸、搬运的特定要求，穿戴好防护用品，做好危险货物 A 和 B 的预装管理工作。需要完成以下工作并记录在项目六的工作任务单里。

（1）确定存储要求；
（2）确定隔离要求；
（3）检查包装是否有未申报危险品的迹象；
（4）检查有无损坏和 / 或泄漏；
（5）适用时使用 ULD 挂签；
（6）做好巡检工作。

任务 6.2　签发"特种货物机长通知单"

 学一学

危险品出库时，必须按照预先检查的原则进行检查。如发现有任何项目不符合要求，必须停止运输，联系托运人和航空公司处理，并做好记录。

危险品装机前，货站出港人员应根据危险品托运人申报单、收运检查单填制"特种货物机长通知单"[SPECIAL LOAD NOTIFICATION TO CAPTAIN（NOTOC）]，作为一个书面资料，告知机长将要作为货物运输的危险品的情况，使机长了解该航班承载的危险品的种类、数量和位置。大部分危险品需要填制"特种货物机长通知单"。

运输下面的危险品货物不需要填写"特种货物机长通知单"：
（1）例外数量危险品；
（2）UN3373，生物物质，B 类；
（3）UN2807，磁性物质；
（4）UN3245，转基因生物和转基因微生物；
（5）符合包装说明 965～970 第Ⅱ部分要求的锂离子和锂金属电池；
（6）放射性物质例外包装件。

"特种货物机长通知单"一式 4 份，中英文对照，背面附有危险品和其他特种货物的 IMP 代码表。

扫一扫
"特种货物机长通知单"样本

1. "特种货物机长通知单"通用栏的填写

（1）Station of Loading：装机站名称，使用 IATA 规定的机场三字代码。

（2）Flight Number：航班号。

（3）Date：航班离港日期。

（4）Aircraft Registration：飞机注册号。

（5）Prepared By：填写人签字。

（6）Checked：检查人签字。

（7）Load Master's Signature：监装负责人签字。

（8）Captain's Signature：执行该航班的机长签字。

（9）Other Information：其他说明和要求。

2. "特种货物机长通知单"危险品栏的填写

（1）Station of Unloading：卸机站名称，使用 IATA 规定的机场三字代码。

（2）Air Waybill Number：货运单号。

（3）Proper Shipping Name：危险品运输专用名称，对于 N.O.S. 条目，托运人申报单中显示的技术名称不需要包含在 NOTOC 中。

（4）Class or Division For Class 1，Compatibility Group：危险品类别或项别。如果是第一类爆炸品，还要求注明配装组代码。

（5）UN or ID Number：危险品联合国编号或国际航协编号。

（6）Subsidiary Risk：次要危险的类别或项别。

（7）Number of Packages：危险品的包装件数量。

（8）Net Quantity or Transport Index Per Package：填写每一个包装件内危险品的净数量（例如 15kg，4L）；如果运输放射性物质，此栏填写包装件的运输指数（例如 TI7.4）。

（9）Radioactive Material Category：放射性物质等级和标签颜色。

（10）Packing Group：危险品运输包装等级。

（11）Code（see reverse）：危险品的 IMP 代码（见背面）。

（12）CAO：如果该危险品包装件仅限货机运输，在此栏标注"×"。

（13）ERG Code：应急处置代码。

（14）Loaded ULD ID：装有危险品的集装器编号。

（15）Loaded Position：危险品的装机位置。

飞机起飞前，货站出港人员须尽早将"特种货物机长通知单"交机长签字。机长审阅无异议后签字，并将其中一份留存。在飞行过程中机长必须将留存的"特种货物机长通知单"放在随时能拿到的地方。当空中出现紧急情况时，机长可根据该"特种货物机长通知单"将飞机上危险品的种类、数量及装载位置通知空中交通管制部门，同时还应通知所在航空公司运行控制中心。

下面是一个填写完整的空运危险货物的"特种货物机长通知单"。

牢记三个敬畏，做到知行合一

SPECIAL LOAD NOTIFICATION TO CAPITAIN (NOTOC)
特种货物机长通知单

| STATION OF LOADING:
装机站：PVG | FLIGHT No.:
航班号：CK235 | DATE:
离港日期：2023.07.04 | AIRCRAFT REGISTRATION:
飞机注册号：N740SA | PREPARED BY
填写人签字：雷鸣 | CHECKED
检查人签字：武力 |

DANGEROUS GOODS:
危险物品：

There is no evidence that any damaged or leaking packages containing dangerous goods have been loaded on the aircraft
已装在本架飞机上的危险物品的包装件无任何破损和泄漏迹象

Station of Unloading 卸机站	Air Waybill No. 货运单号	Proper Shipping Name 运输专用名称	Class or Division For Class 1 comp. Grp 类或项（一类爆炸品的配装组）	UN or ID No. UN 或 ID 编号	Sub. Risk 次要危险	No. of Pkgs 包装件数	Net Qty or Trans. Index Per Pkg 单件净数量和运输指数	Radioactive Material Categ. 放射性物质等级	Packing Group 包装等级	Code (see reverse) 代号见背面	CAO 仅限货机	ERG Code 应急处置代码	Loaded 装载信息	
													ULD ID 集装器编号	Position 装机位置
ORD	7814518 2491	ACRYLIZCAOID, STABILIZED	8	UN2218	3	1	2.5L	-	II	RCM	×	8F	PMC24864 MU	23(KL)
	7814518 2480	ESTERS, N.O.S.	3	UN3272	-	26	27L	-	III	RFL	-	3L		
	7814518 2454	AVZATION REGULATED LIQUID, N.O.S.	9	UN3334	-	6	23L	-	-	RMD	-	9A		

OTHER SPECIAL LOAD: 其他特种货物：

Station of Unloading 卸机站	Air Waybill No 货运单号	Contents and Description 货品及说明	No. of Packages 包装件数	Quantity 重量	Supplement Information 附加说明	Temperature Requirements: 温度要求 ☐ Heating Required for ℃ ☐ Cooling Requirement for ℃	Code (see reverse) 代号见背面	Loaded 装载信息	
								ULD ID 集装器识别编号	Position 装机位置

Other Information:
其他说明和要求：

Capitain's Signature:
机长签字：××

Load Master's Signature:
监装负责人签字：××

Original: For Original Station   **Copy1: For Load Master**   **Copy2: For Capitain**   **Copy3: For Destination**

正本：始发站留存   副本 1：监装人留存   副本 2：机长留存   副本 3：目的地留存

📝 练一练

根据下面提供的信息填写一份"特种货物机长通知单"。

始发站：北京（PEK）	到达站：东京（TYO）
航班号：CA925	日期：2023 年 6 月 26 日
飞机注册号：2849	填单人：李强
机长：王明	监装人：刘飞
危险物品 1：Methyl acetate	危险物品 2：Selenium oxychloride
运单号：999-7593 9662	运单号：999-7593 9663
件数：20 件	件数：4 件
每件含量：5L	每件含量：0.5L
包装等级：Ⅱ级	包装等级：Ⅰ级
集装器代号：CA2101	集装器代号：CA5040
货位：A11	货位：A12

📖 做一做

北京飞腾捷达货运代理有限公司收到一票危险货物，运往日本东京，货物 A：Benzonitrile，4L；货物 B：Acetaldehyde oxime，10L。预订了中国国际航空股份有限公司 CA925 航班舱位。托运人将货物运到了首都国际机场，国航工作人员办理接收了货物。货物已打单并放入危险品仓库，在装机之前，签发"特种货物机长通知单"。签发完毕，记录在项目六的工作任务单里。

任务 6.3　装载航空器

👥 学一学

在危险品装载过程中，监装/监卸人员必须接受相关岗位的危险品知识培训，取得证书后方可上岗。监装/监卸人员负责监督、指导搬运人员按照危险品搬运程序及操作要求装卸货物。

一、预先检查货物/行李

装有危险品的包装件或行李在组装集装器和装机之前，工作人员必须对其进行认真检查。包装件在完全符合要求的情况下，才可对其进行作业。

检查的内容包括：

（1）再一次检查包装件是否存在未申报危险品的迹象。

（2）外包装无泄漏，无破损；包装件无气味，无任何泄漏及损坏的迹象，如出现损坏或渗漏，包装件不得装上飞机或集装器，要做安全处置。出现渗漏时，还必须确保其余的货物免受损害和污染。

（3）集装器未经检查和未证实其内装危险品无泄漏或无破损迹象，不得装上航空器。

（4）装上航空器的危险品的任何包装件如出现破损或泄漏，应将此包装件从航空器卸下，在此之后应当保证该交运货物的其余部分状况良好并符合航空运输要求，并保证其他包装件未受污染。

（5）装有危险品的包装件、合成包装件和装有放射性物质的专用货箱在装上或卸下航空器或集装器时，应当检查是否有破损或泄漏的迹象。如发现破损或泄漏的迹象，则应当对航空器或集装器装载危险品的部位进行破损或污染的检查，如有污染要予以清除。

（6）包装件上的危险性标签和操作标签正确无误、粘贴牢固；如出现标签遗失、脱落或模糊不清的情况，检查人员应立即将情况反馈给相关部门，并进行准确更换。

（7）包装件的文字标记（包括运输专用名称、UN 或 ID 编号、托运人和收货人的名称及地址）书写正确，字迹清楚。如有遗漏，应立即进行补充。

二、危险品货物/行李装机

（一）危险品货物/行李装载一般要求

负责货物/行李装机的监装监卸人员需要熟悉危险品货物的装载要求。

（1）当危险品按照要求装入航空器时，装载人员必须保证该危险品包装件无破损，且必须特别注意在运输准备过程中对包装件的操作和装机方式，以避免由于拖、拉或不正确的操作产生事故性损坏。

（2）货物装载人员必须按要求将危险品正确固定在飞机上，必要时应采取有效措施防止包装件在飞机飞行过程中因位移或同货舱其他货物移动而造成包装件之间碰撞产生破损。

（3）当装载人员发现标记和标签丢失、损坏或字迹模糊时，必须通知有关部门更换标记和标签。

（4）货物装载人员在装载货物前，必须认真检查核对货物文件与标签，防止将贴有"仅限货机"（cargo aircraft only）标签的危险物品装上客机。

（5）在危险品的装载过程中，监装/监卸人员负责监督货物装卸人员按危险品操作要求装卸货物，防止将危险品装在飞机的驾驶舱和客舱或飞行甲板中，但主管部门或 IATA《危险品规则》的限制性条款中另有规定的除外。

（6）对于经停航班的危险品运输（含航材类危险品），为了防止过站危险品被经停站误操作，始发站人员应将过站危险品货物放置在货舱内靠后的位置，并做好固定，同时将经停站货物、行李放在货舱内靠前的位置，经停站装卸人员在装卸货物时，不能随意碰触或移动危险品货物。

（二）危险品货物/行李装载程序

（1）将货物/行李运送至航空器。

（2）再一次检查包装件是否存在未申报危险物品的迹象。

（3）再一次检查包装件是否存在损坏和/或泄漏。

① 任何泄漏或破损的包装件、合成包装件或专用货箱不得装上航空器。

② 集装器在装上飞机前，必须接受检查并确认其所装载的危险品无任何泄漏和破损的迹象。

③ 装上航空器的危险品的任何包装件如出现破损或泄漏，经营人应将此包装件从航空器上卸下，并保证其他包装件和货舱未受污染，还应检查同一批货物的其他包装件是否有相似的损坏情况。

（4）装机时根据计划装载中确定的存储、码放和隔离等要求来操作。按照货物→邮件→

行李的顺序装机，先装货物，最后装行李。危险品货物装机时需要考虑是否需要隔离、包装件方向及固定等。

① 符合计划装载中确定的存储、码放和隔离的要求。

② 注意液体危险品货物的装载方向。装有液体危险品的包装件均应按要求贴有"向上"标签（有时还标有"this way up"或"this side up"）。作业人员在搬运、存储、装卸、组装集装板或集装箱以及装机的全部过程中，必须按该标签的指向使包装件始终保持直立向上。

③ 固定危险品货物。危险品包装件装入飞机货舱后，为防止损坏，装卸人员应将它们在货舱内固定住，以免危险品在飞机飞行中滑动或倾倒。危险品包装件的装载应该符合如下要求：体积小的包装件不会通过网孔从集装板上掉下；散装的包装件不会在货舱内移动；桶形包装件用尼龙带捆绑难以固定时，要用其他货物卡紧；用其他货物卡住散装的包装件时，必须从五个方向（前、后、左、右、上）卡紧；如果集装器中的货物未装满（已经使用的容积不超过总容积的 2/3），应将货物固定。如图 6-7 所示。

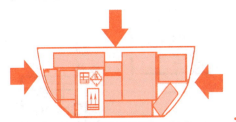

扫一扫
装卸人员未对危险品进行固定，导致危险品倒置并泄漏

图 6-7　用其他货物卡住危险货物

（5）核对"特种货物机长通知单"是否反映了航空器的配载情况。在货物/行李装机过程中，监装监卸人员需要进入飞机货舱查看实际装载情况是否与通知单相符，查看货物外包装上是否贴有显著危险品标签或锂电池标签等，若有，注意核对"特种货物机长通知单"是否体现对应危险品信息，若无，则作拉货处理。

（6）核对旅客行李。检查行李标签、航班号、目的地和件数是否和装机单相符。

（7）通知机长和飞行运行员/飞行签派员，和机长交接。机长在签收 NOTOC 时，应核对信息是否齐全和填写是否完整、核实装载数量是否满足限制要求、核对装载位置是否填妥、检查危险品货物是否破损泄漏等。如危险品货物装舱位置与机长有争议或机长拒绝运输某危险品货物，立即与配载方联系，三方沟通，按沟通结果保障。

知识充电站

（三）几种特殊危险品的装载

1. 固态二氧化碳（干冰）的装载

固态二氧化碳可以单独作为货物运输或作为其他物品的制冷剂托运。使用固态二氧化碳的弊端在于固态二氧化碳会逐渐汽化成二氧化碳，且体积变大。二氧化碳气体密度比空气大，进入空气后急速下降取代空气中的氧气。空气中二氧化碳的含量若大于 2.5%，就会影响到人和动物的正常生理功能。此外，它还可以降低周围的温度，使动物处于低温环境。

（1）不同的机型对装入货舱（包括货机的主货舱）的固态二氧化碳总重量有不同的限制要求。

（2）固态二氧化碳与活体动物、种蛋等一起运输时，相互间要有一定的距离。在运输过程中，随着时间的推移，固态二氧化碳逐渐汽化成二氧化碳气体，而二氧化碳的密度比空气密度大，其集中在容器或货舱的底层。因此，活体动物应置于内装固态二氧化碳的包装件的上面。

（3）飞机在经停站着陆时，应打开舱门以利空气流通而降低货舱内二氧化碳的浓度；如果需要装卸货物，必须待货舱内空气充分流通后，工作人员才可进入货舱进行装卸工作。

用一用

以下干冰和活体动物的装载正确的是（　　）。

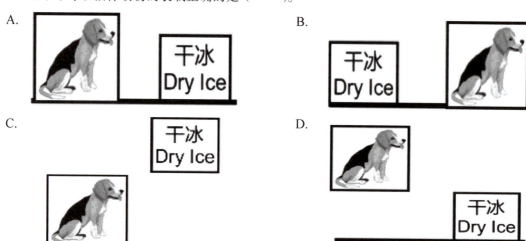

2. 仅限货机物质的装载

（1）贴有"仅限货机"标签的包装件或合成包装件不得装上客机，如图6-8所示。

图6-8 贴有"仅限货机"标签的包装件或合成包装件不能装上客机

（2）贴有"仅限货机"标签的危险品包装件的装载方式必须能够使机组人员或其他的被授权人在飞行途中可以随时搬动包装件。必要的时候，只要包装件的大小和重量允许，应将包装件放置在机组人员可以随时用手将其搬开的位置。这是航空货运中的"可接近性原则"。如图6-9所示。而且，如果包装件的体积和重量允许，应与机上的其他货物分开放置。

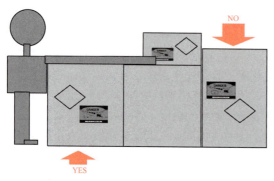

图6-9 "仅限货机"货物的可接近性

3. 深冷液化气体的装载

深冷液化气体包装件在装机前必须事先做好安排，选择适用的机型，以及与活体动物、种蛋等隔离，同时必须以适当的方式告知装卸人员做好防护，在打开货舱门通风后才能进入货舱卸货。

4. 磁性物质的装载

磁性物质对人员不存在直接的危险性，但可以影响飞机的导航和通信设备的正常工作，因此，不得将磁性物质装载于直接影响航空器的直读磁罗盘或罗盘传感器的位置上。通常装在飞机后部的下货舱内。

5. 4.1 项自反应物质和 5.2 项有机过氧化物的装载

在整个装载过程中，含有 4.1 项自反应物质或 5.2 项有机过氧化物的包装件或集装器，如图 6-10 所示，应避免阳光直射，远离热源，且通风良好，切勿与其他货物码垛在一起。

6. 放射性物质的装载

（1）Ⅰ级 - 白色放射性物质包装件可以装在任何机型的飞机货舱内，既无数量限制也无特殊要求。

图 6-10　5.2 项危险品包装件

（2）贴有Ⅰ级白、Ⅱ级黄、Ⅲ级黄的放射性物质包装件绝对不可以装在客舱和驾驶舱内。如图 6-11 所示。为使人体接触辐射剂量保持在能够做到的最低水平，放射性物质包装件应放在尽量远离旅客和机组人员的位置，如下货舱或主货舱的最后部位。

（3）Ⅱ级黄和Ⅲ级黄放射性物质包装件、合成包装件和货物集装器必须与活体动物分隔，运输时间小于 24h，最小间隔距离为 0.5m，运输时间大于 24h，最小间隔距离为 1m。

（4）放射性物质还必须与各种食物、未曝光的胶卷或胶片等隔离。

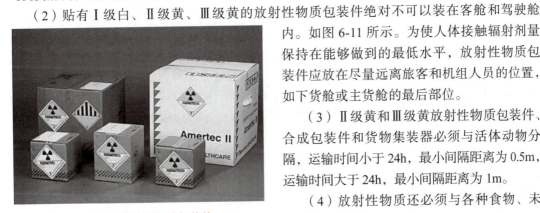

图 6-11　放射性物质包装件

7. 作为托运行李的电动轮椅或其他助行器的装载

电动轮椅或其他助行器作为托运行李运输时，装有不同电池的轮椅或助行器的装载要求不同。

（1）非密封型电池

① 如果轮椅或其他助行器在装载、储运、固定和卸货时都可以保持向上，则电池不得接通，其电极应绝缘以防止意外短路，电池要稳固安装在轮椅或其他助行器之上。

② 如果轮椅或其他助行器在装载、储运、固定和卸货时不能保持向上，必须将电池卸下，这样轮椅或其他助行器作为托运行李将不受载运限制。卸下的电池必须按下列要求装运在硬质、密封的包装内。

a. 包装必须防漏且不受电解液的影响，并用板带、夹子等固定在货舱内或集装板上，以防止翻倒（用货物或行李支撑的除外）。

b. 必须防止电池短路，保证电池在包装内稳固向上，在电池周围填充能吸收全部电解液的吸附材料。

c. 这些包装必须标有"Battery, wet, with wheelchair"（电池, 湿的, 轮椅）或"Battery, wet, with mobility aid"（电池, 湿的, 助行器）并贴上"Corrosive"（腐蚀品）标签和"Package Orientation"（包装件向上）标签。

③ 必须通知机长装有电池的轮椅（或助行器）或取出的电池的装载位置。旅客值机部门与旅客应事先作好安排，如可能，易溢漏电池应配有抗溢漏的通气孔塞。

（2）密封型电池　由经营人批准可以作为托运行李运输时，轮椅或其他助行器的电池不得接通，电池电极要绝缘以防止意外短路，并要将电池紧固在电动轮椅或助行器上。如电池不能得到有效的保护，而电池又能取下，则必须取下，此时轮椅/助行器可作为托运行李运输而不受限制。被取下的电池必须装入硬质、密封的包装在货舱内运输，必须防止短路。必须通知机长装有电池的轮椅（或助行器）或取出的电池的装载位置。

（3）锂电池　装有锂电池的轮椅或类似电池驱动的助行器，经经营人批准作为托运行李运输。同时还必须按以下操作方法进行装载。

① 电池必须按照联合国针对危险品运输专门制定的《联合国危险物品运输试验和标准手册》的第3部分38.3款（即UN38.3）进行测试。

② 经营人必须确认：电池两极已做防止短路保护，例如装在电池容器内；电池牢固地固定在轮椅或助行器上；电路已断开。

③ 助行器能够避免在行李、邮件或货物移动时损坏。

④ 如电池可拆卸，必须卸下，此时轮椅/助行器可作为托运行李运输而不受限制；必须将电池电极做防短路保护（如用胶带粘住暴露的电极）和防止损坏的保护（例如每块电池装入一个保护袋中），电池必须在客舱内携带。电池额定能量不得超过300W·h，或设备需要安装两块电池，每块电池额定能量不得超过160W·h；同时可以手提行李携带一块备用电池（最大额定能量不得超过300W·h）或两块备用电池（每块额定能量不得超过160W·h），电池需单个保护防短路。

⑤ 必须通知机长安装电池的助行器的装载位置或取下的且放在客舱内的锂电池的位置。

为便于操作，装有电池的轮椅或助行器，可以使用"电动轮椅/助行器"标签来帮助识别是否已经取出了电池。

练一练

（1）某残障旅客欲携带斯维驰的BAW01电动轮椅乘机，提前与国航取得了联系，得到了许可。该轮椅搭载了一块可拆卸的锂电池，标称容量12A·h，电压24V，裸车19.6kg。查阅国航关于电动轮椅的收运要求，正确完成该轮椅的装载计划。

（2）某残障旅客欲携带一辆装有非密封型湿电池的轮椅从厦门乘机前往成都，轮椅电池可以拆卸。取得了厦航的许可后，他提前2h来到了机场，办妥了值机和行李托运事宜。查阅《厦门航空电动轮椅和常见含锂电池的电子设备运输规范》，完成该轮椅的计划装载。

用一用

下面这些关于危险品货物装载的做法均来自航空公司的装载工作现场，请判断以下这些做法是否合理合规。

（1）装载人员小王在操作客机航班货物时，发现了图6-12所示的货物，他立即停止了工作，马上向主管报告。（　　）

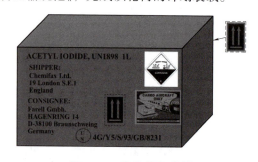

图6-12　危险品包装件

（2）有两个危险品包装件在仓库暂存，这两个危险品包装件的放置距离如图 6-13 所示。（   ）

（3）如图 6-14 所示的两个危险品包装件，装载时可以相邻放置。（   ）

图 6-13　危险品包装件暂存示例　　　　图 6-14　危险品包装件装载示例 1

（4）有两个危险品包装件，如图 6-15 所示，一个装的是 4.3 项"遇水释放易燃气体的物质"，另一个装的是第 8 类"腐蚀性物质"，在装载时，在这两个包装件中间放置了一箱宽度约 0.8m 的普通货物。（   ）

（5）有两个危险品包装件，一个装的是第 9 类中的"锂电池"货物，另一个装的是 5.1 项"氧化性物质"，这两个危险品包装件需要隔离放置。（   ）

（6）有两个危险品包装件，一个装的是第 3 类"易燃液体"，另一个装的是 6.1 项"毒性物质"，如图 6-16 所示，这两个危险品包装件装载时不需要隔离放置。（   ）

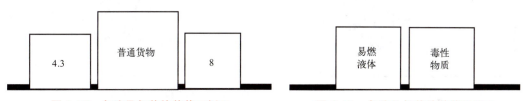

图 6-15　危险品包装件装载示例 2　　　　图 6-16　危险品包装件装载示例 3

练一练

（1）危险品包装件装入飞机货舱后，为防止损坏，装卸人员应将它们在货舱内固定住。以下固定方法符合要求的是（   ）。

A. 体积小的包装件不会通过网孔从集装板上掉下，散装的包装件不会在货舱内移动

B. 桶形包装件很难用尼龙带捆绑固定时，要用其他货物卡紧

C. 用其他货物卡住散装的包装件时，必须从五个方向（前、后、左、右、上）卡紧

D. 如果集装器中的货物未装满（已经使用的容积不超过总容积的 2/3），应将货物固定

（2）一些危险品货物被装进了集装板（见图 6-17），该集装板挂了危险品识别挂签，以下说法正确的是（   ）

A. 该集装板装了第 3 类危险品货物

B. 该集装板装了第 8 类危险品货物

C. 该集装板只能装上货机

D. 该集装板装了符合 PI967 第 I 部分的锂电池货物

（3）图 6-18 所示的货物正要装载，同一航班上还有以下货物：鲜荔枝、活体动物、干冰、图 6-19 和图 6-20 所示的货物等。此外，飞机上还有旅客。图 6-18 所示的货物装载时需要考虑的哪些隔离原则？

图 6-17　危险品识别挂签

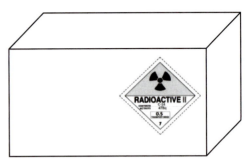

图 6-18　危险货物示例 1

图 6-19　危险货物示例 2

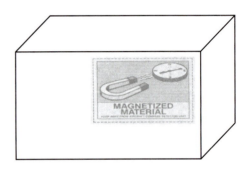

图 6-20　危险货物示例 3

做一做

北京 ×× 货运代理有限公司收到一票危险货物，运往日本东京，货物 A：Benzonitrile，4L；货物 B：Acetaldehyde oxime，10L。预订了中国国际航空股份有限公司客机航班舱位。按照危险品的装卸、搬运的特定要求，穿戴好防护用品，将危险货物出仓运至机坪装机、运输。需要完成以下工作并记录在项目六的工作任务单里。

（1）将货物 / 行李运输至飞机。
（2）再次检查包装是否有未申报危险品的迹象。
（3）再次检查有无损坏和 / 或泄漏。
（4）使用存储要求（例如隔离、分离、方向、固定和防止损坏）。
（5）验证 NOTOC 是否反映飞机荷载。
（6）核查旅客行李要求。
（7）通知机长和飞行运行官 / 飞行签派员。

任务评价

任务 6.1～任务 6.3 考核采取教师评价、小组评价和自我评价相结合的方式，其中教师评价占比 60%，小组评价和自我评价各占 20%。

牢记三个敬畏，做到知行合一

学习成果评价单

基本信息	姓名		班级		学号	
	第 组 组长		日期		总评成绩	

	内容	评分细则	自我评价	小组评价	教师评价
核心技能考核	1.计划装载（30分）	能准确无误地进行危险品的存储、隔离和码放，得25～30分；不太熟练，偶有错误，得8～25分；有多处错误不得分			
	2.签发"特种货物机长通知单"（20分）	每错一处扣3分，扣完为止			
	3.将危险品货物装上飞机（25分）	装载时能准确无误地使用存储、隔离和码放要求，得20～25分；偶有错误，得8～20分；有多处错误不得分			
	4.对工作过程进行总结与反思（5分）	总结反思深刻、有独到见解得5分；流于形式得2分；未完成不得分			
素养考核	纪律情况（5分）	按时到岗，不早退（2分）			
		积极思考，回答问题（2分）			
		执行教师命令（1分）			
	职业道德（15分）	主动获取信息（1分）			
		主动与他人合作（1分）			
		主动帮助同学（1分）			
		主动展示学习成果（2分）			
		7S管理（2分）			
		操作细致、严谨、规范（4分）			
		心存敬畏，行有所止（4分）			
合 计					

能力训练任务与情景模拟训练任务

能力训练任务

一、单选题

1.性质抵触的危险品包装件在任何时候不得相互接触或相邻放置，在仓库中存储时，应有（ ）左右的间隔距离。

　　A. 0.5m　　　　B. 1m　　　　C. 1.5m　　　　D. 2m

2.对于破损的危险品包装件，以下处理不正确的是（ ）。

　　A. 破损包装件不得装入飞机或集装器

　　B. 破损包装件可继续运输

　　C. 已经装入飞机或集装器的破损包装件，必须卸下

　　D. 检查同一批货物的其他包装件是否有相似的损坏情况

3.如航班运输危险品货物，地面（货运）部门应在飞机起飞前尽早，但绝不能晚于飞机靠自身动力移动时，通过（ ）向机长提供危险品的装载信息。

项目六　管理和运输货物／行李

A. 货运单 B. 特种货物机长通知单（NOTOC）
C. 货邮舱单 D. 装载通知单

4. 下列哪种危险品货物在存储和装载时不用考虑"隔离原则"。（　　）
A. 金属钠 B. Ⅰ级白放射性物质
C. 氧气瓶 D. 漂白粉

5. 以下哪种危险品在存储和装载时无需与其他类/项别的危险品进行隔离。（　　）
A. AIDS 病毒标本 B. 漂白粉
C. 双氧水 D. PBE 防护呼吸面罩

6. 将两种性质抵触的危险品包装件分别用尼龙带固定在集装板或机舱地板上，两者的间距至少为（　　）m。
A. 1 B. 1.5 C. 2 D. 0.5

7. 当干冰与活体动物同舱装载时，活体动物的装载位置应该是（　　）。
A. 高于干冰的位置 B. 低于干冰的位置
C. 在干冰的旁边 D. 禁止与干冰同舱装载

8. 如果一个危险品包装件贴有 CAO 操作标签，那么它一定是（　　）。
A. 特别危险的危险品 B. 量特别大的危险品
C. 只能用货机运输的危险品 D. 要特别小心操作的危险品

9. 贴有下列哪个操作标签的危险品货物要装载在远离驾驶舱的位置上。（　　）

A.  B.

C. 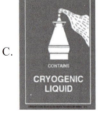 D.

10. 告知机长飞机所装载危险品的信息的运输文件是（　　）。
A. 机长通知单 B. 航空货运单
C. 危险品托运人申报单 D. 收运检查单

11. 未将危险品货物在货舱内固定好，请问是谁的责任。（　　）
A. 航空公司或地面服务代理人 B. 托运人
C. 包装人 D. 安检机构

12. 绕机检查时，发现粘贴"方向性标签"的危险品包装件倒置了，请问是谁的责任。（　　）
A. 航空公司或地面服务代理人 B. 托运人
C. 包装人 D. 安检机构

二、多选题

1. 关于干冰的危险性，以下描述正确的是（　　）。

A. 释放出二氧化碳，有窒息危险

B. 温度低，可能使动物和其他温度敏感货物受到损害

C. 密闭环境下，干冰汽化，有潜在爆炸危险

D. 具有毒性

2. 进行危险品存储和装卸操作之前，都需要预先检查，检查的标准包括（　　）。

A. 危险品在入库之前，应当检查是否有破损或泄漏的迹象

B. 危险品在装入集装器之前，应当检查是否有破损或泄漏的迹象

C. 危险品和装有危险品的集装器在装上航空器之前，应当检查是否有破损或泄漏的迹象

D. 危险品从航空器或集装器卸下时，应当检查是否有破损或泄漏的迹象

3. 粘贴了右边标签的危险品包装件装载时需要与（　　）隔离。

A. 人　　　　　　　　　　　　B. 活动物

C. 未冲洗的胶卷和底片　　　　D. 干冰

4. 对于需要隔离的危险品包装件，装在同一集装板的情况下，可采用的隔离方式有（　　）。

A. 将性质抵触的危险品包装件分别用尼龙带固定在集装板上，两者的间距至少 1m

B. 将性质抵触的危险品包装件分别用尼龙带固定在集装板上，两者的间距至少 0.5m

C. 用普通货物的包装件将性质抵触的两个危险品包装件隔开，两者的间距至少 0.5m

D. 用其他危险品包装件将性质抵触的两个危险品包装件隔开，两者的间距至少 0.5m

5. 危险品在装机过程中应当对（　　）进行检查。

A. 外包装　　　B. 标记　　　C. 标签　　　D. 重量

6. 下列哪种危险品需要与 5.1 项危险品进行隔离（　　）。

A. 汽油　　　B. 干冰　　　C. 农药　　　D. 白磷

7. 在危险品运输的各个环节中，危险品包装件的外包装应（　　）。

A. 无漏洞　　　B. 无破损　　　C. 无渗漏　　　D. 无损坏

8. 对于装有 4.1 项中"自反应物质"的包装件，以下哪些操作是正确的。（　　）

A. 避免阳光直射　　　B、远离热源　　　C. 通风良好　　　D. 与其他物质一起存放

9. 运输危险品时，操作人员可以拒绝装机的是（　　）。

A. 运单后附有危险品申报单和检查单

B. 装机前检查危险品包装件上标记、标签正常

C. 客机航班上发现仅限货机运输的危险品

D. 外包装有些许破损

三、判断题

1. 粘贴了右边标签的危险品包装件可以靠近活体动物装载。（　　）

2. 对于需要隔离的危险品货物，只需在存储时隔离即可，装载时无需隔离。（　　）

3. 如果货舱内装有干冰，必须待货舱内空气充分流通后，才可进入货舱进行装卸作业。（　　）

4. 可接近性原则是针对仅限货机运输的包装件而言的。（　　）

5. 第 6 类危险品在存储时，无需和其他类/项别危险品进行隔离。（　　）

6. 第 9 类危险品在存储时，无需和其他类/项别危险品进行隔离。（　　）

7. 粘贴有"仅限货机"操作标签的少量危险品货物，在得到机长的同意后，是可以装在客机的货舱进行运输的。（　　）

8. 根据 IATA《危险品规则》规定，1.4S 项危险品必须与其他类/项别的危险品分开装载。（　　）

9. 用普通货物包装件将性质抵触的两个危险品包装件隔离开，两者的间距至少为1m。（　　）

10. 航空公司对各机型货舱装载干冰设置了总量限制。（　　）

11. 为使人体的接触辐射剂量尽可能低，放射性物质包装件应尽量装在远离旅客和机组人员的位置，如下货舱或主货舱后部。（　　）

12. 按照隔离距离要求，"Ⅰ级-白"放射性物质可以装在飞机的任何一个货舱。（　　）

13. 按照包装说明967第Ⅱ部分运输的锂电池货物由客机运输时，可以不用填写机长通知单。（　　）

14. 卸机人员必须对飞机上装载过泄漏或破损的危险品包装件或集装器的位置和周围进行检查，一旦发现有污染，必须对飞机上任何遗留下来的危险进行清除。（　　）

15. 在搬运或装卸危险品包装件或集合包装时，无论是人工操作还是机械操作，都必须轻拿、轻放，切忌磕、碰、摔、撞。（　　）

16. 第7类"放射性物质"不需要与其他类/项别的危险品隔离。（　　）

17. 为减少磁性物质对飞机罗盘的干扰，磁性物质通常装载在飞机的后货舱。（　　）

18. 因为锂电池非常危险，所以运输所有锂电池货物时，都必须向机长提供"特种货物机长通知单"。（　　）

19. 驾驶舱及有乘客的客舱不得装载作为货物运输的危险品。（　　）

20. 临近装机前才发现危险品包装件有破损，也只能装入飞机了。（　　）

21. 干冰与种蛋的包装件不需要隔离。（　　）

22. 只要集装器没有明显泄漏或破损迹象，不需要经过检查就可以装上航空器。（　　）

🛠 情景模拟训练任务

某残障旅客欲携带WHILL（蔚尔）Model F轮椅乘机，提前与南航取得了联系，得到了许可。该轮椅搭载的锂电池不可拆卸，标称容量为10.6A·h，电压为25.3V，裸车净重21kg。查阅南航关于电动轮椅的收运要求，正确完成该轮椅的计划装载。

项目六　能力训练任务与情景模拟训练任务参考答案

项目七
收集安全数据与应急处置

任务目标

知识目标	能力目标	素养目标
1. 掌握危险品航空运输事件/事故报告的一般规定。 2. 掌握地面和机上危险品事故应急响应程序。 3. 熟悉各类危险品事故应急处置方法。	1. 能根据危险品航空运输事件/事故的报告要求及时进行报告，会填写"危险品航空运输事件信息报告表"。 2. 能正确描述地面和机上危险品事故应急响应程序。 3. 会根据不同的情况正确进行危险品事故的应急处置。	1. 提高风险意识和安全意识。 2. 培养良好的应变能力与应急处置能力。 3. 培养良好的沟通、协调及团队协作能力。

一、任务准备

北京××货运代理有限公司收到一票危险货物，运往日本东京，货物A：Benzonitrile，4L；货物B：Acetaldehyde oxime，10L。预订了中国国际航空股份有限公司客机航班舱位。托运人将货物运到了首都国际机场，国航工作人员办理接收了货物。货物在暂存区存放时，包装破损，疑似出现了泄漏，现场工作人员需要立即进行应急处置。

二、发布工作任务单

工作任务	收集安全数据与应急处置		
姓名		班级	学号
任务描述	北京××货运代理有限公司收到一票危险货物，运往日本东京，货物A：Benzonitrile，4L；货物B：Acetaldehyde oxime，10L。预订了中国国际航空股份有限公司客机航班舱位。托运人将货物运到了首都国际机场，国航工作人员办理接收了货物。货物在暂存区存放时，包装破损，疑似出现了泄漏，现场工作人员需要立即进行应急处置		

续表

工作内容	1. 报告危险品航空运输事件	
	2. 危险品事故应急响应程序	
	3. 危险品应急处置方法	
任务总结与反思		

任务 7.1　报告危险品航空运输事件

学一学

按照规定，发生了危险品航空运输事件必须履行报告程序。我国危险品航空运输事件报告分为危险品紧急事件报告和危险品非紧急事件报告，实行分类管理。

一、紧急事件及报告

下列情形属于危险品紧急事件：
（1）因危险品航空运输导致航空器受损或人员伤亡。
（2）危险品起火或冒烟。
（3）危险品破损、溢出、液体渗漏、放射性渗漏、包装物未能保持完整等情况，需要应急处置。
（4）类似上述条款的其他情况。

在我国境内发生危险品紧急事件，事发相关企事业单位应当立即通过电话将事发时间、事发地点、事件描述、人员伤亡情况、已采取的措施、当前现场状况、航班号等信息向事发地监管局运输部门进行初始报告；监管局在收到事件信息后，应当立即报告所属地区管理局；地区管理局在收到事件信息后，应当立即报告民航局运输司。同时，事发相关企事业单位应当在事件发生后 12h 内，使用危险品航空运输事件报告系统，按规范如实填报"危险品航空运输事件信息报告表"（见表 7-1），主报事发地监管局，抄报事发地地区管理局、所属地地区管理局及监管局，并保存一份书面报告。

二、非紧急事件及报告

未列为危险品紧急事件的危险品航空运输事件为危险品非紧急（一般）事件。
因航空运输危险品造成下列情形之一的，应当被判定为危险品一般事件：
（1）危险品破损、溢出、冒烟、液体渗漏、放射性渗漏或包装物未能保持完整等情况，但未构成危险品事故征候。
（2）提供不真实的危险品运输相关文件。
（3）运输未按照《危险物品安全航空运输技术细则》的规定填写危险品运输相关文件的危险品。
（4）运输未按照《危险物品安全航空运输技术细则》的规定向机长提供信息的危险品。

（5）运输未按照《危险物品安全航空运输技术细则》的规定进行包装的危险品。

（6）运输未按照《危险物品安全航空运输技术细则》的规定加标记或贴标签的危险品。

（7）运输未按照《危险物品安全航空运输技术细则》的规定进行装载、隔离、分隔或固定的危险品。

（8）未经批准，通过行李运输需获得经营人批准方可运输的危险品。

（9）通过货物或邮件运输未申报或错误申报的危险品。

（10）通过行李运输《危险物品安全航空运输技术细则》禁止通过行李运输的危险品。

（11）类似上述条款的其他情况。

在我国境内发生危险品非紧急事件［上述危险品一般事件中的（9）、（10）项除外］，事发相关企事业单位应当在事件发生后48h内，使用危险品航空运输事件报告系统，按规范如实填报"危险品航空运输事件信息报告表"（见表7-1），主报事发地监管局，抄报事发地地区管理局、所属地地区管理局及监管局。发生危险品一般事件中的（9）、（10）项事件，事发相关企事业单位应当进行月度汇总，每月使用危险品航空运输事件报告系统统一报告上月事件发生数量。

在我国境外发生的危险品航空运输事件，除按照事发地所在国有关当局的规定报告外，还要按照上述规定在国内报告。其中，发生危险品紧急事件，应当在事件发生后24h内报告；发生危险品非紧急事件［一般事件中的（9）、（10）项除外］，应当在事件发生后48h内报告。

三、报告内容

在运输危险品的过程中，出现任何类型的危险品事故/事件都应当及时向局方报告，需要时通报客户航空公司。初始报告可以采用各种方式，但都应尽快完成一份书面报告。报告应尽可能详尽，并包括进行报告时已知的所有信息。

报告形式按表7-1所示"危险品航空运输事件信息报告表"的要求如实填写。

表7-1 危险品航空运输事件信息报告表

下表中带*号的项目仅在适用时填写

1.事发日期		2.事发地点		3.事发当地时间	
4.事发相关企事业单位		*5.航班号			
*6.航空器注册号		*7.机型			
*8.客机/货机		*9.起飞机场			
*10.目的地机场		*11.涉事危险品第一始发地			
12.事发位置	□旅客候机区 □机坪 □航空器 □货运站 □其他_____				
13.对事件的描述，包括受伤、损坏等方面的细节					
*14.危险品的运输专用名称（*包括技术名称）			*15.UN/ID编号（如已知）		
*16.类别/项别（如已知）	*17.次要危险		*18.包装等级	*19.等级（仅针对第7类）	
*20.包装类型	*21.包装规格标记		*22.包装说明编号	*23.数量（或运输指数）	
*24.航空货运单的编号					
*25.邮件或行李的标签，或旅客机票的编号					
26.托运人、代理人、旅客的姓名和地址					
*27.其他相关信息（包括疑似原因、内部调查结果、已采取的措施等）					
28.报告撰写人姓名		29.所在部门及岗位			
30.电话号码		*31.报告编号			
32.单位地址		33.报告撰写人签字			
		34.日期			
备注					

用一用

判断以下危险品航空运输事件是紧急事件还是非紧急事件：

（1）机坪上一个内装危险品货物的集装板突然冒出明火。
（2）暂存区内一票锂电池货物突然冒烟、起火、爆炸。
（3）货物在装机过程中发生危险品泄漏，有人员受伤。
（4）一件行李在飞机上出现了危险品泄漏，污染了飞机，无人员伤亡。
（5）检查发现货物中有未如实申报的危险品。
（6）某托运人提供了不真实的危险品申报单。
（7）旅客在托运行李中夹带了充电宝，在飞行过程中冒烟、起火，飞机紧急迫降，撤离旅客。
（8）托运人申报按照危险品进行运输的货物，在收运时发现标记和标签有错误。

任务 7.2　危险品事故应急响应

案例链接

天津滨海机场物流公司开展锂电池起火应急桌面演练

为提高员工对危险品的认识，有效应对危险品突发事件，2022 年 6 月 20 日，天津滨海机场物流公司开展锂电池起火应急桌面演练。

演练背景为出港锂电池货物在组板过程中冒烟，现场工作人员进行应急处置。从发现货物冒烟后迅速疏散无关人员和周边货物设备、第一时间上报现场情况，到现场处置人员穿戴好防毒面具、防火手套，使用车辆上的水基灭火器对冒烟货物进行施救，最后在货物周边 5m 外设置隔离带，并使用消防栓水带对货物进行持续降温，防止二次火情发生，各个环节井然有序。

通过此次演练，有效提高了天津滨海机场物流公司操作人员的应急处置能力，牢固树立了操作人员锂电池安全运输的防范意识，提升了应急预案的实用性和可操作性，为公司的安全运营奠定了坚实的基础。

学一学

一、IATA 推荐的地面应急响应程序

（1）立即报告主管人员，并获得帮助。
（2）识别危险品（如果这样做是安全的）。
例如：可通过危险品运输文件或包装上的标记和标签确定发生事故的危险品的危险性。
（3）在能确保安全的情况下，将事故包装件与其他包装件或财产隔离开。
（4）隔离发生事故的区域。

（5）避免接触危险品。
（6）若身体或衣服接触到危险品：
① 用大量的水冲洗身体；
② 脱掉被污染的衣服；
③ 不要吃东西或抽烟；
④ 不要用手接触眼、鼻等部位；
⑤ 寻求医疗帮助。
（7）所有涉及危险品事故/事件的人员应留在现场直到他们的姓名被记录完毕为止。

看一看

许多旅客选择乘坐飞机出行，旅客携带越来越多样的含锂电池便携式电器，如手机、电脑、数码相机等所用的电池大多是锂电池，殊不知，锂电池的携带会在一定程度上给航空安全带来相当的隐患。锂电池一旦受到某些刺激，会迅速产生大量热量和压力，发生"热失控"现象，遇氧气瞬间燃烧爆炸。

航空安全无小事，任何疏忽和不以为然都可能造成一场无法挽回的灾难。锂电池着火是威胁航空器和旅客安全的一大隐患，如果值机柜台突发锂电池起火，如含锂电池的手机、笔记本电脑等起火（如图7-1所示），作为一线工作人员，应该如何妥善处置呢？

图 7-1　起火烧坏的手机

当地面服务保障人员在值机柜台发现含有锂电池的行李冒烟或者着火时，采取以下处置程序：

（1）电池在充电或者使用过程中出现高热、表面鼓胀、冒烟等现象，应在第一时间切断电源。

（2）当电池出现自燃，及时通知消防人员到现场处理，并立即用水对电池做持续降温处理，严禁用冰块降温。如果火势较大，可使用ABC型干粉灭火器或二氧化碳灭火器扑灭明火，严禁使用泡沫灭火器。然后再用水持续降温直到完全冷却。

（3）如果条件允许，将受损电池移至安全区域，并迅速疏散人群，减小人员和财产面对的危险，防止发生次生火灾。

（4）如果条件允许，迅速移开周围可燃物，避免引起更大范围的火灾。

（5）锂电池自燃时，当事人要将事件发生、发展和处置情况向单位领导汇报，同时向保卫部门通报。

事故不难防，重在守规章

 看一看

货运员王某正在收运 MU2838 航班（柳州—上海浦东）的一批货物，品名为发动机货物 3/200kg。在与货主开包检查时，突然发现其中一件外包装上贴有签收单的货物有疑似汽油状液体渗漏现象。货运员发现异常后，及时询问货主货物详细情况，了解到货物中可能有少量未擦干的汽油导致发生渗漏，并将信息及时报告给货运中心值班主任和客货部值班经理，及时拉好警戒线，将货物隔离，疏散货站无关人员和其他货物，随后用沙土覆盖有渗漏汽油的地面，并用清水冲洗干净。

 做一做

一名旅客办理行李托运时将锂电池（充电宝）从包中取出，不慎掉在地上，然后锂电池（充电宝）冒烟，并迅速出现明火（自燃）。工作人员应如何进行应急处置？

二、机上危险品事故应急响应

 警钟长鸣

历史上发生的危险品事故

历史上发生的危险品运输事故损失极为惨重，教训十分深刻，我们一定要以史为鉴，防止类似的事故再次发生。

扫一扫
沙特阿拉伯航空"8·19"空难

（一）飞行机组应急措施

根据国际民航组织和各航空公司运行手册的要求，飞行机组在涉及危险品事件/事故情况时应按照以下检查单执行相应的应急措施，见表 7-2。

表 7-2 飞行机组应急措施检查单

步骤	行动
1	遵循适当的航空器灭火或排烟应急程序
2	打开"禁烟"指示灯
3	考虑尽快着陆
4	考虑关闭非必要的电源
5	查明烟、烟雾、火焰的起源
6	对于发生在客舱内的危险品事故征候，参见客舱机组程序，并协调驾驶舱/客舱机组的行动
7	确定应急处置措施代号
8	使用航空器应急响应操作图表上的指南帮助处理事故征候
9	如果情况允许，通知空中交通管制部门飞机上装载的危险品的情况
着陆以后	
1	在打开任何货舱门之前，让旅客和机组人员下机
2	通知地面人员/应急服务人员危险品的性质及其存放的地点
3	在飞行记录本上做适当的记录

（二）客舱机组应急措施

✈ 案例链接

国航起火航班"教科书式"完美疏散
3分钟147名旅客及机组全部撤离

2019年8月27日，从北京飞往东京的CA183航班，航班结载时乘客共计167人，当时这架A330飞机停靠首都机场530停机位。在旅客登机过程中，发现飞机前货舱冒烟，机组迅速采取灭火措施并组织了"教科书式"的完美疏散，全部旅客安全撤离（图7-2）。

图7-2 消防人员正在进行灭火

16:35，旅客开始登机。

16:48，航班在完成了147人登机时，正在舱门口迎客的乘务员发现，飞机与廊桥的连接处有白色刺激性烟雾冒出，于是立即报告了航班主任乘务长，主任乘务长立即向驾驶舱汇报了客舱出现烟雾的情况，同时向旅客进行广播，要求所有旅客采取"低头弯腰，捂住口鼻"的防护动作。

同时，驾驶舱的机载系统出现了货舱火警警告。正在做起飞准备的机组立即采取措施，释放货舱内的灭火剂，启动旅客撤离程序。航班副驾驶通过无线电宣布了民航最高等级的遇险信号"MAYDAY"，告知了险情并申请了消防车救援。

乘务组在收到了机长撤离命令后，立即组织旅客从航班前登机门撤离飞机，并要求旅客不携带任何行李，1分钟后旅客撤离完毕。

16:51，也就是乘务员发现烟雾3分钟后，乘务组和副驾驶撤离飞机，机长在巡舱确认没有旅客、乘务员滞留后，最后离开飞机。

16:54，首都机场消防队到达530停机位，对火情进行侦查处置，首都机场运行控制中心启动了"航空器地面遇险处置预案"。

17:45，起火现场的浓烟得到控制。

18:38，扑救工作全部结束。

此次火灾导致飞机前货舱和前客舱多处严重烧损，飞机机头顶部隔框穿透性烧蚀。飞机的前部厨房、驾驶舱与客舱连接处等部位因起火受损严重，顶部天花板有坍塌的情况，驾驶舱地面有积水。飞机前部分机身蒙皮已经破损。

据悉，起火航班货物舱单显示，飞机前货舱总共运载了3387kg货物，包括车载充气泵、热靴闪光灯、塑料家具制品等货物。

根据国际民航组织和各航空公司运行手册的要求，飞行中客舱内危险品事故征候的客舱机组程序涉及以下内容：

（1）电池、便携式电子装置（PED）起火、冒烟（见二维码"飞行中客舱内危险品事故征候的客舱机组程序"中的表7-3）。

（2）机舱顶部吊箱电池、便携式电子装置（PED）起火、冒烟（见二维码"飞行中客舱内危险品事故征候的客舱机组程序"中的表7-4）。

（3）涉及便携式电子装置（PED）的电池过热或电器气味——看不见火焰或烟雾（见二

维码"飞行中客舱内危险品事故征候的客舱机组程序"中的表7-5）。

（4）在电动调节座椅上不慎压碎或损坏便携式电子装置（见二维码"飞行中客舱内危险品事故征候的客舱机组程序"中的表7-6）；

（5）涉及危险品的火情（见二维码"飞行中客舱内危险品事故征候的客舱机组程序"中的表7-7）；

（6）危险品溢出或渗漏（见二维码"飞行中客舱内危险品事故征候的客舱机组程序"中的表7-8）。

扫码看一看以上客舱内危险品事故征候的客舱机组程序吧！

扫一扫
飞行中客舱内危险品事故征候的客舱机组程序

一般，飞机一着陆，应立即采取必要的步骤告知地面人员危险品的存放位置，将有关危险品的信息都告知地面人员。在飞行维修记录本上做适当的记录，以便对飞机采取适当的维修措施。酌情补充或更换危险品应急处置包或任何已用过的机上设备，并按照经营人规定的程序完成书面报告。

任务7.3　危险品事故的应急处置

一、危险品事故的处理

在危险品事故发生时，货运人员应根据危险品事故的具体情况采取有效的措施，尽量把危害、损失控制在最低限度内。发生危险品事故时，应在安全距离范围立即设立隔离区域，严禁无关人员靠近。破损的危险品包装件不得装入飞机或集装器，已经装入飞机或集装器的破损包装件必须卸下，并要检查同一批货物的其他包装件是否有相似的损坏情况，将破损情况通知托运人或收货人，未经货运部门主管领导和技术主管部门同意，该包装件不得运输。毒性物质和感染性物质、放射性物质必须待专业人员到来进行处理。

对于急需中转运输的危险品，如果包装件破损，应拍发电报通知第一经营人支付更换包装的全部费用，得到该经营人的确认后，按照经营人的指示处理。处理破损危险品和危险品事故时所使用的工具等应由专业技术部门进行处理。

如发生人员被污染或伤害，应执行以下操作：

（1）进行紧急包扎或冲淋。

（2）通知防疫和急救部门。

（3）情况紧急时，应立即送往医院急救。

如发生飞机或集装容器（包括拖斗）被污染或损害，应执行以下操作：

（1）立即通知机长，飞机不得起飞，同时通知公司SOC，启动紧急程序。

（2）装卸部门关闭被污染的舱门，以防污染扩散。

（3）由专业机构对飞机进行污染清除，直至确保不会再对公司员工以及旅客健康造成危害。

（4）公司运行控制部门通告飞机适航前，不得进行商务操作。

二、各类危险品的灭火措施

各类危险品的灭火措施见表7-9。

项目七 收集安全数据与应急处置

事故不难防，重在守规章

表7-9 各类危险品物品的灭火措施

危险品种类	灭火措施
爆炸品 	 1. 现场抢救人员应戴防毒面具。 2. 现场抢救人员应站在上风头。 3. 用水和各式灭火设备扑救。 4. 禁用沙土灭火
易燃气体、非易燃无毒气体、毒性气体 	1. 现场抢救人员必须戴防毒面具。 2. 现场抢救人员应避免站在气体钢瓶的首、尾部。 3. 在情况允许时，应将火势未及区域的气体钢瓶迅速移至安全地带。 4. 用水或雾状水浇在气体钢瓶上，使其冷却，并用二氧化碳灭火器扑救
易燃液体 	1. 现场抢救人员应戴防毒面具并使用其他防护用具。 2. 现场抢救人员应站在上风头。 3. 易燃液体燃烧时，可用二氧化碳灭火器，1211灭火器、沙土、泡沫灭火器或干粉灭火器扑救。 4. 只有在确认该易燃液体比重大于水或与水互溶时，才可采用水灭火
易燃固体、易自燃物质、遇水释放易燃气体的物质 	1. 现场抢救人员应戴防毒口罩。 2. 易燃固体中的铝铁溶剂及活泼金属，燃烧时可产生上千摄氏度的高温，遇水反应，产生可燃气体（如金属钠遇水产生氢气），有燃烧、爆炸的危险，故禁止用水灭火，也不宜用因代灭火剂。除铝铁溶剂及活泼金属外的易燃固体原则上可以用水、沙土及二氧化碳等灭火。 3. 自燃物质中除烷基铝、烷基自燃等少数物质不可用水扑救外，其他自燃物质用水和沙土、干粉灭火器、石棉毯，都能取得良好的效果。 4. 对于遇湿易燃物质——金属粉末，应严格禁止使用水、泡沫灭火，可用干燥沙土或石棉毯进行覆盖，也可使用干粉灭火器扑救

233

事故不难防，重在守规章

续表

危险品种类	灭火措施
氧化性物质、有机过氧化物	1. 这类危险品中的过氧化钠、过氧化钾等无机过氧化物遇水会分解加强燃烧，过氧酸等有机过氧化物及过苯甲酸，应用沙土、干粉灭火器、1211灭火器或二氧化碳灭火器扑救，故不可用水及泡沫灭火器灭火。有机过氧化物着火时，应该用沙土、干粉灭火器、1211灭火器或二氧化碳灭火器扑救。 2. 其他氧化性物质着火时，应该用砂土或雾状水扑救，并且要随时防止水溶液与其他物质接触，易爆品接触。
毒性物质和传染性物质	1. 现场抢救人员应做好全身性的防护，除了防毒面具之外，还应穿戴防护服和手套等。 2. 现场抢救人员应站在上风头。 3. 此类物品中的氰化钾、氰化钠等氰化物严禁用酸碱灭火，以免产生剧毒的氰化氢气体，造成扑救人员中毒。如硒化物、氟化锆及有毒金属粉（锑粉、铍粉）也不可用水及酸碱灭火，其他毒性物质及传染性物质皆可用水及沙土灭火
放射性物质	1. 现场抢救人员应使用辐射防护用具。 2. 现场抢救人员应站在上风头。 3. 应用雾状水灭火，并要防止水流扩散而造成大面积污染
腐蚀性物质	1. 现场抢救人员除了防毒面具外还应穿戴防护服和手套等。 2. 应使用沙土、泡沫灭火器或干粉灭火器扑救。因一些强酸（如浓硫酸）、氯化物（如三氯化铝）及溴化物（如三溴化碘）等遇水反应强烈，故只有在确认用水无危险时，才可用水扑救
杂项危险品	就目前列于该类的物品，皆用水灭火

做一做

北京飞腾捷达货运代理有限公司收到一票危险货物，运往日本东京，货物 A：Benzonitrile，4L；货物 B：Acetaldehyde oxime，10L。预订了中国国际航空股份有限公司客机航班舱位。托运人将货物运到了首都国际机场，国航工作人员办理接收了货物。货物在暂存区存放时，包装破损，疑似出现了泄漏，现场工作人员立即进行应急处置，并记录在项目七的工作任务单里。

任务评价

任务 7.1～任务 7.3 考核采取教师评价、小组评价和自我评价相结合的方式，其中教师评价占比 60%，小组评价和自我评价各占 20%。

学习成果评价单

基本信息	姓名		班级		学号	
	第 组 组长		日期		总评成绩	
	内容	评分细则	自评得分	小组评价	教师评价	
核心技能考核	1. 报告危险品航空运输事件（15分）	能准确无误地进行危险品事件报告，正确填写危险品事件报告表，得 10～15 分；不太熟练，偶有错误，得 5～10 分；有多处错误不得分				
	2. 危险品应急处置程序（30分）	能准确描述地面和机上危险品事件/事故处置程序，得 25～30 分；不太熟练，偶有错误，得 5～25 分；有多处错误不得分				
	3. 危险品应急处置方法（30分）	能准确无误地使用各类危险品应急处置方法，得 25～30 分；不太熟练，偶有错误，得 5～25 分；有多处错误不得分				
	4. 对工作过程进行总结与反思（5分）	总结反思深刻、有独到见解得 5 分；流于形式得 2 分；未完成不得分				
素养考核	纪律情况（5分）	按时到岗，不早退（2分）				
		积极思考，回答问题（2分）				
		执行教师命令（1分）				
	职业道德（15分）	主动获取信息（1分）				
		主动与他人合作（1分）				
		主动帮助同学（1分）				
		主动展示学习成果（2分）				
		7S 管理（2分）				
		操作细致、严谨、规范（4分）				
		心存敬畏，行有所止（4分）				
合 计						

事故不难防，重在守规章

能力训练任务与情景模拟训练任务

能力训练任务

一、单选题

1. 对于破损的危险品包装件，以下处理不正确的是（　　）。
A. 破损包装件不得装入飞机或集装器
B. 一点破损问题不大，破损包装件可继续运输
C. 已经装入飞机或集装器的破损包装件必须卸下
D. 检查同一批货物的其他包装件是否有相似的损坏情况

2. 粘贴了右边标签的危险品包装件发生泄漏，应采取的紧急处置办法（仅限地面）是（　　）。
A. 马上通知消防部门　　　　　　B. 将货物移至通风地区
C. 人员距离在 25m 以外　　　　　D. 绝对避免与皮肤直接接触

3. 在我国境内发生危险品紧急事件时，事发相关企事业单位应当在事件发生后（　　）内，使用危险品航空运输事件报告系统，按规范如实填写危险品航空运输事件信息报告表。
A. 8 小时　　　B. 12 小时　　　C. 24 小时　　　D. 48 小时

4. 下列哪项需要向局方报告（　　）。
A. 如实申报危险品货物
B. 将危险品伪装成普货运输
C. 旅客携带 1 台摄像机登机
D. 旅客携带了自用的包装牢固的 1.4S 项弹药登机，毛重 3kg

5. 当在客舱中发生涉及便携式电子装置的火情时，请问以下哪个操作是错误的（　　）。
A. 使用标准程序，拿到并使用灭火器
B. 拔掉装置的外部电源（如有）
C. 在装置上洒水（或其他不燃液体），降温防止复燃
D. 装置无明火后，移动该装置到安全区域

6. 可从以下方面判断危险品可能出现问题，其中描述错误的是（　　）。
A. 不正常的响声　　　　　　B. 发出难闻的气味
C. 出现火或者烟雾　　　　　D. 旅客抱怨不舒服

7. 在飞机上，受危险品污染的物品应当作（　　）处理。
A. 危险品　　　B. 废品　　　C. 正常使用物品　　　D. 航材

8. 危险品航空运输境外紧急事件初始报告的时限是（　　）
A. 6 小时　　　B. 12 小时　　　C. 24 小时　　　D. 48 小时

9. 在空中，客舱发生危险品泄漏时，乘务组应采取的应急处置程序的第一步是（　　）。
A. 取应急设备　　　B. 报告机长　　　C. 确认物品　　　D. 转移旅客

10. 旅客的电子设备跌落到了旅客的座椅缝隙中后，我们要询问旅客的问题是（　　）。
A. 物品名称
B. 掉落的位置
C. 在掉落后是否移动过座椅

D. 以上全选

11. 锂电池在客舱起火时，不可使用的灭火设备有（　　）。
A. 化学灭火瓶　　　B. 水灭火瓶　　　C. 冰块、毛毯　　　D. 水、非易燃液体

12. 在处置锂电池装置起火冒烟时（　　）。
A. 禁止试图拿起或移动装置　　　B. 禁止覆盖或包裹装置
C. 禁止使用冰或干冰冷却装置　　　D. 以上都对

13. 危险品事故征候是指不同于危险品事故，但与危险品航空运输有关联，不一定发生在航空器上，但造成（　　）的其他情况。

A. 人员受伤、财产损害

B. 起火、破损、溢出

C. 液体或放射性渗漏，或包装未能保持完整

D. 全部都对

14. 发生或发现危险事故、事故征候时，应立即向发生地监管局危险品运输主管部门进行报告，初始报告应以何种方式进行。（　　）

A. 可以以任何形式报告　　　B. 以电话和短信形式报告

C. 以短信或微信形式报告　　　D. 必须以电话形式报告

15. 如果机上泄漏的危险品或疑似危险品呈粉末状，则（　　）。

A. 所有物品均应保持不动

B. 不能使用灭火剂或水

C. 用聚乙烯或者其他塑料袋和毯子进行覆盖

D. 全部都对

16. 客舱内笔记本电脑失火时，乘务员应该（　　）。

A. 用茶水壶的热茶水淋透笔记本电脑　　　B. 将啤酒倒在笔记本电脑上

C. 将冰块倒在笔记本电脑上　　　D. 用化学灭火瓶灭火

二、多选题

1. 某机场地面装载操作中，因操作不慎导致易燃液体危险品包装件外包装破损，需应急处置，该危险品事件如何报告（　　）

A. 立即通过电话将事发相关信息报告事发地监督管理局运输部门

B. 事发后 12 小时内，使用危险品航空运输事件报告系统，按规范如实填写信息报告表，报相关部门并保存书面报告

C. 发生后 48 小时内，使用危险品航空运输事件报告系统，按规范如实上报相关部门

D. 月度汇总：使用危险品航空运输事件报告系统，统一报告上月事件发生数量

2. 粘贴了右边标签的危险品发生泄漏，应采取的紧急处置方法（仅限地面）包括（　　）。

A. 马上通知消防部门　　　B. 现场严禁明火

C. 抢救人员站在上风头　　　D. 绝对避免与皮肤接触

3. 粘贴了右边标签的危险品货物发生火灾，紧急处置方法（仅限地面）包括（　　）。

A. 马上通知消防部门　　　B. 现场严禁明火

C. 绝对避免与皮肤接触　　　D. 任何情况下都不可用水灭火

4. 飞机在飞行期间发生危险品泄漏或起火应（　　）。
   A. 上报运行指挥部门　　　　　　　B. 飞机落地后立即打开货舱灭火
   C. 启动危险品应急处置程序　　　　D. 报告民航主管部门
5. 含有下列物质的货物如发生火灾，哪些可以用水扑救。（　　）
   A. 易燃液体　　　B. 含锂电池　　　C. 含有干冰　　　D. 含浓硫酸
6. 下列哪些情形属于危险品紧急事件。（　　）
   A. 因危险品运输导致航空器受损　　B. 危险品起火
   C. 放射性货物泄露，需要应急处置　　D. 货物中检查出了未申报的危险品
7. 如果身体或衣服接触到危险品，应（　　）。
   A. 用大量的水冲洗身体　　　　　　B. 脱掉被污染的衣服
   C. 不要吃东西或抽烟　　　　　　　D. 不要用手接触眼、鼻、口等部位
8. 当飞机上出现危险品事件/事故，着陆后应如何处理。（　　）
   A. 所涉及人员应留在现场并被记录姓名
   B. 向地面工作人员指明危险品及其存放地点
   C. 将客舱设备损坏情况记录在客舱维修记录本上
   D. 将污染的衣服扔进垃圾桶
9. 出现危险品事故时，地面人员的现场处置措施有（　　）。
   A. 撤离并确定安全区域　　　　　　B. 立即做出应急反应
   C. 识别危险品　　　　　　　　　　D. 抽根烟压压惊
10. 当旅客的便携式电子装置出现火情，下列哪些做法是正确的。（　　）
    A. 拔掉装置的外部电源
    B. 重新安置乘客，远离电子装置
    C. 在装置上洒水（或其他不可燃液体），以使电池芯冷却并防止相邻电池芯起火
    D. 未作任何保护就可以移动设备

三、判断题

1. 如在飞行中出现危险品事件/事故，在飞机着陆后，在打开任何货舱门之前，应让旅客和机组人员先下飞机。（　　）
2. 凡是危险品着火，都可以使用灭火器扑灭后，再浇水冷却。（　　）
3. 机长是飞机的负责人，所以机上危险品事故只有机长有权处置。（　　）
4. 进行危险品紧急处置时首先要保护好自己。（　　）
5. 危险品出现泄漏或溢洒时要询问旅客是因为要追究旅客的责任。（　　）
6. 如果飞机发出不正常的响声则肯定是出现危险品紧急情况了。（　　）
7. 机上发生的任何危险品事故或事故征候，客舱乘务员都应立即通知机长，机长需要了解所采取的一切行动及其效果。（　　）
8. 危险品在货仓区域损害其他物品或泄漏会威胁飞行安全。出现问题的迹象包括在客舱的地板上出现特别高温的区域和/或客舱出现烟雾。如果出现此等迹象，立即报告机长。（　　）
9. 飞机一着陆，乘务员立即采取必要的步骤告知地面人员危险品的存放位置，将有关危险品的信息都告知地面人员。（　　）
10. 当旅客的便携式电子装置出现火情，乘务员应该首先查明物品和原因，明确信息。（　　）
11. 允许旅客和机组人员携带的危险品，当发生泄漏、起火、冒烟等不安全事件时，也需要按照

公司危险品事件报告要求进行事件报告。（   ）

12. 在紧急情况下进行危险品识别，首先在保证人员安全的基础上，要注意观察辨别和记录危险品包装上的标记和标签及其内容，如所涉及危险品类/项别的信息、运输专用名称、UN编号。（   ）
13. 蓄电池泄漏了要戴橡胶手套处置。（   ）
14. 对于4.3项遇水放出易燃气体的物质，如铝粉，应严格禁止使用水灭火。（   ）
15. 化学灭火器通常可以扑灭锂电池产生的火焰，但无法阻止锂电池内部的热扩散。（   ）
16. 在带锂电池的电子设备的火情处置中，冰水能够起到快速降温的作用，是降温液体的首选。（   ）
17. 如果装在行李包中的电子设备冒烟，并且也没有明显的火焰，行李包是完好的，则将整个行李包放在一个合适的容器内，进行浸泡转移。（   ）
18. 如果在客舱内发现有危险品标签的包装件，应该先询问再判断，但无需报告机长。（   ）
19. 不论将装有危险品的箱子或袋子放在什么地方，都要将其牢牢固定防止移动并保持直立，同时确保箱子或袋子的存放位置不会妨碍机上的应急撤离。（   ）
20. 在处置客舱的危险品出现的泄漏以及溢出时，要将被污染的座椅垫/套等按照危险品来处理。（   ）

🌼 情景模拟训练任务

1. 在登机过程中，你发现一名旅客的行李发生渗漏，经询问旅客确认泄漏的物质是有毒性的杀虫剂。这时你必须立即采取什么应急措施？
2. 粘有传染性物质标签的包装件在仓库被一个重桶砸损，会造成什么危险？须采取什么行动？
3. 如果在装机过程中由于操作不慎，导致一桶放射性物质从飞机上跌落，造成破损，请问现在应该怎样做？
4. 当沾染危险品时，要采取什么措施防止危害扩大？
5. 监装监卸人员在执行拉卸过站航班货物任务时，发现有疑似危险品货物在拖斗上破损泄漏。该危险品货物上粘贴有第3类易燃液体的标签。现场工作人员应如何进行应急处置？分组进行应急处置桌面演练。
6. 某航控员在理货区内与押运人员交接危险品时，发现一件贴有"第3类易燃液体"标签的货物底部出现液体泄漏，并伴有刺鼻的气味。而在距离泄漏货物0.5m处，放置了一件贴有锂电池标记的货物，如图7-3所示。现场工作人员应如何进行应急处置？分组进行应急处置桌面演练。

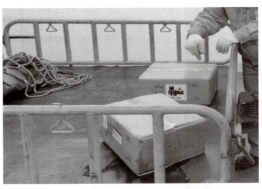

图7-3　危险品货物泄漏现场

项目七　能力训练任务与情景模拟训练任务参考答案

附录

附录1 危险品品名表（部分）

UN/ID No.	Proper Shipping Name/Description	Class or Div. (Sub. Risk)	Hazard Label(s)	PG	EQ See 2.6	Ltd Qty Pkg Inst	Ltd Qty Max Net Qty/Pkg	Passenger and Cargo Aircraft Pkg Inst	Passenger and Cargo Aircraft Max Net Qty/Pkg	Cargo Aircraft Only Pkg Inst	Cargo Aircraft Only Max Net Qty/Pkg	S.P. See 4.4	ERG Code
A	B	C	D	E	F	G	H	I	J	K	L	M	N
1088	Acetal	3	Flamm. Liquid	II	E2	Y305	1L	305	5L	307	60L		3H
2332	Acetaldehyde oxime	3	Flamm. Liquid	III	E1	Y344	10L	355	60L	366	220L		3L
1090	Acetone	3	Flamm. Liquid	II	E2	Y341	1L	353	5L	364	60L		3H
1716	Acetyl bromide	8	Corrosive	II	E2	Y840	0.5L	851	1L	855	30L		8L
1717	Acetyl chloride	3 (8)	Flamm. Liquid Corrosive	II	E2	Y340	0.5L	352	1L	363	5L		3C
1716	Acetyl bromide	8	Corrosive	II	E2	Y840	0.5L	851	1L	855	30L		8L
2621	Acetyl methyl carbinol	3	Flamm. Liquid	III	E1	Y344	10L	355	60L	366	220L		3L
1987	Alcohols, N.O.S.	3	Flamm. Liquid	II	E2	Y341	1L	353	5L	364	60L	A3 A180	3L
				III	E1	Y344	10L	355	60L	366	22L	A3 A180	3L
2333	Allyl acetate	3 (6.1)	Flamm. Liquid Toxic	II	E2	Y341	1L	352	1L	364	60L		3P
2506	Ammonium hydrogen sulphate	8	Corrosive	II	E2	Y814	5kg	814	15kg	816	50kg		8L
1107	Amyl chloride	3	Flamm. Liquid	II	E2	Y341	1L	353	5L	364	60L		3L
1729	Anisoyl chloride	8	Corrosive	II	E2	Y808	0.5L	808	1L	812	30L		8L
2188	Arsine	2.3 (2.1)				Forbidden	Forbidden	Forbidden	Forbidden	Forbidden	Forbidden	A2	10P
	Barium alloys, see Alkaline earth metal alloy, n.o.s. (UN1393)												
1854	Barium alloys, pyrophoric	4.2				Forbidden	Forbidden	Forbidden	Forbidden	Forbidden	Forbidden		4W

续表

UN/ID No.	Proper Shipping Name/Description	Class or Div.(Sub. Risk)	Hazard Label(s)	PG	EQ See 2.6	Passenger and Cargo Aircraft Ltd Qty Pkg Inst	Max Net Qty/Pkg	Pkg Inst	Max Net Qty/Pkg	Cargo Aircraft Only Pkg Inst	Max Net Qty/Pkg	S.P. See 4.4	ERG Code
A	B	C	D	E	F	G	H	I	J	K	L	M	N
1884	**Barium oxide**	6.1	Toxic	III	E1	Y645	10kg	670	100kg	677	200kg		6L
1447	**Barium perchlorate, solid**	5.1 (6.1)	Oxidizer, Toxic	II	E2	Y543	1kg	558	5kg	562	25kg		5P
1449	**Barium peroxide**	5.1 (6.1)	Oxidizer, Toxic	II	E2	Y543	1kg	558	5kg	562	25kg		5P
3292	**Batteries, containing sodium+**	4.3	Dang., when wet		E0	Forbidden	Forbidden	Forbidden	Forbidden	492	No Limit	A94 A183	4W
	Batteries, dry+					Not Restricted		Not Restricted		Not Restricted		A123	
2794	**Batteries, wet, filled with acid, electric storage**	8	Corrosive		E0	Forbidden	Forbidden	Forbidden	Forbidden	870	No Limit	A51 A164 A183 A802	8L
2224	**Benzonitrile**	6.1	Toxic	II	E4	Y641	1L	654	5L	662	60L		6L
2514	**Bromobenzene**	3	Flamm. Liquid	III	E1	Y309	10L	309	60L	310	220L		3L
2709	**Butylbenzenes**	3	Flamm. Liquid	III	E1	Y309	10L	309	60L	310	220L		3L
	Sec-butyl-benzene, see **Butylbenzenes** (UN2709)												
1012	**Butylene**	2.1	Flamm. Gas		E0	Forbidden	Forbidden	Forbidden	Forbidden	200	150kg	A1	10L
2411	**Butyronitrile**	3 (6.1)	Flamm. Liquid Toxic	II	E2	Y341	1L	352	1L	364	60L		3P
1013	**Carbon dioxide**	2.2	Non-flamm.Gas		E1	Forbidden	Forbidden	200	75kg	200	150kg	A202	2L
1845	**Carbon dioxide, solid (Dry ice)**	9	Miscellaneous		E0	Forbidden	Forbidden	954	200kg	954	200kg	A48 A151 A805	9L
2516	**Carbon tetrabromide**	6.1	Toxic	II	E1	Y619	10kg	619	100kg	619	200kg		6L
1846	**Carbon trtrachloride**	6.1	Toxic	II	E4	Y610	1L	610	5L	612	60L		6L
1130	**Camphor oil**	3	Flamm. Liquid	III	E1	Y344	10L	355	60L	366	220L		3L

续表

UN/ID No.	Proper Shipping Name/Description	Class or Div.(Sub. Risk)	Hazard Label(s)	PG	EQ See 2.6	Passenger and Cargo Aircraft			Cargo Aircraft Only		S.P. See 4.4	ERG Code
						Ltd Qty			Pkg Inst	Max Net Qty/Pkg		
						Pkg Inst	Max Net Qty/Pkg	Pkg Inst	Max Net Qty/Pkg			
A	B	C	D	E	F	G	H	I	J	K	L	M	N
1991	Chloroprene, stabilized	3 (6.1)	Flamm. Liquid Toxic	I	E0	Forbidden	Forbidden	Forbidden	Forbidden	361	30L		3H
8000	Consumer commodity	9	Miscellaneous				Forbidden	910	30kg G	910	30kg G	A112	9L
	Cosmetics, n.o.s. in small packagings see Consumer commodity (ID8000)												
2721	Copper chlorate	5.1	Oxidizer	II	E2	Y544	2.5kg	558	5kg	562	25kg		5L
1767	Diethyldichlorosilane	8 (3)	Corrosive & Flamm. Liquid	II	E0	Forbidden	Forbidden	Forbidden	Forbidden	813	30L	A1	8F
1594	Diethyl sulphate	6.1	Toxic	II	E4	Y641	1L	654	5L	662	60L		6L
2079	Diethylenetriamine	8	Corrosive	II	E2	Y808	0.5L	808	1L	812	30L		8L
2052	Dipentene	3	Flamm. Liquid	III	E1	Y309	10L	309	60L	310	220L		3L
1164	Dimethyl sulphide	3	Flamm. Liquid	II	E2	Y341	1L	353	5L	364	60L		3H
3077	Environmentally hazardous substance, solid, N.O.S.	9	Miscellaneous	III	E1	Y956	30kgG	956	400kg	956	400kg	A97 A158 A179 A197	9L
3082	Environmentally hazardous substance, solid, N.O.S.	9	Miscellaneous	III	E1	Y964	30kgG	964	450L	964	450L	A97 A158 A197	9L
1891	Ethyl bromide	3 (6.1)	Flamm. Liquid Toxic	II	E2	Y341	1L	352	1L	364	60L		3P
1181	Ethyl chloroacetate	6.1 (3)	Toxic & Flamm. Liquid	II	E4	Y609	1L	609	5L	611	60L		6F

续表

UN/ID No.	Proper Shipping Name/Description	Class or Div.(Sub. Risk)	Hazard Label(s)	PG	EQ See 2.6	Ltd Qty Pkg Inst	Ltd Qty Max Net Qty/Pkg	Passenger and Cargo Aircraft Pkg Inst	Passenger and Cargo Aircraft Max Net Qty/Pkg	Cargo Aircraft Only Pkg Inst	Cargo Aircraft Only Max Net Qty/Pkg	S.P. See 4.4	ERG Code
A	B	C	D	E	F	G	H	I	J	K	L	M	N
1323	Ferrocerium	4.1	Flamm. Solid	II	E2	Y415	5kg	415	15kg	417	50kg	A42	4L
0336	Fireworks	1, 4G	Explosive	II	E0	Forbidden	Forbidden	Forbidden	Forbidden	135	75kg	A802	1L
0105	Fuse, safety	1.4s	Explosive	II	E0	Forbidden	Forbidden	140	25kg	140	100kg	A802	1L
1202	Gas oil	3	Flamm. Liquid	III	E1	Y344	10L	355	60L	366	220L	A3	3L
1203	Gasoline	3	Flamm. Liquid	II	E2	Y341	1L	353	5L	364	60L	A100	3H
1328	Hexamethylenetetramine	4.1	Flamm. Solid	III	E1	Y419	10kg	419	25kg	420	100kg		3L
2814	Infectious substance, affecting humans	6.2	Infectious		E0	Forbidden	Forbidden	620	500ml	620	4L	A81 A140	11Y
2900	Infectious substance, affecting animals only	6.2	Infectious		E0	Forbidden	Forbidden	620	500ml	620	4L	A81 A140	11Y
	Lighter flints, see Ferrocerium												
3090	Lithium metal batteries (including lithium alloy batteries)	9	Miscellaneous	II	E0	Forbidden	Forbidden	968	2.5kg G	968	35kg G	A88 A99 A154 A164 A183	9F
2528	Isobutyl isobutyrate	3	Flamm. Liquid	III	E1	Y344	10L	355	60L	366	220L	A3	3L
2478	Isocyanates, flammable, toxic, N.O.S.	3 (6.1)	Flamm. Liquid	III	E1	Y343	2L	355	60L	366	220L	A3	3P
1869	Magnesium with more than 50% magnesium in pellets, turnings or ribbons	4.1	Flamm. Solid	III	E1	Y443	10kg	446	25kg	449	100kg	A15 A803	3L
1223	Kerosene	3	Flamm. Liquid	III	E1	Y344	10L	355	60L	366	220L	A324	3L
1638	Mercury iodide solution	6.1	Toxic	II		Y610	1L	610	5L	612	60L		6L

附录

243

续表

UN/ID No.	Proper Shipping Name/Description	Class or Div.(Sub. Risk)	Hazard Label(s)	PG	EQ See 2.6	Passenger and Cargo Aircraft					Cargo Aircraft Only		S.P. See 4.4	ERG Code
						Ltd Qty		Pkg Inst	Max Net Qty/Pkg		Pkg Inst	Max Net Qty/Pkg		
						Pkg Inst	Max Net Qty/Pkg							
A	B	C	D	E	F	G	H	I	J		K	L	M	N
1230	Methanol	3 (6.1)	Flamm. Liquid	II	E2	Y341	1L	352	1L		364	60L	A104 A113	3P
2300	2-Methyl-5-ethylpyridine	6.1	Toxic	III	E1	Y611	2L	611	60L		618	220L		6L
1231	Methyl acetate	3	Flamm. Liquid	II	E2	Y305	1L	305	5L		307	60L		3H
1654	Nicotine	6.1	Toxic	II	E4	Y641	1L	654	5L		662	60L		6L
1977	Nitrogen, refrigerated liquid	2.2	Non Flamm.Gas		E1	Forbidden	Forbidden	202	50Kg		202	500kg	A152	2L
	Metramine, see Hexamethyle netetramine													
1264	Paraldehyde	3	Flamm. Liquid	III	E1	Y344	10L	355	60L		366	220L		3L
1108	1-Pentene	3	Flamm. Liquid	I	E3	Forbidden	Forbidden	302	1L		303	30L		3H
1265	Pentanes, liquid	3	Flamm. Liquid	I	E3	Forbidden	Forbidden	351	1L		361	30L		3H
				II	E2	Y341	1L	353	5L		364	60L		3H
2572	Phenylhydrazine	6.1	Toxic	II	E4	Y641	1L	654	5L		662	60L		6L
1816	Propyltrichlorosilane	8 (3)	Corrosive Flamm. Liquid	II	E0	Forbidden	Forbidden	Forbidden	Forbidden		876	30L	A1	8F
2509	Potassium hydrogen sulphate	8	Corrosive	II	E2	Y815	5kg	815	15kg		817	50kg		8L
2611	Propylene chlorohydrin	6.1 (3)	Toxic & Flamm. Liquid	II	E4	Y609	1L	609	5L		611	60L		6F
1078	Refrigerant gas, N.O.S.	2.2			E1	Forbidden	Forbidden	200	75kg		200	150kg		2L
2879	Selenium oxychloride	8 (6.1)	Corrosive & Toxic	I	E0	Forbidden	Forbidden	807	0.5L		809	2.5L		8P
1495	Sodium chlorate	5.1	Oxidizer	II	E2	Y509	2.5kg	509	5kg		512	25kg		5L
1384	Sodium dithionite	4.2	Spontaneously Combustible	II	E2	Forbidden	Forbidden	416	15kg		418	50kg		4L
1828	Sulphur chlorides	8	Corrosive	I	E0	Forbidden	Forbidden	Forbidden	Forbidden		809	2.5L	A1	8W
1299	Turpentine	3	Flamm. Liquid	III	E1	Y344	10L	355	60L		366	220L		3L
2618	Vinyltolunes, stabilized	3	Flamm. Liquid	III	E1	Y344	10L	355	60L		366	220L		3L

附录2　包装说明（部分）

PACKING INSTRUCTION 140	PACKING INSTRUCTION 309
PACKING INSTRUCTION Y341	PACKING INSTRUCTION Y343
PACKING INSTRUCTION Y344	PACKING INSTRUCTION 351
PACKING INSTRUCTION 353	PACKING INSTRUCTION 355
PACKING INSTRUCTION 364	PACKING INSTRUCTION 416
PACKING INSTRUCTION 508	PACKING INSTRUCTION 558
PACKING INSTRUCTION 609	PACKING INSTRUCTION Y641
PACKING INSTRUCTION 654	PACKING INSTRUCTION 814
PACKING INSTRUCTION Y808	

附录3　危险品标签

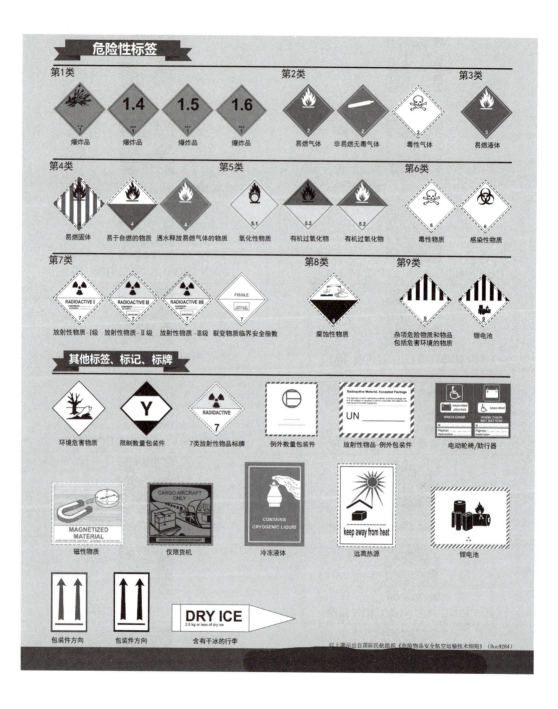

参考文献

［1］ IATA.Dangerous Goods Regulation 64th edition. Montreal.IATA，2022.

［2］ IATA. Dangerous Goods Guidance Edition 1.IATA，2022.

［3］ ICAO. Significant Changes and Amendments of the TI 2023-2024.ICAO，2022.

［4］ ICAO. 与危险物品有关的航空器事故征候应急响应指南（Doc 9481 AN/928）（2012—2022年版）.

［5］ IATA.2023 Lithium Battery Guidance Document.IATA，2023.

［6］ 中国民用航空局. 中国民用航空危险品运输管理规定（CCAR-276-R1），2013.

［7］ 中国民用航空局. 公共航空危险品运输管理规定（CCAR-276-R2），2020.

［8］ 中国民用航空局. 航空运输危险品目录，2021.

［9］ 中国南方航空股份有限公司. 危险品运输手册.

［10］ 海南航空股份有限公司. 危险品运输手册.

［11］ 中国东方航空股份有限公司. 危险品操作速查指南，2022.

［12］ 中华人民共和国香港特别行政区民航处.Guidance on Adopting Competency-based Approach to Dangerous Goods Training and Assessment，2023.